中国传统经典教本
研究丛书

杜成宪 主编

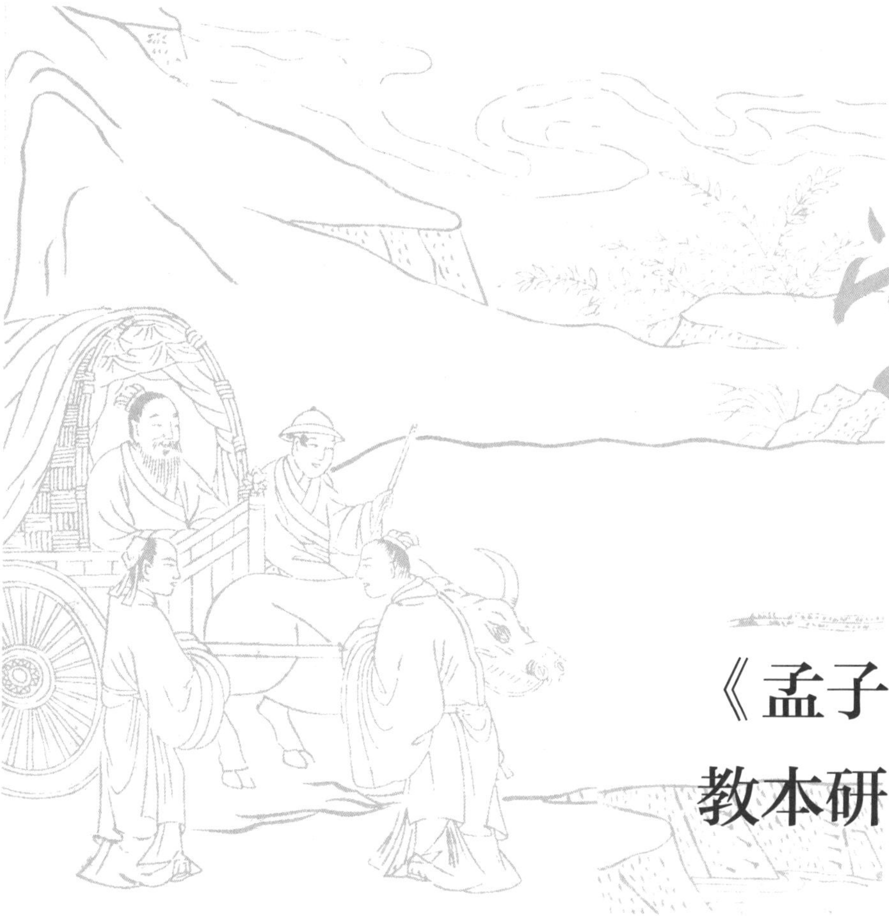

《孟子》教本研究

屈博 著

上海教育出版社
SHANGHAI EDUCATIONAL
PUBLISHING HOUSE

总序

教育家孟宪承在其所著《新中华教育史》中曾说："我国学校教育，在现代的意义上，严一点说，只占着三十年；宽一点说，也只占着七十年的历史。但我们是一个历史最悠久的国家，从虞夏时代算起，也有四千余年的历史了。难道这四千年来，立国于大地，我们没有教养国民，传递文化的方法和精神吗？当然是有的，只是和现代截然不同罢了。"① 孟宪承说此话是在二十世纪三十年代，当时中国仿效西方，系统建立现代学校制度才三十年，而开始学习和实践西方的学校教育也不过七十年，那么在此之前漫长的数千年里，中国又是如何教养国民、传递文化的？孟宪承提出的问题很有价值，实际上他也作了十分肯定的回答。当中国社会发展到一定成熟的程度时，学校产生了，课程与教材就成为教育的核心部分，无论是文化知识的传授，还是思想品德的形成，都要借助或部分借助课程与教材才能实现。孟宪承所说的"教养国民，传递文化的方法和精神"，当也包括中国历史上的学校课程与教材。如果要探究中华民族在历史上究竟是如何教养国民和传递文化的，就必须

---

① 杜成宪，主编. 孟宪承全集 · 卷七 · 新中华教育史 [M]. 郭军，编校. 上海：上海人民出版社，2022: 131.

研究中国历史上的课程与教材，把握其发展变化的原因、阶段、特点和规律，才能进而以之为起点，探寻中国式教育现代化的未来之路。

中国有着悠久的课程与教材发展历史，积淀了深厚的课程文化。成熟形态的中国学校课程始于西周的“六艺”，“六艺”包括了六方面知识和技能的训练，可以称其为古典分科课程。春秋末年，出于培养德治人才的目标，孔子选择整理前代文献典籍，编成后世称为“六经”的系列教材，先是作为其私学课程，后来传播开来，为社会普遍接受，开创了文献课程的时代。汉代独尊儒术，儒家“五经”被确立为太学课程，成为事实上的国家课程，用以培养以儒术治国的人才，也以之教化民众。从此，儒家思想主导了中国的学校课程和教学实践。学校课程在内容和形态这两方面的特点深刻影响了中国传统社会的教育目标、内容、形式、方法等诸多方面。自汉代确立“五经”在学校课程中的核心和主导地位后，后世学校围绕着“五经”不断发展出新的经学课程，表现为“五经”课程不断扩容，先是发展成“九经”，最终定型于“十三经”。宋代学者面对儒学内部和外部遭遇的挑战以及新时代的人才培养要求，在“明体达用”的理念下，提出“四书”课程，编写相应的教材，以之作为学习“六经”的阶梯，这就重构了文献形态的经学课程。在这些被称作“经”的课程与教材之外，历史上还陆续形成一些体现“经”的精神，作为“经”的辅助的教材乃至课程。

中国历史上课程与教材的变革受社会经济、政治、文化、思想、学术等方面因素的影响，又反作用于上述方面。社会的变革往往会对人才培养提出新要求，这又引发课程与教材的变革，相继形成各种课程形态，产生众多教材经典，在形成中华民族教育和文化的优秀传统，形塑中华民族的价值和精神，维护国家的政治统一和经济发展等方面，产生了重要作用。所以，要了解中国传统教育、文化乃至中国传统社会，就须了解中国传统学校课程。

然而，长期以来，人们对“五经”“四书”等儒家经典虽不缺乏关注和研究，但多是从经学史、儒学史、思想史等学科出发的，从教育史尤其是课程与教材史角度作出的研究相当有限。四十年前，老一辈课程与教材学家熊承涤先生曾感慨道，教育史研究是教育学科研究中的薄弱环节，传统课程与教材的研究又是教育史研究中的薄弱环节。当时对中国古代教育思想和学校制度的研究、对科举考试和书院的研究，都已经被人们注意，但是还很少人注意对古代课程教材的专门研究。[①] 四十年过去了，这一状况不仅没有太大改观，相对其他学科研究来说，还有所加重。完整的中国课程史研究至今难得一见，对古代某一经典从课程教材视角进行的系统研究也较为缺乏。这种情形与中国教育史、中国课程教材史乃至整个教育学科的研究，以及当前中国学校课程教学改革方兴未艾的现状很不相称。这种状况需要作出改变。

从十几年前起，结合研究生培养，我们就开始尝试对此进行探索，以历史上的儒家经典为选题，从课程与教材的视角进行考察，研究这些经典作为课程与教材的发展历史及其与中国社会经济、政治、文化等方面的互相影响，陆续积累下若干种成果。

由于中国历史上的儒家经典既是学校课程，也是教材，尤其是在课程的形成方式上，往往是一种著作先成为经典（教材），然后被广泛接受，再被开设成学校课程，因此，这些儒家经典就同时具有课程与教材的性质。这种关系与中国近代以来学校中的课程与教材关系有所不同。鉴于此，我们用“教本”来概括这些被研究的儒家经典“既是一门课程，又是一本教材”的属性。这些成果既有关于“五经”的，也有关于“四书”的，还有虽非“四书”“五经”，但也在历史上流传久远、影响很大的。目前收录在丛书中的几部著作是部分研究成果，希望能够给研

① 熊承涤. 中国古代课程教材研究引论 [J]. 课程 · 教材 · 教法, 1985(03): 39-42.

究教育历史和理论的学者，给从事课程教材改革与研究的专家，提供一些历史材料。

鲁迅先生在《我们怎样教育儿童的？》一文中曾经说过："倘有人作一部历史，将中国历来教育儿童的方法，用书，作一个明确的记录，给人明白我们的古人以至我们，是怎样的被熏陶下来的，则其功德，当不在禹下。"[1] 我们自知当不起鲁迅先生之言，只愿努力"将中国历来教育儿童的方法"留下一点记录。

杜成宪

于 2025 年春夏之交

① 鲁迅. 鲁迅全集 : 第 5 卷 [M]. 广州 : 花城出版社 , 2021: 182.

目录

引言

与《论语》一样，《孟子》也是一本语录，记载孟子的政治、教育、哲学和伦理等思想观点。后经弟子传承，《孟子》从一本教学语录变成孟子一派的私家教材，用以教导孟门弟子。汉初，孝文帝欲广游学之路，《孟子》与《论语》《孝经》《尔雅》一同被置传记博士，《孟子》遂从一本私家教材变为官学教材，又因《孟子》传记博士是一专门教授《孟子》的群体，《孟子》于是成为一门官学课程。虽然传记博士不久便被五经博士取代，但《孟子》作为一门官学课程得以延续，尤其是在汉唐时期的"五经"教育主导下，《孟子》成为辅助"五经"的辅经课程。到了宋代，理学家的推崇以及官方教育的推动，促使《孟子》由"子"升"经"，成为专经课程。朱熹又将《论语》《孟子》《大学》《中庸》合为"四书"。到了元代，"四书"成为科举考试的主要科目和学校教育的主要内容，《孟子》成为"四书"课程。明代《四书五经大全》的颁布，确立了"四书五经"课程体系，《孟子》又成为"四书五经"课程的重要组成部分。清代"十三经"的颁刻，使得《孟子》又多了一重"十三经"课程的身份。到了近代，在西学影响下，《孟子》等传统经学课程的核心地位逐渐丧失，最终融入各类学科，成为普通知识和学科教材的组成部分。

从《孟子》由一本教学语录到私家教材，到辅经课程、兼经课程，到“四书”课程，到“四书五经”课程，到“十三经”课程，再到学科教材、普通知识的演变过程来看，《孟子》能成为一门课程，是由《孟子》这本书决定的，即一本书就是一门课程，讲一本书就是在讲一门课程。这与现代教育中由课程而产生教材的逻辑不同。在现代教育中，课程与教材之间存在十分密切的关系，“教材在一定意义上可视为课程的重要组成部分，是课程计划与课程标准的具体实现者，是课程内容的具体表现”[①]。教材是课程内容的具体体现,教材的编制要符合课程设置的目标与要求，课程标准决定教材内容的选择与编制。而在古代教育中，课程的内容是由教材决定的，一部经典既是一本教材，也是一门课程。

基于此，本书用“教本”一词来概括中国古代教育的这一特征。在现有辞书中，“教本”一词往往被归为对“教科书”或“教材”的另一种解释。比如在《教育大辞典（增订合编本）》中，教科书的释义是：“亦称‘课本’‘教本’。根据各科教学大纲（或课程标准）编写的教学用书。”[②] 这里提到的“教本”专门指称教学用书。而在古代文献中，“教本”多以合成词出现，有“教化之根本”的含义，也可以理解为广义的“教育”，如“礼为教本，敬者身基”（《颜氏家训·勉学》），“萧昕时为国子祭酒，建崇太学以树教本”（《文献通考·学校考二》），“今上登极，思宏教本”（《封氏闻见记·儒教》）。

本书所指的“教本”，既有“课程”的内涵，又有“教材”的内涵。具体而言，本书将“课程”与“教材”这两个教育中的基本概念结合在一起，用“教本”一词来概括《孟子》在中国古代教育中“既是一本教材，又是一门课程”的特点，以体现《孟子》由教材而课程、由课程而

① 曾天山. 教材论 [M]. 南昌：江西教育出版社，1997: 54.

② 顾明远. 教育大辞典（增订合编本）[M]. 上海：上海教育出版社，1998: 698.

教材的发展变化特点。

关于“课程”的概念，历来众说纷纭。陈桂生在《常用教育概念辨析》一书中指出：“无论在东方还是西方，古代‘课程’基本上属为学生规定的‘学程’；近代课程虽然也是为学生作出的规定，而从课程的实施角度看来，它主要由教师操作，更近于‘教程’。”[①] 基于此，本书涉及的“课程”更多偏于“学程”，即课程的设置是在“学”的活动基础上发展起来的。此种解释把“学”与“教”联系起来，任何一个时代的“文—化”问题，都集中聚焦于其“教—学”活动。[②] 基于“学”与“教”的这种关联，中国历史上存在“以学论教”[③] 的现象。从这一意义来讲，中国古代学校课程实际上是一种“学程”。[④] 重“学”的特点使得学生对经典教材的学习成为课堂教学的主要内容，所以由经典教材生成课程就成为中国古代学校课程形成的主要方式。《孟子》课程就具有这样的特点，不过《孟子》作为一门课程，其更为重要的变化是从辅经课程到兼经课程再到专经课程的地位转变。因此，《孟子》课程地位的变迁与课程内容的变化亦是本书关注的重点。

关于“教材”的概念，在国内外各种教育文献中，相关解释和定义纷繁复杂。《教育大辞典（增订合编本）》对“教材”的解释是：“教师和学生据以进行教学活动的材料……通常按照课程标准（或教学大纲）的规定，分学科门类和等级顺序编辑。包括文字教材（含教科书、讲义、讲授提纲、图表和教学参考书等）和视听教材。”[⑤] 曾天山在《教材论》一书中列举了 16 种对教材概念的解释，如教材即教学材料，教

---

① 陈桂生. 常用教育概念辨析 [M]. 上海：华东师范大学出版社, 2009: 90.

② 陈赟. 中庸的思想 [M]. 北京：生活・读书・新知三联书店, 2007: 9.

③ 杜成宪. 以“学”为核心的教育话语体系——从语言文字的视角谈中国传统教育思想的重“学”现象 [J]. 华东师范大学学报（教育科学版）, 2010(03): 75-80.

④ 陈桂生.“教育学视界”辨析 [M]. 上海：华东师范大学出版社, 1997: 110.

⑤ 顾明远. 教育大辞典（增订合编本）[M]. 上海：上海教育出版社, 1998: 695.

材即课程内容，教材即传授知识的工具等。[①] 基于上述理解，本书所指的“教材”，是指教师编写的供学生学习使用的材料。在《孟子》成为教材之后，根据历代不同的诠释又出现了不同的解读《孟子》的教材，既有官方统一编写的教材，也包括历代学人研究《孟子》所形成的专门著作。后者具有研究与教学的双重特性，往往也会成为学校、书院教材的主要来源，比如《孟子章句》《孟子集注》等。这些著作最初往往不是作为教材使用的，但其所承载的时代价值、对《孟子》解读的经典性，以及广泛的社会基础，使得这些著作被选定为学习《孟子》的主要教材。

基于对“教本”“课程”“教材”等概念的理解，在中国古代教育发展历史上，《孟子》不只是一本书，也是一本教材，并因其作为教材的经典性而成为一门课程，之后又衍生出不同的教材。“在中国传统学校，往往是先有教材，又由教材发展转化为课程，而不是先确定了课程，再根据课程标准去组织、编写教材。”[②] 古代课程与教材的这种关系，是中国古代教育在自身发展过程中逐渐形成的。孔子整理出《诗》《书》《礼》《乐》《易》《春秋》等“六经”，组成了自己的学术体系，并以此为教材，聚徒讲学，传道授业，可视为我国经学课程开设之始。[③] “六经”主要是以文献典籍为内容的课程，随后出现的“五经”“四书”“四书五经”“十三经”等课程，都是利用已有的文献典籍形成的。其中的每一本教材，实际上都是一门课程，这是一种以文献为本位的课程编制方式，也可称为“文献课程”。[④] 文献课程编制的目的是“传递间接经

---

① 曾天山. 教材论 [M]. 南昌 : 江西教育出版社 , 1997: 5−7.

② 杜成宪. 中国传统课程特点刍议 [J]. 河北师范大学学报 (教育科学版), 2015(01): 20−27.

③ 袁战国. 经学课程变迁史略 [M]// 杨玉厚. 中国课程变革研究. 西安 : 陕西人民教育出版社 , 1993: 87.

④ 陈桂生. 普通教育学纲要 [M]. 上海 : 华东师范大学出版社 , 2012: 127.

验中带有权威性质的文化遗产”[①]，也就是说，教材本身的价值是其被选为课程的决定性因素。文献课程的形成与人们对经典文献教材的重视与依赖，注重前人的经验并以此为标准教育年轻一代，以及通过经典文献教材进行以伦理为本位的知识传授等有着密切的关系。经典文献教材传递的是具有权威性的前人经验，这些经验经过历史的筛选逐渐累积，成为古代教育的核心内容，对于培养年轻一代的伦理道德、人格修养等有很大的帮助，同时也可以培养“修己之人”的治术人才和俯首听命的“顺民”。因此，古代统治者将“五经”“四书”“十三经”等经典文献作为教化的根本，在学校教育和社会教育中广泛推行，并作为选拔人才的主要标准，“仅就选拔人才的标准而论，取士考试以什么为标准，学校就必然以什么课程来培养学生”[②]。取士内容决定学校的课程及教学内容，这又为保证中国古代学校课程的经典性与权威性提供了条件，同时也体现出由经典文献教材而形成课程的特点。

当然，在中国古代教育中，由教材而课程的过程并不是单向的，经典课程的确立同样也会促使新式教材的出现。《孟子》作为一种教材在先秦时期就已经固定下来，它所承载的是该时代特有的精神内涵。不过，随着时代的发展、社会的进步，课程内容也随之不断更新，后世学人在不脱离经典本意的基础上，不断对《孟子》作出创造性的阐释，形成了诸多《孟子》注本教材，这也使《孟子》不断适应社会变化的需求，在各个历史时代的教育发展中起着重要作用。比如，汉代赵岐的《孟子章句》是《孟子》作为辅经课程时所使用的主要教材；宋代孙奭的《孟子注疏》与朱熹的《孟子集注》、明代的《孟子节文》与《孟子集注大全》等，是《孟子》作为专经课程时所使用的主要教材。此时，

① 陈桂生.普通教育学纲要 [M].上海：华东师范大学出版社，2012: 131.

② 王炳照.中国教育史专题研究 [M].北京：北京师范大学出版社，2009: 206.

《孟子》教材获得了空前的发展，宋、元、明、清时期出现了数量众多、种类多样的教材，有中央官学教材、地方官学教材、书院教材、私家教材等，这些教材的出现，丰富了《孟子》教材的种类，也强化了《孟子》作为核心课程与权威课程的地位。到了近代，经学教育受到西学冲击，在教育中的核心地位逐渐瓦解，《孟子》也难逃成为学科知识与一般知识的命运。此时，人们更加关注《孟子》的现实意义与价值，被编入教材的《孟子》选文，主要涉及公民道德的养成与学习方法的习得等内容。这些内容符合近代社会发展的需求，体现《孟子》思想价值的普适性，也凸显《孟子》作为教本的内涵与价值。

总之，《孟子》是一本书、一本教材、一门课程，这是《孟子》的教育身份与作用。而《孟子》的这些教育身份与作用始终同孔子和《论语》息息相关。“在儒家的传统中，孔孟总是形影相随，既有大成至圣，则有亚圣。既有《论语》，则有《孟子》。孔曰‘成仁’，孟曰‘取义’，他们的宗旨也始终相配合。《史记》说：‘孟子序诗书，述仲尼之意。’今人冯友兰，也把孔子比作苏格拉底，孟子却可以比作柏拉图。”① 所以，读《孟子》这本书，学《孟子》这本教材，上《孟子》这门课程，实际上是在“孔孟之道”上学习“圣贤之学”，故而“传圣之学”也就成为《孟子》教本的教育意义与价值所在。

① 〔美〕黄仁宇. 赫逊河畔谈中国历史 [M]. 北京：九州出版社，2020: 1.

第一章 从一本语录到一本教材

《孟子》从教学语录到私家教材的转变，受以下三方面因素的影响：第一，在语言形式、内容构成上便于弟子接受和理解，具有教材的基本属性；第二，回答时代发展中出现的诸多问题，与孟子弟子门人、早期儒士的学习需求相契合；第三，传播媒介的限制与弟子后学的传承，促使《孟子》在一定区域范围内得到广泛传播。

第一节　作为教学语录的《孟子》

《论语》是孔子的教学语录。至于《论语》为什么会是一本教学语录，或者说《论语》为什么会以教学语录的方式呈现，傅斯年曾作过这样的分析："《论语》成书时代，文书之物质尚难得，一段话只能写下个纲目，以备忘记，而详细处则凭口说。到了战国中年，文书的工具大便宜了，于是乎记长篇大论如《孟子》《庄子》书那样子的可能了，遂由简约的记言进而为铺排的记言，更可成就设寓的记言。"①《论语》受记载工具与传播媒介的限制，记载的内容相对简单，到了《孟子》成书之时，这种情况发生了较大改变。

《孟子》也是一本教学语录，不过它比《论语》记载的内容更为丰富，表达的思想更加完整、具体、形象。从教学语录的特点看，"语录"是教师思想观念的总结、凝练和概括，是其思想得以流传的基础，这是对教师而言；采用"语录"的方式学习，可以在较短的时间内学到知识的精华，便于记忆和理解，这是对学生而言。"语录"往往是经过教师筛选的具有启发性的内容，所以"语录"还可以起到引领学生学习的纲领性作用。因此，无论是结集方式、语言特点，还是知识构成等，《孟子》都不仅是一本教学语录，而且是一本能够用作教学的教材。

一、师生共同完成

《孟子》的结集历来存在较多的争论，争论的焦点主要集中在《孟子》的作者上。"采用某人名义作为书名的书籍，不一定完全是某

---

① 傅斯年. 史学方法导论 [M]. 南昌 : 江西教育出版社 , 2018: 140.

人的著述，也许是他的门人记述他的言行，也许是某一学派的学者，用其学派中最权威的人名作为所著的书名。”[①]从这一说法来看，以某人的名义命名的书籍，很难断定书中的内容哪些是当事人所写，哪些是后人增添的。《孟子》一书就有这样的特点，这就使得关于《孟子》一书的作者存在诸多不同的说法。纵观历史上的记载，关于《孟子》一书的作者大致存在三种说法：孟子自著说，弟子编著说及师生合著说。三种不同的说法也使得《孟子》的结集时间存在几种可能：孟子生前、孟子生后、孟子生前与生后的一段时间（见表 1-1、表 1-2、表 1-3）。

表 1-1　孟子自著说一览表

人　物	观　　点	出　　处
〔汉〕赵岐	“孟，姓也；子者，男子之通称也；此书，孟子之所作也，故总谓之《孟子》。”	《〈孟子〉题辞》
〔唐〕李善	引晋《傅子》：“昔仲尼既殁，仲尼之徒追论夫子之言，谓之《论语》。其后，邹之君子孟子舆拟其体，著七篇，谓之《孟子》。”	《文选·辨命论》注
〔宋〕朱熹	“《孟子》疑自著之书，故首尾文字一体，无些子瑕疵。不是自下手，安得如此好。”	《朱子语类·读孟纲领》
〔清〕阎若璩	“《论语》成于门人之手，故记圣人容貌甚悉；七篇成于己手，故但记言语或出处耳。”	《孟子生卒年月考》
〔清〕魏源	“至七篇中无述孟子容貌言动，与《论语》为弟子记其师者不类，当为手著无疑。”	《孟子年表考第五》

① 钱存训. 书于竹帛：中国古代的文字记录 [M]. 上海：上海书店出版社，2006: 9.

表 1-2　弟子编著说一览表

人　物	观　　点	出　　处
〔三国吴〕姚信	“《孟子》之书，将门人所记，非自作也。故其志行多见，非惟教辞而已。”	《士纬》（见《太平御览》引）
〔唐〕韩愈	“孟轲之书，非轲自著。轲既殁，其徒万章、公孙丑相与记轲所言焉耳。”	《答张籍书》
〔唐〕林慎思	“《孟子》书，先自其徒记言而著。”	《续孟子》
〔宋〕晁说之	“按此书，韩愈以为弟子所会集，非轲自作；今考其书，则知愈之言非妄发也。”	《郡斋读书志》
〔宋〕林之奇	“《论语》《孟子》，皆先圣既没之后，门弟子所录；不惟门弟子所录，亦有出于门弟子门人者。”	《孟子讲义序》
〔清〕崔述	“果孟子所自著，恐未必自称门人皆曰子。”	《孟子事实录》

表 1-3　师生合著说一览表

人　物	观　　点	出　　处
〔汉〕司马迁	“退而与万章之徒序《诗》《书》，述仲尼之意，作《孟子》七篇。”	《史记·孟子荀卿列传》
〔汉〕应邵	“孟子去齐，又绝粮于邹薛，困殆甚，退与万章之徒，序《诗》《书》仲尼之意，作书中外十一篇。”	《风俗通义·穷通篇》
〔清〕周广业	“此书叙次数十年之行事，综述数十人之问答，断非辑自一时，出自一手。……其后编次遗文，又疑乐正子及公都子、屋庐子、孟仲子之门人与为之。”	《孟子四考》

李善、朱熹等从《孟子》的行文特点来论证《孟子》是出自孟子一人之手。阎若璩、魏源等将《孟子》中的孟子形象与《论语》中的孔

子形象作对比，认为书中对孟子、孔子人物形象细节的刻画，是判断自著或他著的重要因素，《论语》中有对孔子容貌言动的描述，所以《论语》是孔子弟子所著，而《孟子》中则无此类记载，所以是孟子自己所写。韩愈、崔述等认为《孟子》是孟子弟子所录，其中崔述的理由较有说服力，他认为《孟子》中的弟子皆称“子”，与孟子自著的特点不相符，因而判断《孟子》一书为弟子或再传弟子所著。师生合著的观点以司马迁最具代表性，这一观点得到后人的普遍认可。今人杨伯峻认为，司马迁的“师生合著说”比较可信，理由是司马迁生活的时代最为接近孟子所处的时代，“当日所见到的史料，所听到的传闻，比后人多而且确实”①。杨泽波也认为《孟子》一书是师法《论语》，是孟子与弟子在教学的过程中整理删定教学内容的结果。②刘鄂培、刘培桂等学者在前人研究的基础上，又经详细考证，认为《孟子》一书应为孟子与弟子共同完成，并认为“《孟子》一书基本上成书于孟子逝世之前，孟子本人亲自参与了创作，其弟子参与了编纂”③。从这一论述来看，《孟子》一书的结集时间大致在孟子晚年。

实际上，从《孟子》一书内部的线索来看，孟子亲自撰写与其弟子参与撰写的痕迹都可以找到。比如《孟子》中记载孟子与其弟子的相互问答，并未牵扯到再传弟子，而《论语》中则有孔子再传弟子的记载，这说明《论语》确非孔子自著，而《孟子》有孟子本人参与撰写的可能。又如，万章、公孙丑等弟子的名字都独立成为篇名，而公都子、屋庐子、乐正子等弟子皆不署名，说明万章、公孙丑等人参与

① 杨伯峻. 孟子译注 [M]. 北京 : 中华书局 , 2012: 6.

② 杨泽波.《孟子》作者新证 [J]. 中共济南市委党校济南市行政学院济南市社会主义学院学报 , 1999(04): 98-102.

③ 刘鄂培 . 孟子大传 [M]. 北京 : 清华大学出版社 , 1998: 88; 刘培桂 . 孟子志 [M]. 济南 : 山东人民出版社 , 2011: 131.

撰写的可能性极大。《孟子》中记载孟子与万章、公孙丑的问答各有15次，与公都子的问答有7次，与陈臻的问答有4次，与乐正克、高齐的问答各3次，其余弟子1—2次。①从问答的次数来看，万章、公孙丑与孟子的交流次数最多，可以进一步证明万章、公孙丑在《孟子》的编纂过程中起到了至关重要的作用，而万章、公孙丑本人也极有可能亲自参与其中，这与司马迁“与万章之徒序《诗》《书》，作《孟子》七篇”的观点相吻合。再如，《孟子》中记载了孟子与弟子的相互称呼，孟子称弟子（如公孙丑、万章、景春等）为“子”，弟子称孟子为“先生”（《离娄上》）或“夫子”（《公孙丑上》《公孙丑下》《滕文公下》《离娄下》《尽心下》），②这也从一个侧面印证《孟子》的编者中既有孟子本人，也有孟子的弟子。

总之，《孟子》一书是师生集体编纂的结果，有几位弟子（如万章、公孙丑等）起到了至关重要的作用。孟子本人更多地参与了《孟子》一书的构思，其弟子则承担具体的撰写工作。从教师的视角来看，孟子的亲自参与，使《孟子》想要表达的教育意义更加系统、完整，具有明显的启发与引导作用。从学生的视角来看，弟子参与编纂，使《孟子》的内容涉及大量学生自身的学习问题与困惑，从而引发人们在学习过程中的同感。从教学的视角来看，学生的疑问、困惑与教师的讲解共同构成了一个教学场景，教学的方式方法也得以生动形象地体现出来。因此，《孟子》一书的教育意义非常明显，这也决定了《孟子》会在流传过程中成为弟子后学的学习教材，尤其是在书籍传抄方式受到局限的先秦时期。《孟子》在结集后，也会成为人们了解和学习孟子以及儒家思想的重要教材。

①② 陈桂生. 孔子授业研究 [M]. 北京：教育科学出版社，2012: 144.

二、教学语言的运用

作为教学语录的《孟子》，其语言风格十分独特，与《论语》有很大的不同。《论语》的语言特点是词简意丰，成文朴拙、零散，论述当中缺乏充足的论据和论证，而《孟子》恰好弥补了这一不足。《孟子》的语言畅达明快，严谨而流畅，更重要的是，《孟子》的整篇结构是“逻辑语言与形象语言、政论语言与文学语言的结合”[①]。这种语言形式，使得《孟子》在表达一种观点或论说一件事时更具有说服力，学生在听讲过程中也能够较快地进入孟子的言说情境中。这样一来，孟子所要“教”的内容会更便捷地转化为学生所要“学”的内容，孟子所用语言的“教育性”也得以体现。

第一，孟子能根据不同谈话对象的心理以及所要论辩之事，采用不同的表达方法。比如《孟子》首篇《梁惠王上》中孟子与梁惠王针对“利”的问题展开的探讨，孟子首先明确提出“利”的对立面是“仁义”，进而否定梁惠王重“利”的想法；其次指出大夫、士、庶人等如果皆唯“利”不谈，那么最坏的结果是“国危矣”，进一步指明“利”的危害；再次，孟子又列举万乘之国、千乘之国“弑君”的道理，来说明如果先义而后利的话，“弑君”以及“遗其亲”的事情可以避免；最后，孟子再次明确其重义轻利的主张。又如孟子曾评价齐宣王能“保民而王”，齐宣王本人很是高兴，却不理解孟子是如何评价自己的。孟子通过齐宣王的“不忍心”，用羊替换牛“衅钟”的事情，来肯定齐宣王的“仁心”，但同时指出这种“仁心”是不够的，应该推而广之，才能“王天下”。具体而言，孟子用“力足以举百钧而不足以举一羽”“为长者折枝”等事例，来说明“仁心”推及，“为”与“不为”，“能”与

① 谭承耕.《论语》《孟子》研究 [M]. 长沙 : 湖南教育出版社 , 1990: 198.

“不能”的问题。接下来孟子提出一系列仁政措施，如“制民之产”“不违农时”“庠序孝悌”等，通过现实情形来论证“王天下”的合理性。孟子从多个方面揭示齐宣王的“足”与“不足”，揭露其矛盾之处，并最终使齐宣王了解到孟子的深刻用意。再如《滕文公上》中，弟子陈相在见孟子时传述了许行的话，实际上孟子不赞成许行的做法，却并不直接说明，而是首先从吃穿用行等日常生活所必需来提问陈相，这实则是一种责难，使得陈相明白“百工之事固不可耕且为也”的道理。之后孟子又提出“有大人之事，有小人之事”的社会分工思想，进而触及问题的实质，批评许行的做法是“相率而为伪者也，恶能治国家”。

总之，孟子在与人交谈时所用的方法是灵活多样的，而且孟子能够根据不同谈话对象的实际情况来选择提问的方式，恰当地选择论证的依据。这样，孟子在与谈话对象（尤其是弟子）的交谈中，就能够促进对方的思考，并通过责难、鼓励、认同等方式，明确所要传达的思想观念。

第二，《孟子》虽然是语录体，但有大量的记事，包括历史故事、寓言故事等。这些内容使《孟子》一书的可读性和可接受性大大增强。《孟子》一书透过故事来表达深层次的含义，既能够说明事实与道理，也能够发挥启发人教育人的作用。

首先，孟子在教学过程中会穿插历史传说，并通过讲故事的方式，使弟子与相关谈话对象明白其中的深刻内涵。《孟子》书中多次提到尧、舜、禹、文王、周公、伯夷、叔齐、伊尹等圣贤的事迹，并且孟子在《尽心下》中表示：“圣人，百世之师也，……奋乎百世之上，百世之下闻者莫不兴起也。”圣人是人们学习、效法的对象，与圣贤相关的传说故事则是表现圣贤道德思想的基础学习材料，所以孟子用历史传说进行教学，是一种“发掘史义的手段”[①]，通过历史叙述达到对弟子门人进行

① 黄俊杰. 儒家论述中的历史叙述与普遍理则 [J]. 台大历史学报, 2000(25): 1-24.

道德教育的目的。比如，在《万章上》中，万章问孟子“舜不告而娶”之事，进而引出“舜父杀子”的故事，舜明知其父兄要加害于他，却表现出“象忧亦忧，象喜亦喜”的胸怀。孟子认为舜的表现是合情合理的，是“君子可欺以其方，难罔以非其道”的体现。在《尽心上》中，桃应也提出了相同的问题：“舜为天子，皋陶为士，瞽瞍杀人，则如之何？”孟子的回答包含两个层面：从法律层面来讲，舜不会阻止皋陶抓人；从道德层面来讲，舜会放弃天下，背上父亲逃离。从孟子与万章、桃应的对话来看，孟子通过历史传说来表达一种强烈的道德伦理诉求，以使弟子知晓人伦纲常的现实意义。

其次，孟子在教学过程中善于运用寓言故事。比如《梁惠王上》中“五十步笑百步”“挟泰山以超北海”“为长者折枝”“杀人是兵”等故事，通过一系列的比喻来说明“仁政”对现实社会的重要性。《孟子》中的故事，“既没有《庄子》式的悠谬谲怪的神话幻想，也没有《战国策》那样拟人化的动物故事”①，而多取材于社会生活，如《滕文公下》中的“攘邻之鸡”，以偷鸡贼为喻，批评治国者的贪婪；《离娄下》中的“齐人有一妻一妾”，讽刺以不正当手段谋取物质享受的人；《公孙丑上》中的“揠苗助长”，教育弟子要遵循规律，强调“仁心”的培养；《告子上》中的“二人学弈”，提倡专心致志的学习态度。寓言故事往往通过生动形象的故事来表达深刻抽象的道理，孟子运用大量的寓言故事作为教学内容，不仅增强其教育思想的说服力，而且使教学活动变得生动、有趣，更易于弟子们接受，让弟子在学习中受到潜移默化的影响，所能达到的教育效果也就更加明显。

总之，言简意赅的语言风格，善于运用历史故事、寓言进行教学，能根据不同谈话对象、不同内容来设喻，不拘一格，大大增强了孟子施

① 褚斌杰，谭家健. 先秦文学史 [M]. 北京：人民文学出版社，1998: 265.

教的效果，也使《孟子》一书具备教材语言的诸多特点。教材语言是呈现教材内容最为重要的方式，也是判断一本书能否成为教材的重要依据。此外，《孟子》中的各类知识与实际生活的关联十分密切，这也是《孟子》能够成为教材的重要原因之一。

三、知识与道德的传授

《孟子》中包含诸多方面的知识，但传授知识并不是孟子的最终目的，通过知识来表达深刻的道德伦理才是孟子的终极目的。在《尽心下》中，馆人在回答孟子的提问时说："夫子之设科也，往者不追，来者不拒，苟以是心至，斯受之而已矣。"赵岐对此的解释是："孟子曰，夫我设教授之科，教人以道德也。其去者亦不追呼，来者亦不逆拒，诚以是学道之心来至，我则斯受之。"[①] 从《孟子》一书的篇章构成来看，虽然各篇之间并没有逻辑关系，但每一篇都有道德主旨。

赵岐对《孟子》七篇的大义作过如下概括：《梁惠王》是"孟子以为圣王之盛，惟有尧、舜，尧、舜之道，仁义为上，故以梁惠王问利国，对以仁义，为首篇也"；《公孙丑》是"仁义根心，然后可以大行其政，故次之以公孙丑问管、晏之政，答以曾西之所羞也"；《滕文公》是"政莫美于反古之道，滕文公乐反古，故次以文公为世子，始有从善思礼之心也"；《离娄》是"奉礼之谓明，明莫甚于离娄。故次以离娄之明也"；《万章》是"明者当明其行，行莫大于孝，故次以万章问舜往于田号泣也"；《告子》是"孝道之本，在于情性，故次以告子论情性也"；《尽心》是"情性在内而主于心，故次以尽心也。尽己之心，与天道通，

① 〔清〕焦循. 孟子正义 [M]. 沈文倬，点校. 北京：中华书局，1987: 1005-1006.

道之极者也。是以终于尽心也”。[1]从赵岐对《孟子》七篇的概括来看，孟子的论述始终围绕仁政论、性善论展开。比如《梁惠王》记录孟子与梁惠王、齐宣王、滕文公等人的交谈，孟子明确表达了以“仁”治理国家的观念；而《公孙丑》则进一步指出施行仁政，首先要有仁政之心，“心”的概念就此引出，成为后续篇章论述的重点。所以，在《孟子》中，仁政是目的，性善是其理论的基础。这也使得《孟子》以伦理为本位的知识传授特性表现得十分明显，书中涉及的孔子知识、“六经”知识无不最终指向伦理道德。因此，《孟子》作为一本教学语录，其特点是以伦理为本位来构建知识体系及传授方式。孟子在教学的过程中，以“六经”、《论语》等作为其教学的主要参考用书，辅助弟子们学习、理解孟子思想。

（一）《孟子》中的孔子知识

孟子一生最服膺孔子，他曾说“自生民以来未有盛于孔子也”（《公孙丑上》），认为孔子是“圣之时者也，孔子之谓集大成”（《万章下》）。孟子最大的愿望是能够跟随孔子学习，他说：“乃所愿，则学孔子也。”（《公孙丑上》）但是因为二人生活年代相差百年，“予未得为孔子徒也，予私淑诸人也”（《离娄下》）。《孟子》中经常引用《论语》，或者依据孔子的学说来展开论辩。

顾炎武的《日知录》对《孟子》引用《论语》的情况有过较为详细的记载：“孟子书引孔子之言，凡二十有九，其载于《论语》者八。‘学不厌而教不倦’，‘里仁为美’，‘君薨，听于冢宰’，‘大哉，尧之为君’，‘小子鸣鼓而攻之’，‘吾党之士狂简’，‘乡原德之贼’，‘恶似而非者’。又多大同而小异，然则夫子之言，其不传于后者多矣。故曰：‘仲

① 周广业《孟子章指考证》云：“《篇叙》亦赵邠卿所作。”

尼没而微言绝。'"[①] 据顾炎武统计,《孟子》书中引孔子说过的话有29处,其中出自《论语》的有8处,出现的场景多是孟子在教导学生,比如"学不厌而教不倦"是孟子与公孙丑探讨"动心"与"不动心"问题时提出的;"君薨,听于冢宰"出现于孟子与然友关于君臣之礼与丧葬之礼的讨论;"大哉,尧之为君"是孟子与陈相争论许行的学说时提出的论证依据。

实际上,孟子在教导学生或与人对话时既喜欢用孔子说过的话,也喜欢用孔子的事迹来作为论证的依据。孟子在《公孙丑》《滕文公》《离娄》《万章》等篇中提到孔子的次数较多,交谈的对象为公孙丑、滕文公等人,交谈的内容以仁政治国和圣人之道为主。比如在《公孙丑上》,孟子与公孙丑谈论圣人所具有的品行,就引用了《论语·述而》中孔子的言论,以此说明自己与圣人之间的差距。又如在《滕文公上》,孟子与陈良探讨"夷夏之辨",就借用孔子死后弟子的不同态度来论证圣王先祖之道的权威性。在《万章下》中,孟子则对比了伯夷、伊尹、柳下惠、孔子同为圣人的不同之处,认为孔子是"集大成者"。在《离娄下》中,孟子以独白的形式引孔子之言,阐释夏、商、周三代的仁政措施。此外,《孟子》中也有以"孔子曰"的形式征引《论语》文句的记载。孟子喜欢引用孔子的话或事迹作为论证的依据,又说明孟子是反复研读过《论语》的,他对孔子其人其事非常熟悉。

孔子的学说以仁学为核心,强调仁者爱人。孟子之学在孔子仁学的基础上提出"仁义并举",进一步发扬了仁学的精神。朱熹曾引用程子的话说:"孟子有功于圣门,不可胜言。仲尼只说一个仁字,孟子开口便说仁义。仲尼只说一个志,孟子便说许多养气出来。只此二字,其

---

① 〔明〕顾炎武. 日知录校释 [M]. 张京华,校译. 长沙:岳麓书社,2011: 343.

功甚多。”[①] 孟子从心性的层面来阐释“仁”，由此推导出人性善的观点。“性善论告诉我们这样一个道理：人原本就有道德根据，这个根据就是良心，要成就道德必须首先找到自己的道德根据。孟子认为，要找到自己的道德根据，最有效的办法是反求诸己。”[②]

（二）《孟子》中的“六经”知识

孔子对“六经”的整理，既是对“六经”知识的固定化、完善化，也是为当时人们所使用教材的统一规范而作出的努力。刘师培在《经学教科书》中指出：“盖六经之中，或为讲义，或为课本。《易经》者，哲理之讲义也。《诗经》者，唱歌之课本也。《书经》者，国文之课本也。《春秋》者，本国近世史之课本也。《礼经》者，修身之课本也。《乐经》者，唱歌课本以及体操之模范也。”[③] 可见，“六经”本身就具有教材的性质，每种“经”都有不同的用途，可以作为不同的教材来使用。孔子编订“六经”，对原有“六经”教材进行重新组织加工，以符合当时教育的发展需求。孟子生活在战国中后期，孔子编订的“六经”已经作为学校教育的主要教材流行于世，也自然会对孟子产生重要的影响。赵岐提到，孟子“通‘五经’，尤长于《诗》《书》”[④]。这里并未说孟子通“六经”，原因是《孟子》书中并未直接提到《乐经》，仅有几处对“乐”的言论，[⑤] 这可能是因为《乐经》在孟子时代已经亡佚了。但不论《乐经》在当时的存佚情况如何，其他“五经”在《孟子》书中或多或少都有体现，尤其是《诗》《书》，两者在《孟子》书中被提及较多，因而

① 〔宋〕朱熹. 四书章句集注 [M]. 北京 : 中华书局 , 2012: 199.

② 杨泽波. 中国文化之根——先秦七子对中国文化的奠基 [M]. 北京 : 生活 · 读书 · 新知三联书店 , 2022: 191.

③ 刘师培. 经学教科书 [M]. 北京 : 北京联合出版公司 , 2015: 19.

④ 〔汉〕赵岐.《孟子》题辞 [M]//〔清〕焦循. 孟子正义. 沈文倬 , 点校. 北京 : 中华书局 , 1987: 7.

⑤ 孙开泰. 孟子与五经 (续)[J]. 管子学刊 , 1999(01): 22−32+43.

《诗》《书》也可以看作孟子教学的主要内容。

1. 孟子与《诗》

《诗》要表达的育人理念是教人养成温柔敦厚的品性。它的理论基础在于合乎中庸之道。在《论语·阳货》中，孔子对《诗》的评价是："可以兴，可以观，可以群，可以怨。迩之事父，远之事君，多识于鸟兽草木之名。"这是对《诗》教育意义的具体概括。《诗》中既包括对人文价值的倡导和对人文素质的培养，也包括语言文字、民间习俗、社会历史等方面的基础知识。这说明《诗》本身就是各类知识的集合体，具有教育内容的丰富性和教育功能的多样性等特点，俨然是一门"综合课程"。孟子善于用《诗》中的语句来表达自己的观点，同时也以此对弟子进行《诗》的传授。

从孟子对《诗》内容的选取来看，引用《大雅》的次数最多，共20次，引用《小雅》6次，引用《国风》4次，引用《鲁颂》2次，引用《商颂》1次。[①] 其中《梁惠王》《滕文公》《离娄》等篇引《诗》较多。从谈话对象来看，主要有国君和弟子。其中国君有梁惠王、齐宣王、滕文公等人，弟子有陈相、陈代公、公都子、万章、咸丘蒙、貉稽等人。从涉及的章句内容来看，主要是劝导国君要效法古圣贤王施行仁政，比如在《梁惠王上》中，孟子教导梁惠王要效法文王"施仁政""与民同乐"；在《滕文公上》中，孟子在回答滕文公问如何治理国家的问题时，用《大田》与《文王》中的诗句来告诫滕文公"恒产恒心"的治国理念。

孟子在与弟子的交谈中，注意引导弟子深入探求诗歌主体的精神

① 关于《孟子》引《诗》的研究，可参看：杨海文.《孟子》引论《诗》《书》的文献地图——兼评陈澧《东塾读书记》考释的得失 [J]. 现代哲学，2011(04): 100-109; 杨伯峻. 孟子译注 [M]. 北京：中华书局，2009.

世界，体会古圣贤王的博大胸怀以及崇高境界。孟子在教导弟子学习《诗》时提出，不应拘泥于文辞而胶柱鼓瑟或刻舟求剑，而应通观经文的整体意义，以自己的体认遥契经典作者的原意。① 比如在《万章上》中，孟子与咸丘蒙讨论“盛德之士，君不得而臣，父不得而子”时，咸丘蒙用“普天之下，莫非王土；率土之滨，莫非王臣”来反问孟子，孟子则用“永言孝思，孝思维则”来反驳弟子的观点，指出其认识上的不足，并一步步引导弟子形成正确的理解。所以，孟子教《诗》，要求学生既要由词句入手，又不能因片面地理解词句，而忽略了对诗歌主旨的把握，即学《诗》的关键，是探求诗人之“志”，“以意逆志”，② 这是孟子论《诗》最为著名的观点之一。孟子论《诗》的观点之二，是要“知人论世”。比如在《告子下》中，孟子与公孙丑讨论《小弁》是否为“小人之诗”时，孟子表示，告子认为《小弁》是“小人之诗”的解释太过机械，没有体会到诗人的真情实感，所以才会得出这样的结论。所以孟子认为要理解《诗》的含义，应该做到“知人论世”，即“颂其诗，读其书，不知其人，可乎？是以论其世也。是尚友也”(《万章下》)，这才是由“诗”而“人”，再到“论其世”的学《诗》境界。“以意逆志”和“知人论世”的方法论，对后世的《诗经》研究产生了深远影响，王国维在《〈玉溪生诗年谱会笺〉序》中说：“是故由其世以知其人，由其人以逆其志，则古诗虽有不能解者，寡矣。”③

此外，孟子教《诗》时，教授内容往往与其政治思想相符合，并且在解说的过程中又加入自己对《诗》的理解，这不仅是对国君、弟子的教导，也是对自我观点的不断完善。孟子论《诗》的特点，于兴在《诗

---

① 黄俊杰. 孟子运用经典的脉络及其解经方法 [J]. 台大历史学报 , 2001(28): 1-22.

② 朱自清在《诗言志辨 · 比兴》中解释道 :“以意逆志 , 是以己之意迎受诗人之志而加以钩考。”

③ 王国维. 人间词话 [M]. 合肥 : 安徽文艺出版社 , 2015: 246.

经研究概论》中有过具体概括："孟子说诗已不是对《诗经》本身作出什么评论，而是将议论重点转移到读诗方法上去，与孔子论诗的性质、诗的功能、诗的艺术特点等，又有所不同。这些变化，也反映出古代学术思想演进的迹象。"① 孟子对《诗》的研究，也为后世人们所认同，尤其是在汉代，《孟子》作为"五经体系"之中的"传"，对于"五经"教育起到了重要作用，郑玄等经学大师在注《诗》时，大量征引《孟子》，以作为对《诗》内容的解释和补充。这说明郑玄在教《诗》时是用《孟子》作为解读的材料或是教材的。

2. 孟子与《书》

《书》即《尚书》，是战国以前流传下来的商周记言史料汇编，主要记载了商周时期政治方面的言论和史实。《书》中体现的上古帝王政治思想、伦理观念、哲学思想等，为后代学者提供了丰富的人文价值观念和知识系统。后人往往将《书》作为教材，从中学习各种政治、历史、伦理等方面的知识。儒家本来就重视历史知识，有尊崇历史文献的传统，传授历史知识是其重要的教育内容。"孟子称引《书》经，多是作为谈说的依据，或作为辩论的论据，亦往往附述《书》篇的历史背景与作《书》的缘由，此实为孟子以史论《书》的体现。"② 孟子本人对《书》也很有研究，并且能对《书》中的内容进行发挥和阐释，以论证自己的观点，并在这一过程中向弟子或其他人教授《书》。

《孟子》书中引《商书》9 次、《周书》7 次、《虞书》3 次。③ 谈论对象多为弟子，如万章、咸丘蒙、公都子等人。从征引内容来看，孟子

① 于兴. 诗经研究概论 [M]. 北京 : 中国社会出版社 , 2010: 49－50.

② 魏忠强. 孟子以史论《书》研究 [J]. 中华文化论坛 , 2018(07): 105－110.

③ 关于《孟子》引《书》的研究，参见 : 杨海文.《孟子》引论《诗》《书》的文献地图——兼评陈澧《东塾读书记》考释的得失 [J]. 现代哲学 , 2011(04): 100－109; 马士远.《孟子》引《书》考辨 [M]// 马士远. 周秦《尚书》学研究. 北京 : 中华书局 , 2008: 140－160.

不一定原封不动地征引原文，而是有所改动。比如《周书·武成》中有一句为："恭天成命，肆予东征，绥厥士女。惟其士女，篚厥玄黄，昭我周王。天休震动，用附我大邑周。"孟子在《滕文公下》中将其改为："有攸不惟臣，东征，绥厥士女，篚厥玄黄，绍我周王见休，惟臣附于大邑周。"诸如此类的例子不胜枚举。[①]孟子征引《书》时的改动，与孟子对《书》的态度有关，他在《尽心下》中表示："尽信《书》，则不如无《书》。吾于《武成》，取二三策而已矣。"孟子本人不完全相信《书》中的内容，不认为凡是经书上说的内容就是可信的，这是孟子对历史事实所抱有的求真态度，"历史书都是人记录叙述出来的，而人有贤愚高下的分别，又受具体时空的限制。或一时疏漏，或偏听偏信，或刻意造假，无论古今，史书中记录的历史事实每每真假掺杂，读书人于此一层自须明辨"[②]。

不过，孟子在教导弟子的过程中，还是会有选择地引用《书》中的内容作为论证的依据。比如孟子用《虞书·大禹谟》中记载的"祗载见瞽瞍，夔夔齐栗，瞽瞍亦允若"故事，指出咸丘蒙对《北山》这首诗的误解，《北山》诗中所提出的观点在《虞书·大禹谟》中可以得到印证，《诗》与《书》中的内容相互印证，这也是孟子教《书》过程中所体现出的特点。吕思勉说："《书》说今多阙佚，此说之能大昌于世，实孟子之力也。"[③]可见孟子在《书》研究方面也取得了很大的成就，对《书》的传承与发展作出了重要贡献。

此外，从现有的古籍文献中可以看到，孟子所用的《书》，不只局限于孔子编订的《书》，还涉及孔子编订之前的较早版本。2015 年中西

① 《孟子》中对《书》内容的改动以及考证，参见：马士远. 周秦《尚书》学研究 [M]. 北京：中华书局，2008: 140-160.

② 张定浩. 孟子读法 [M]. 南京：译林出版社，2020: 523.

③ 吕思勉. 先秦学术概论 [M]. 长沙：岳麓书社，2010: 72.

书局出版的《清华大学藏战国竹简（五）》，收录了《厚父》《封许之命》《汤处于汤丘》《汤在啻门》《命训》《殷高宗问于三寿》等6篇战国竹书。其中《厚父》篇记载这样一句话："古天降下民，设万邦，作之君，作之师，惟曰其助上帝下民。"这与《梁惠王下》中的"天降下民，作之君，作之师，惟曰其助上帝宠之"一句相对应。李学勤对"降""助"等字进行校勘分析后，认为《厚父》可能是《孟子》引《书》的出处。[①]这说明孟子本人看过《厚父》等篇章的内容，也说明孟子在教学过程中，不只以孔子编订的"六经"为基础教材，同时还参看其他不同版本的"六经"，以相互对照、取长补短。

3. 孟子与《礼》

"礼"字在《孟子》书中出现了65次，孟子引《礼》2次。[②]从《孟子》一书的记载来看，孟子应当是学过《礼》的，并且和孔子一样，对《礼》非常重视，虽然《孟子》书中直接引《礼》的内容不多，但是孟子论礼、说礼等内容在《孟子》书中却十分普遍。

孔子讲"博学于文，约之以礼"（《论语·雍也》），已经指明"学"与"礼"之间的关系。而孟子则进一步指出，"上无礼，下无学，贼民兴，丧无日矣"（《离娄上》）。"礼"既有具体之礼的层面，又含有道德约束的层面，而"礼"作为"学"的内容，对上、对下都很重要。朱熹解释道："上不知礼，则无以教民；下不知学，则易与为乱。"[③]赵岐也有相似的观点："言君不知礼，臣不学法度，无以相检制，则贼民兴。"[④]君要"知礼"，"知"在一定意义上也是"学"，这是对上而言；

① 李学勤. 清华简《厚父》与《孟子》引《书》[J]. 深圳大学学报(人文社会科学版), 2015(03): 33-34.

② 孙开泰. 孟子与五经(续)[J]. 管子学刊, 1999(01): 22-32+43.

③〔宋〕朱熹. 四书章句集注[M]. 北京: 中华书局, 2012: 281.

④〔汉〕赵岐, 注. 孟子注疏·娄离章句上[M]//〔清〕阮元, 校刻. 十三经注疏: 清嘉庆刊本. 北京: 中华书局, 2009: 5910.

臣要学“法度”，则是对下而言，“法度”即是“礼”的具体呈现。“礼”对维护君臣上下等级秩序的稳定起着至关重要作用。可见，孟子谈礼既有道德思想层面的思考，也有具体实施层面的观照。

孟子所谈之礼，涉及种类比较广泛，谈论的对象也多是弟子门人。比如，《梁惠王下》中与乐正子谈论“丧祭之礼”；《滕文公下》中与公孙丑谈论“士之礼”，与景春谈论“冠礼”；《离娄上》中与淳于髡谈论“授受之礼”；《离娄下》中与公行子谈论“君臣之礼”，与公都子谈论“交友之礼”；《万章上》与万章谈论“君臣之礼”；《万章下》中与万章谈论“诸侯之礼”；《告子下》中与屋庐子谈论“娶亲之礼”；《尽心上》中与公都子谈论“师生之礼”等。总之，礼在孟子的教学中同样占有重要的位置，而且孟子希望弟子通过对礼的学习，能够提升对道德伦理的深层认知。

例如，在《滕文公下》中，孟子在与景春对话时，用反问的语气提到“是焉得为大丈夫乎？子未学礼乎？”孟子认为如果学过“礼”，那么就应该有对“大丈夫”行为标准的判断，“以礼言之，男子之道，当以义匡君”①。用孟子的话说，“大丈夫”应该具备“富贵不能淫，贫贱不能移，威武不能屈”的品格。可见，孟子在这里是把礼作为立身处世的重要手段来“学”的。

孟子的教学以礼为主要内容，是对孔子“以仁释礼”的进一步发展。礼以血缘为基础，以等级为特征，“孔子以‘仁’释‘礼’，将外在社会规范化为内在自觉意识这一主题，却确乎由孟子发扬而推至极端”②。以“仁”释“礼”，是用“仁”的内在情感来解释“礼”的外在行为。孔子将“仁”“礼”并提并强调“仁”，而孟子则将“仁”列为道德之首，与“义”并提，将个体内在的自觉上升为家族和国家伦理。孟

① 〔清〕焦循. 孟子正义 [M]. 沈文倬，点校. 北京：中华书局，1987: 417.

② 李泽厚. 中国古代思想史论 [M]. 北京：生活·读书·新知三联书店，2008: 36.

子在《尽心下》中说："不信仁贤，则国空虚；无礼义，则上下乱；无政事，则财用不足。""行仁义"是实现社会的秩序化的重要途径。

4. 孟子与《乐》《易》《春秋》

《孟子》中并未直接引用或谈论《乐》，间接提及的有两处，一是关于用六律定正五音，《离娄上》载："师旷之聪，不以六律，不能正五音。……既竭耳力焉，继之以六律正五音，不可胜用也。"二是关于为《韶》乐配诗，《梁惠王下》载："为我作君臣相说之乐！盖《征招》《角招》是也，其诗曰：'畜君何尤？'畜君者，好君也。"

"乐"字在《孟子》中共出现 91 次，其中以人名形式出现 10 次（乐正子 9 次，乐正裘 1 次），其余皆以 lè 音或 yuè 音出现。可见，《孟子》中"乐"的含义并不局限于《乐》，而具有多重含义，比如以"乐"（lè）来体现国家政治的好与坏，如《梁惠王下》中的"独乐乐，与人乐乐""与少乐乐，与众乐乐""与民同乐""与百姓同乐""乐民之乐者，民亦乐其乐"等。又如《公孙丑上》中的"见其礼而知其政，闻其乐而知其德"，以及《离娄上》中的"乐之实，乐斯二者，乐则生矣"等则以之来体现道德教化的作用以及对人内心世界的影响。

《孟子》书中也并未直接提到过《易》，但孟子提出的观点、概念中却含有对《易》的阐发。比如孟子所讲的"人皆有不忍人之心""恻隐之心"等人性善的观点，与《易・系辞》中提到的"一阴一阳之谓道，继之者善也，成之者性也"有相通之处。又如《尽心上》中的"尽其心者，知其性也"与《易・说卦》中的"穷理尽性以至于命"；《离娄下》中的"其自反而仁矣，……君子必自反也"与《易・蹇卦》中的"君子以反身修德"等亦有相似之处。[①] 总之，孟子应该是研读

---

① 关于孟子对《易》思想的阐发，详见：徐芹庭. 易经源流：中国易经学史（上）[M]. 北京：中国书店，2008: 189-190.

过《易》的，宋人邵雍对此作过解释："知《易》者不必引用讲解，始为知《易》。孟子著书，未尝及《易》，其间《易》道存焉，但人见之者鲜耳。人能用《易》，是为知《易》。如孟子，可谓善用《易》者也。"①

《春秋》提供了春秋时期各国的社会政治情况，为后人提供了各种治国理政经验。孟子论及《春秋》的言论不多，但在授徒的过程中，体现出他对《春秋》有独到的见解。孟子认为孔子作《春秋》，是替代《诗》来反映当时王道衰落、礼乐征伐的社会现状，旨在维护社会的公道。对于孔子的这一举动，孟子大加赞赏。孟子对孔子作《春秋》的意图作了深刻剖析，他在《滕文公下》与公都子的对话中指出："世衰道微，邪说暴行有作，臣弑其君者有之，子弑其父者有之。孔子惧，作《春秋》。"孟子还在《尽心下》中讲道："《春秋》无义战，彼善于此，则有之矣。"赵岐对此解释道："《春秋》所载战伐之事，无应王义者也，彼此相觉有善恶耳。孔子举毫毛之善，贬纤芥之恶，故皆录之于《春秋》也。上伐下谓之征。诸侯敌国，不相征。五霸之世，诸侯相征，于三王之法，皆不得其正者也。"②

总之，《诗》与《书》在孟子的教学活动中出现的频率很高；《礼》虽然引述不多，但论述较多；《乐》《易》《春秋》则在孟子的教学中未见直接引述。这表明孟子的教学存在一种倾向性，即从《诗》《书》等文本中择取相关内容进行教授。孟子在个人学习经验和生活哲学的基础上，以《诗》《书》为论说的依据，得出各种理论性的知识，既有认知的内容，也有情感的内容，这也会在无形中影

① 〔宋〕邵雍. 观物外篇 · 下之中 [M]//〔宋〕邵雍. 邵雍集. 郭彧，整理. 北京：中华书局，2010: 159.
② 〔汉〕赵岐，注. 孟子注疏 · 尽心章句下 [M]//〔清〕阮元，校刻. 十三经注疏：清嘉庆刊本. 北京：中华书局，2009: 6034.

响弟子的学习态度和学习倾向，进而形成孟子一派的思想特点与教学特色。

（三）《孟子》中的思孟学派知识

思孟学派是学术界持续争论的一个重要话题，主要问题集中于思孟学派存在与否。[①] 而郭店竹简的出现，则为思孟学派存在的合理性提供了诸多依据。

1993 年，在湖北荆门郭店村发掘的竹简，包含多种古籍，主要为儒道两家的典籍，其中儒家典籍有《缁衣》《五行》《性自命出》《六德》等，共计 14 篇。从撰写的时间来看，应是孔门弟子或再传弟子的作品，早于《孟子》七篇的写成时间。已有研究认为，郭店竹简中的儒家典籍与子思的关系最为密切，这些文献也很有可能就是已经失传的《子思子》。[②] 既然如此，孟子就很有可能看到过这些文献，这些文献也可能对《孟子》一书的结集产生影响。想要说明这种可能，可以从文本内容的对比中找寻答案。

比如，《性自命出》是郭店竹简中内容最长的一篇，主要论述心、性、情等问题。《性自命出》中的一些文句与《孟子》中的《天下之言性》章有可沟通之处，为人们破解该章的内容提供了重要材料。[③]《性自命出》中说："动性者，物也；……养性者，习也；长性者，道也。"《孟子》中的《天下之言性》章，正是从"性"的特点出发的，《尽心上》提出"存其心，养其性"。孟子"将性看做一动态、发展的过程，而不是固定的抽象本质，其人性论与修习论便具有一种内在的联系，二

① 关于思孟学派的考证，参见：梁涛. 郭店竹简与思孟学派 [M]. 北京：中国人民大学出版社，2008: 35-59.

② 孔德立. 子思与早期儒学 [M]. 北京：中国社会出版社，2012: 109-110.

③ 梁涛. 郭店竹简与思孟学派 [M]. 北京：中国人民大学出版社，2008: 368.

者构成一个有机整体”①。《性自命出》中所提出的人性说，是“孔子与孟、荀之间的发展形态，它所提出的性自命出的思想发展了孔子的人性论，从天—命—性—情—道的逻辑结构来讨论人性的本质和作用”②。可见《性自命出》与孟子的人性论之间有一脉相承的关系。

又如，郭店竹简中的儒学文献，在仁义表达结构上，体现出“仁内义外”的仁义关系。《六德》中指出：“仁，内也；义，外也；礼乐，共也。”《语丛一》中也指出：“仁生于人，义生于道。或生于内，或生于外。……仁义为之臬。”而《孟子》书中也有相似的记载，在《告子上》中，孟子与告子对仁义问题展开了辩论，告子说：“食色，性也。仁，内也，非外也；义，外也，非内也。”告子明确表达了“仁内义外”的观点。孟子反驳告子，认为恻隐之心为仁，羞恶之心为义，都内在于人的本心。这既是对孔子仁学的发展，也在此基础上论证了“仁义内在”的观点。总之，郭店竹简中出现了“仁内义外”，说明在孟子以前就有“仁内义外”的说法，并非到了告子时才被提出，因而孟子才能做出更加细致、充分的反驳，提出自成一体的理论。

郭店竹简的发现对《孟子》来说具有重要意义。一方面，它使得《孟子》文本的内容、思想结构有了较为明确的含义，如“五行”“四行”“四端”“仁义”等内涵更加具体化。由此可见，《孟子》对前人的思想成果进行了吸收、借鉴，并在此基础上不断地发展和调整。郭店竹简成书于孔孟之间，这就使得孔孟之间的学术思想脉络因郭店竹简的出现而变得更加清晰。另一方面，孟子本人及其弟子确有可能看到过郭店竹简的内容，将之作为重要的教学材料加以学习，并传播开来。

① 梁涛．郭店竹简与思孟学派 [M]. 北京：中国人民大学出版社，2008: 375.

② 陈来．竹帛《五行》与简帛研究 [M]. 北京：生活·读书·新知三联书店，2009: 29.

此外，既然孟子受业于子思门人，那么历来被认为是子思所作的《中庸》，也会对孟子产生重要影响。比如，《中庸》主张“君子之中庸也，君子而时中”，强调君子要时时合乎中庸的规范，而《孟子》中也有相似的记载，如《尽心上》中的“中道而立，能者从之”；《离娄下》中的“中也不养中，才也不养才”等。又如《中庸》强调“悦亲有道，反身不诚，不悦于亲矣”，《孟子》则发展了这种“反求诸其身”的观点，从《公孙丑上》的“仁者如射，射者正己而后发，发而不中，不怨胜己者，反求诸己而已矣”和“爱人不亲，反其仁；治人不治，反其智；礼人不答，反其敬。行有不得者皆反求诸己，其身正而天下归之”等论述中也都可以看到《中庸》的思想印记。再如，《离娄上》言：“天下之本在国，国之本在家，家之本在身。”其家、国、天下思想与《中庸》《大学》所提的修身、齐家、治国、平天下的整体构想又有着紧密的联系。

总之，《孟子》书中涵盖了众多知识，这些知识成为儒家思想得以深化的重要基石，“从理论上说，正统儒家的建构通常都会赞同孟子关于经济、教育以及理论上每个人的道德平等性对政治和道德来说所具有的重要意义”[①]。这些知识中，孔子的知识与“六经”的知识最为重要，孟子在教学过程中始终以培养道德伦理为主旨，“偏重以蕴涵在史事解说中的‘先王之道’，影响弟子的价值观念”[②]。这也就形成了《孟子》以伦理为本位的知识结构特点。另外，从《孟子》书中的记载来看，口传身授是孟子主要的教学方式，其“求知色彩较浓”[③]。

在学习的过程中，孟子强调主体的自觉力量，认为这是一种更为根

---

① 〔美〕陈汉生. 中国思想的道家之论：一种哲学解释 [M]. 周景松，谢尔逊，等，译. 南京：江苏人民出版社，2020: 360.

② 陈桂生. 孔子授业研究 [M]. 北京：教育科学出版社，2012: 141.

③ 陈桂生. 孟门师—弟子问对艺术 [J]. 杭州师范学院学报（人文社会科学版），2001(05): 94-98.

本的个人力量。“学”[1]的主体是自我，孔子讲“为仁由己”，孟子强调“深造自得”，深造自得的过程是一个独立思考与探索的过程，学生要将“学”的主动权掌握在自己手里，正如孟子在《尽心上》中所说：“求则得之，舍则失之，是求有益于得也，求在我者也。”孟子在《尽心下》中以木匠的学习为例，指出：“梓匠轮舆能与人规矩，不能使人巧。”匠人能够把制作工艺传授给别人，但是不能使别人具备高明的技巧，掌握技巧，则要靠自身的努力。只有深造自得，才能如《离娄下》所言：“自得之，则居之安；居之安，则资之深；资之深，则取之左右逢其原，故君子欲其自得之也。”孟子阐述了自觉地领悟是“学”的手段，不论是学知识、技艺，还是道德修养，都要发挥自身的主观能动性，才能达到高深的造诣和境界，在实践中运用自如、左右逢源。

在孟子看来，教学过程贵在“自得”。孟子认为学生在学习过程中所获得的知识、道理、能力等都需要学生自己发现和获得，正如《离娄下》所说：“君子深造之以道，欲其自得之也。”知识内容的“伦理性”与教学过程的“自得性”构成了孟子教学的基本特点。

第二节 《孟子》成为私家教材

《孟子》作为一部由师徒合作完成的书籍，因弟子们的相传授受，

---

① 在《孟子》书中，“学”字共出现33次，其篇章分布是：《梁惠王下》3次，《公孙丑上》3次，《公孙丑下》2次，《滕文公上》10次，《滕文公下》2次，《离娄上》2次，《离娄下》6次，《告子上》4次，《尽心上》1次。其中以单字形式出现27次，以“学问”“学者”等词形式出现6次（“学问”2次，“学者”4次）。从论说的内容来看，主要涉及“古之道”和“礼”的内容，比如《滕文公》与《离娄》两篇出现的“学”字最多。《滕文公》主要探讨“政莫美于反古之道”，即对先王圣贤“古之道”的推崇。《离娄》则主要说明“礼”的重要性，即“奉礼之谓明，明莫甚于离娄”。因此，“先王之道”与“礼”也就构成了孟子之“学”的主要内容。

首先成为孟子一派的私家教材。随着知识的增长和人们学习需求的增加，《孟子》中包含的道德观念、知识内容，既符合儒学发展的需要，又契合社会的发展需求，同时也能够满足人们的学习需求，这使《孟子》成为孟子学派以及儒家学派的私家教材。

一、早期儒家对《孟子》的需求

《孟子》之所以能够成为私家教材，是因为它正面回应了时代发展提出的一系列问题。战国时期，社会出现诸多变化，根源在于社会文化与经济基础之间出现错位，新兴士阶层与旧阶层之间形成竞争与对立的关系。在这种对立的关系中，人们需要思考和回答许多社会实际问题，统治者在取得政权后，如何通过兼并来巩固和发展政治、经济力量就是其中之一。类似的问题，孔子在《论语》中也提出过，但未深入探讨，孟子对其则有详细论述。

第一，关于义利之辨。早在春秋时期，人们对于义与利的关系就发表了种种见解，比如“事利而已”（《左传·襄公二十七年》）、“思义为愈”（《左传·昭公十年》）、“言义必及利”（《国语·周语下》）等，既有功利至上、道义至上的倾向，又有义利统一的主张。到了诸子百家争鸣时期，墨家将义与利统一起来，认为“义可以利人，故曰天下之良宝也”（《墨子·耕柱》）；道家持自然无为的观点，对义与利均持否定的态度，《老子·第十九章》中写道：“绝仁弃义，民复孝慈；绝巧弃利，盗贼无有。”以韩非为代表的法家认为人不会有利人或爱人的道德信念；而以孔孟为代表的儒家学派，则主张重义抑利。孔子提出“君子喻于义，小人喻于利”，并没有把义与利的关系对立起来。而孟子开口则说“何必曰利？亦有仁义而已矣”（《梁惠王上》），将“义”摆在了较高的位置，与“利”对等起来，强调贵义贱利，具有强烈的“价值内在”预设，主张“人的意志自由而不受任何外在性的结构（如经济结构）或超越的实体（如天或命）的宰制”[①]。荀子主张先义后利，《荀子·荣辱》中写道，“先义而后利者荣，先利而后义者辱”，义与利是人的固定不变的两种本性。《荀子·大略》中又言，“义与利者，人所两有也”，但“义”是第一位的，“利”是第二位的。总之，以孔孟为代表的“先义后利”的义利观虽未必完全正确，但从一个方面满足了当时人们对义利关系的解释需求。

第二，关于“性与天道”。“性与天道”问题是儒家学说的中心，儒学“天人合一”的观念也是围绕此展开的。孔子首先抛出这一问题，并贯穿其思想的各个方面，“儒学从孔子开始，其理论的出发点立足于人事，立足于现实社会，而人事与社会正是贯穿了天道天命的内容”[②]。不过孔子未展开讨论，在《论语·公冶长》中子贡对此评价说：“夫子之言性与天道，不可得而闻也。”孟子深入探讨人性问题，提出性善论，其理论基础是尽心、知性、知天的天人合一的逻辑架构。“如果说孔子的天人关系是通过个人的生活经历悟解到性与天道的统一，那么孟子则是进一步去提升抽象这个个人的悟解，将性与天道这个问题普遍外在化为一个客观性的命题。”[③]性善论是孟子思想结构的逻辑起点。性善就是人性本然之善，是确立人之所以为人的大本。孟子从性善论出发，将“性与天道”贯通起来，把外在的天意转化为人的心性，即存心养性的道德修养，如《尽心上》所说：“尽其心者，知其性也。知其性，则知天矣。存其心，养其性，所以事天也。”《离娄上》中，孟子表示：“诚者，天之道也；思诚者，人之道

① 黄俊杰. 孟学思想史论（卷一）[M]. 台北：东大图书公司，1991: 120.

② 王志跃. 先秦儒学史概论 [M]. 台北：文津出版社，1994: 94.

③ 同上：149.

也。”这是用“诚”对天道与人道做了明确区分。“诚”是天道，“思诚”是人道，“诚”在孟子那里其实就是仁义礼智等天道，而“思诚”就是人按照天道生活，就是人思考如何去体现天道之诚。这样，“诚”就把天道与人道贯通起来。荀子也将性与天联系起来，在《荀子·性恶》中，他说：“凡性者天之就也，不可学，不可事。”道家则认为道是天地的本原，人的本性是素朴的，称之为德，仁义是道与德的背离，如《庄子·马蹄》云：“道德不废，安取仁义？”这与儒家的人性观形成鲜明的反差。总之，孟子对“性与天道”问题的进一步发展，使得儒家内圣外王、经世致用的现实政治理想更加明晰，为社会政治形态的构建提供了重要依据，也为人性论、天人之辨等重要哲学与社会议题提供了理论支撑。

第三，关于“王霸之争”。王道与霸道的争论“既是一个历史评价问题，也是一个礼法的基本问题，它解决的是政权本身的合法性依据和权力行使的正当性问题”[①]。春秋战国时期列国纷争，诸子就治国思想问题从理论和实践层面进行了深入争辩，形成两种观点鲜明的治国思想——王道与霸道。孔子虽然没有直接讲“王道”，但其思想中的“仁”“礼”实则最终的指向都是“王道”。王道与霸道作为两种对立的治国思想被并列提出，始见于《公孙丑上》：“以力假仁者霸，霸必有大国；以德行仁者王，王不待大。”孟子指出了“以力假仁”和“以德行仁”的本质差别，明确提出“尊王贱霸”的主张，并把孔子“仁爱”思想外推于政治领域，形成以“仁政”“王道”为政治思想的治国方略，把孔子的“王道”上升为“王道主义”。[②]孟子同时提出“民贵君

① 宋大琦. 程朱礼法学研究 [M]. 济南 : 山东人民出版社 , 2009: 257.

② 赵金科，林美卿. 王道与霸道——中西文化的历史分野与现实考量 [M]. 北京 : 中央编译出版社 , 2012: 37.

轻”“保民而王”“制民恒产”等治国理想，这些都充分展现了孟子“王道”的政治主张，对后世影响颇大。荀子继承并进一步发展孔孟的王霸思想，强调王霸并举，即《荀子·王制》中所谓的“故明其不并之行，信其友敌之道，天下无王霸主，则常胜矣”。在对待王霸的态度上，荀子虽然持“王霸并举”的观点，认为“隆礼尊贤而王，重法爱民而霸”，“王”与“霸”二者同样可以强国，但比较起来，“粹而王，驳而霸”，王道要高于霸道，所以荀子对“霸道”还是持一种保守的态度。而荀子的弟子李斯，则奉行霸道，成为法家的重要代表。总之，通过孟子与荀子等人思想的对比可以看出，孟子持以德治为基础的“王道政治论”，是在构建以“民本”与“德治”为核心的权力结构，这是孟子对当时人们关于“王霸之争”的直接回应与解答，同样满足了儒家弟子在此问题上的学习需求。

“义利之辨”“性与天道”“王霸之争”等作为百家争鸣中的重要论题，成为当时社会关注的重点和亟待解决的问题。《孟子》作为当时出现的重要著作之一，对上述问题都做出了自成逻辑体系的论述，在一定程度上满足了当时人们尤其是早期儒家学者对上述问题的学习需求，也为其他学派了解、学习儒家思想提供了教材。

二、弟子后学与《孟子》的传授

孟子从三十多岁开始授业，培养弟子数百人，《滕文公下》记载：“后车数十乘，从者数百人，以传食于诸侯。”孟子弟子众多，《孟子》书中就记录有20余人，其中乐正克、公孙丑、万章、公都子、陈臻、充虞、咸丘蒙、陈代、彭更、屋庐子、桃应、徐辟、孟仲子、季孙、子叔疑、高子、盆成括、浩生、不害等最为著名，他们在宋代、清代皆获得封号，从祀孟庙（见表1-4）。孟子与众多的弟子们，形成了战国时代

"儒分八家"中的一家，在思想争鸣的时代发挥着重要的作用。孟子的弟子在孟子卒后，四散而去，有人出仕为官，有人守道隐逸，他们皆尊奉孟子的学说，从事相关的教育活动。可以说，孟子的弟子作为其思想的继承者和传播者，在《孟子》一书的流传过程起着重要的推动作用。

表 1-4　孟子弟子一览表

姓　名	出　处	宋封号	清封号	备　注
乐正克	赵岐注：孟子弟子	利国侯	先贤乐正子	据传为鲁国人
公孙丑	赵岐注：孟子弟子	寿光伯	先贤公孙子	齐国人
万　章	赵岐注：孟子弟子	博兴伯	先贤万子	邹国人
公都子	赵岐注：孟子弟子	平阴伯	先贤公都子	据传为邹国人
陈　臻	赵岐注：孟子弟子	蓬莱伯	先儒陈氏	据传为邹国人
充　虞	赵岐注：孟子弟子	昌乐伯	先儒充氏	
咸丘蒙	赵岐注：孟子弟子	须城伯	先儒咸丘氏	据传为鲁国人
陈　代	赵岐注：孟子弟子	沂水伯	先儒陈氏	
彭　更	赵岐注：孟子弟子	雷泽伯	先儒彭氏	
屋庐子	赵岐注：孟子弟子	奉符伯	先儒屋庐氏	据传为任国人
桃　应	赵岐注：孟子弟子	胶水伯	先儒桃氏	
徐　辟	赵岐注：孟子弟子	仙源伯	先儒徐氏	邹国人
孟仲子	赵岐注：孟子之从昆弟学于孟子者也	新泰伯	先儒孟氏	邹国人
季　孙	赵岐注：孟子弟子	丰城伯	先儒季孙氏	
子叔疑	赵岐注：孟子弟子	承阳伯	先儒子叔氏	
高　子	赵岐注：高子亦齐人孟子弟子	泗水伯	先儒高氏	

续 表

姓 名	出 处	宋封号	清封号	备 注
盆成括	赵岐注：尝欲学于孟子问道未达而去	莱阳伯	先儒盆成氏	据传为齐国人
浩 生	赵岐注：齐人也	东阿伯	先儒浩生氏	据传为邹国人
不 害		宋代将此二人合为告子 不害		清代封号中无告子其人
告 子	赵岐注：尝学于孟子而不能纯彻性命之理			
滕 更	赵岐注：滕君之弟来学于孟子者也			滕国人
孟季子	张九韶等人增补			
周 霄	张九韶等人增补			魏国人
匡 章	高诱增补			
陈仲子	高诱增补			
夷 子	周广业增补			
曹 交	刘培桂:《孟子志》补			邹国人
宋勾践	刘培桂:《孟子志》补			据传为宋国人
景 春	刘培桂:《孟子志》补			据传为魏国人
貉 稽	刘培桂:《孟子志》补			

资料来源：杨泽波. 孟子评传 [M]. 南京 : 南京大学出版社 , 2011: 58－60; 刘培桂 , 主编. 孟子志 [M]. 济南 : 山东人民出版社 , 2011. 因研究需要，有所改动。

公孙丑在孟子刚到齐国时便拜孟子为师，经常向孟子求教，《公孙丑》《告子》《尽心》等篇皆记录有公孙丑与孟子的对话。万章是孟子晚年的弟子，也是孟子的高足弟子，在《万章》《尽心》等篇中多记录有万章与孟子的问答。公都子、陈臻、充虞等人曾与孟子一起游历齐国，之后跟随孟子返回邹国。“因为每个人的背景不同，他们所关切的社会和思想问题也各不同。有热衷于求仕做官的，也有醉心于思想学术的。在与孟子的思想交流中，有关心时政的，有关心历史的，也有关心哲学的。总体上讲，与当年的孔门一样，孟门的形成和对现实产生巨大影响的主要原因，也在于孟子与弟子所组成的有机整体的作用。”① 这些弟子与孟子“朝暮相伴”，直至孟子去世。他们追随孟子，发扬孟子的学说，公孙丑、万章等高足弟子都参与编纂《孟子》一书。他们在孟子卒后，继续宣传孟子的学说，发扬孟子的思想，使《孟子》一书得以广泛流传。

从孟子弟子的籍贯及其主要的活动区域来看，主要以邹、鲁两国为主，像万章、公都子、陈臻、徐辟、孟仲子等人均为邹国人，乐正克、咸丘蒙等人为鲁国人。邹鲁一带作为原始儒学的温床，除孔子之外，颜回、子我、曾点、曾参、冉求、冉有、子思、伯牛、仲弓等，都是鲁国人。邹鲁地区在当时是中国文化的核心区域，其文化以儒学为主，邹鲁之士也多善于对儒家典籍作发明与阐释。在《庄子·天下》中，庄子曾说：“其在于诗书礼乐者，邹鲁之士，缙绅先生，多能明之。”孟子擅长《诗》《书》，是“邹鲁之士”中的重要代表。因此，儒学的盛行以及弟子的传扬使得《孟子》一书在邹鲁地区乃至更广泛的地区得到传播，后世学人才得以亲眼见到《孟子》一书，并在其基础上进行思想的阐发，其中以荀子、韩非的观点最具代表性。

荀子对孟子的思想总体上是持批判态度的，但从其批判的程度来看，荀子对孟子的思想也是非常精熟的，他在《非十二子》中对孟子的批判最为直接，也最能彰显荀子对孟子思想的熟悉程度。“略法先王而不知其统”是荀子对孟子虽知效法先王，却不知其体统（即纲纪）的批判。而对于思孟学派的“五行”说，荀子将其称之为“案往旧造说”，

① 高专诚. 大丈夫孟子 [M]. 桂林 : 漓江出版社 , 2017: 8.

即仁、义、礼、智、圣这五个范畴在思孟学派以前就已经存在，到了孟子之时，将其按照一定的逻辑次序集中起来，归入自身的心性体系中，是“往旧”的做法，荀子批评其是“造说”的行为。不论如何批评，荀子对孟子思想的精研之深是不可否认的。荀子曾三次出任齐国稷下学宫的祭酒，在当时学界的影响不言而喻，荀子在借批评孟子思想以宣扬自我观点的同时，也在无形中为孟子做了“代言”，使孟子的思想得到了推广和传播。

韩非对孟子的学说也大体持批判的态度。在《韩非子·显学》中，韩非将孔子及其之后分化出的“八儒”一同进行了批判，认为“八儒”对孔子之学“取舍不同”，都称自己为先王之道的真正传人，但后世人们无法判断，因此是“非愚则诬”。不过，韩非对孔子之后的儒学做了细致的划分，这说明韩非在儒学上也具有相当高的造诣，对儒家典籍十分熟悉。因此可以推断，在韩非的学习过程中，《孟子》也是重要的学习材料；而且韩非出生于战国末期韩国的都城郑城（今河南新郑），成年之后出使秦国，著书立说，这说明在邹鲁之地产生的《孟子》一书，在韩非生活的时期已经传播到了今河南、陕西一带，说明《孟子》的影响不局限于邹、鲁、齐地区。这些都表明，《孟子》已经具有更为普遍的社会影响。

《吕氏春秋》是吕不韦使其客人人著所闻，集论以为八览、六论、十二纪而成，涵盖众多学派的观点，书中虽然并未言及孟子，但对孟子的思想有吸收与发挥。《吕氏春秋·序》中说：“然此书所尚，以道德为标的，以无为为纲纪，以忠义为品式，以公方为检格，与孟轲、孙卿、淮南、扬雄相表里也，是以著在《录》《略》。”[①]“与孟轲相表里”，既说明《吕氏春秋》的编撰与《孟子》之间有着一定的关联，也

① 〔汉〕高诱. 吕氏春秋·序 [M]//〔战国〕吕不韦. 吕氏春秋. 上海：上海古籍出版社，1996: 6.

说明《孟子》一书在吕不韦所处的时代和区域有着一定的传播度和影响力。

1973 年，马王堆汉墓出土了帛书《五行》，该帛书属于儒家思孟学派的作品。庞朴认为："它以战国后期流行的'经'与'说'的形式，继续思孟学派的心性说，创立自己的知行说，为儒家的内圣之学提供了坚实的哲学基地。"① 庞朴把帛书《五行》的成书时间归结为战国后期，而且认为帛书《五行》应是思孟学派所著。而另一种观点则认为帛书《五行》中的经文部分经过了孟子后学的改编，说文部分则是由孟子后学编写。② 不论何种观点，帛书《五行》与孟子之间都有着密切关系。比如，帛书《五行》中的"经文以亲爱论仁，以果敢论义，以恭敬论礼，其中对仁和礼的理解与春秋以来德行论基本相同，而对义的理解，有其特点，即强调正直、果敢、断制，已表现出与春秋时代的不同，这种理解和《礼记》记载的孔门七十子及其后学对义的理解也是有所不同的。以恭敬论礼则直接影响了孟子"③。帛书《五行》的出土地为湖南长沙马王堆汉墓三号墓，墓主为西汉初期长沙国丞相、轪侯利苍的儿子，这又为人们提供一则重要信息，以《孟子》为代表的儒学文献在汉以前就流传到了长沙地区，即战国时期楚国的所在地。那么，《孟子》等儒家文献对楚文化也可能产生影响。当时楚国的版图紧邻鲁国，今山东省临沂市的兰陵县（别名苍山县）即为楚国疆域，这为儒学在楚地的传播提供了便利。包括郭店竹简在内的一系列早期儒家文献的出土，也印证了在战国中后期包括《孟子》在内的儒家典籍已经在楚地流传开来。

---

① 庞朴. 帛书《五行》篇评述 [M]// 庞朴. 庞朴文集 (第 2 卷). 济南 : 山东大学出版社 , 2005: 215.

② 高正伟. 先秦两汉孟子学研究 [D]. 上海 : 华东师范大学 , 2012.

③ 陈来. 竹简《五行》篇讲稿 [M]. 北京 : 生活 · 读书 · 新知三联书店 , 2012: 121－122.

第二章　从一本教材到一门课程

《孟子》一书问世后作为私家教材在世间流传，并未受到官方教育的青睐。直到汉初，《孟子》与《论语》《孝经》等一起被置传记博士，《孟子》才从一本私家教材变成一门官学课程，其地位得以提升。虽然传记博士设立不久便被五经博士取代，不过《孟子》仍旧是学校教育中的一门课程，即辅助“五经”的辅经课程，这种状况一直延续到隋唐时期。

《孟子》从一本教材转变为一门课程，其中的影响因素主要有几个方面：第一，从孔子“删定六经”起，中国古代教育中由文献教材而形成课程的特点开始显现，“五经”课程、辅经课程开始形成；第二，《孟子》的“子”或“传”的地位决定了其只能是辅助“五经”的辅经课程。《孟子》在成为辅经课程后，一方面，《孟子》的原文作为教材使用；另一方面，随着汉代训诂、注疏之风盛行，《孟子》的注本不断出现，所注内容与时代主题、主流学术思想密切相关，这些注本也成为士人学习《孟子》的重要教材。

第一节 《孟子》成为辅经课程

赵岐在《〈孟子〉题辞》中说："孟子既没之后，大道遂绌。逮至亡秦，焚灭经术，坑戮儒生，孟子徒党尽矣。其书号为诸子，故篇籍得不泯绝。"[①]《孟子》一书因是"诸子之书"而得以保留。到了汉代，河间献王刘德对《孟子》一书的流传起到至关重要的作用。《汉书・景十三王传》中记载："淮南王安亦好书，所招致率多浮辩。献王所得书皆古文先秦旧书，《周官》《尚书》《礼》《礼记》《孟子》《老子》之属，皆经传说记，七十子之徒所论。"在这一时期的经学教育体系中，《孟子》的地位高于"子"，但低于"经"，被称为"传"或"记"。清人翟灏在《四书考异》中说："时《论语》《孝经》通谓之传，而《孟子》亦以传称。""经"与"传"之间的等级关系，在学校教育中则表现为专经课程与辅经课程的关系。《孟子》作为"传"，成为辅助"五经"课程的辅经课程之一。

一、《孟子》辅助"五经"课程

西汉初期，官学未立，私学较为繁盛，私学在教学内容与方法上基本沿袭战国时期的私学传统。汉武帝"罢黜百家，独尊儒术"后，儒家经典得到官方认可，教学内容与方法发生根本性转变。"在汉代，经学由私学上升为官学，这是中国教育发展史上一次根本性的转折。这次转变的根本原因是经学所具有的强大社会适应性，恰能满足王权的需要，而

① 〔汉〕赵岐.《孟子》题辞 [M]//〔清〕焦循. 孟子正义. 沈文倬，点校. 北京：中华书局，1987: 16.

直接的原因则是经学家成功的经典诠释。"[1]这说明,汉代经学的发展与王权的需要,以及经学家对经典的注释密切相关。"《周易》《诗经》《尚书》《仪礼》《春秋》成为经过国家权力的正式确认,并借助太学这一制度化机构以及博士这一常设职官进行课试的'帝国经典'。"[2]汉初实行的博士官制度,为经典的诠释提供了制度上的支撑与保障。赵岐说:"汉兴,除秦虐禁,开延道德,孝文皇帝欲广游学之路,《论语》《孝经》《孟子》《尔雅》皆置博士,后罢传记博士,独立五经而已。"[3]可见,《孟子》在汉文帝时期曾置传记博士,后来被罢,接着设五经博士并以之为尊。这样一来,"五经"成为学校教育的核心内容,"五经"课程体系也随之形成。

关于置《孟子》传记博士一说,历来存有争议。[4]不过,王国维的《汉魏博士考》中有关于《孟子》作为传记博士"先置后罢"的相对合理的解释:"《论语》《孝经》《孟子》《尔雅》虽同时并罢,其罢之之意则不同。《孟子》以其为诸子而罢之也,至《论语》《孝经》则以受经与不受经者皆诵习之、不宜限于博士而罢之者也。"[5]《论语》《孝经》被罢,是因其需"皆习诵"而归入"通修"课程;《孟子》被罢,则是因其"子"的地位。置《孟子》传记博士,表明《孟子》俨然成为一门官学课程,虽不久便被罢免,但是并未影响《孟子》的学习与流传。在"五经"课程体系之下,《孟子》仍然是一门课程,而且是辅助"五经"课程的辅经课程,这是由其"子"的地位决定的。

在"五经"课程体系中,每一种经都有不同的教育作用。董仲舒对"五经"的作用做了具体概括:"《诗》《书》序其志,《礼》《乐》纯其美,《易》《春秋》明其知。六学皆大,而各有所长。《诗》道志,故长于质;

---

① 米靖. 经学与两汉教育 [M]. 天津 : 天津人民出版社 , 2009: 102.

② 程苏东. 从六艺到十三经——以经目演变为中心 (上)[M]. 北京 : 北京大学出版社 , 2018: 127.

③〔汉〕赵岐.《孟子》题辞 [M]//〔清〕焦循. 孟子正义. 沈文倬, 点校. 北京 : 中华书局 , 1987: 16-17.

④ 杨海文.《孟子》传记博士问题的学术史考察 [J]. 中国哲学史 , 2006(04): 41-47.

⑤ 王国维. 汉魏博士考 [M]// 王国维. 观堂集林 (外二种). 石家庄 : 河北教育出版社 , 2003: 86.

《礼》制节，故长于文；《乐》咏德，故长于风；《书》著功，故长于事；《易》本天地，故长于数;《春秋》正是非，故长于治人。”[①]“序其志”“纯其美”“明其知”指出了经书在育人思想、德行方面所起到的不同作用。“质”“文”“风”“事”“数”“治人”是对每种经的特点的概括，同时也指出每种经在学习上所起的作用。为了明确“五经”的价值与作用，经学大师在教授“五经”时，往往会征引其他文献作为辅助教学的材料，《孟子》就是辅助材料之一。《孟子》中包含众多解经、论经的内容，赵岐评价说：“讫今诸经通义，得引《孟子》以明事，谓之博文。”[②]可见《孟子》与诸经的关系很密切，因为《孟子》中屡屡引述《诗》《书》等经典内容，所以汉代的经学大师在讲授“五经”时，往往会征引《孟子》来解释“五经”中的字词、典故及相关问题（见表 2-1）。

表 2-1　汉代“五经”注本引《孟子》一览表

“五经”文本	注　文	出　处
《诗·豳风·七月》：“春日载阳，有鸣仓庚。女执懿筐，遵彼微行，爰求柔桑。”	毛亨传：“五亩之宅，树之以桑。”	《梁惠王上》：“五亩之宅，树之以桑。”
《诗·魏风·伐檀》：“不稼不穑，胡取禾三百廛兮？不狩不猎，胡瞻尔庭有县貆兮？”	毛亨传：“五亩之宅。”	《梁惠王上》：“五亩之宅，树之以桑。”
《诗·大雅·文王》：“亹亹文王，令闻不已。陈锡哉周，侯文王孙子。文王孙子，本支百世，凡周之士，不显亦世。”	郑玄笺：“不世显德乎！士者世禄也。”	《梁惠王下》：“耕者九一，仕者世禄。”

① 〔汉〕董仲舒. 春秋繁露 [M]. 朱方舟，整理. 朱维铮，审阅. 上海：上海书店出版社，2012: 122.
② 〔汉〕赵岐.《孟子》题辞 [M]//〔清〕焦循. 孟子正义. 沈文倬，点校. 北京：中华书局，1987: 17.

续 表

“五经”文本	注 文	出 处
《诗·大雅·民劳》：“民亦劳止，汔可小安。惠此中国，国无有残。”	毛亨传：“贼义曰残。”	《梁惠王下》：“贼义者谓之‘残’。”
《诗·大雅·緜》：“古公亶父，陶复陶穴，未有家室。”	毛亨传：“古公处豳，狄人侵之。……”	《梁惠王下》：“昔者大王居邠，狄人侵之。”
《诗·大雅·常武》：“不留不处，三事就绪。”	毛亨传：“诛其君，吊其民。”	《滕文公下》：“诛其君，吊其民。”
《诗·大雅·皇矣》：“临冲闲闲，崇墉言言。执讯连连，攸馘安安。”	毛亨传：“尊其尊而亲其亲。”	《离娄上》：“人人亲其亲、长其长，而天下平。”
《诗·小雅·鸿雁序》：“至于矜寡，无不得其所焉。”	毛亨传：“老无妻曰矜，老无夫曰寡。”	《梁惠王下》：“老而无妻曰鳏，老而无夫曰寡。”
《诗·小雅·小弁》：“何辜于天？我罪伊何？”	毛亨传：“舜之怨慕，日号泣于旻天、于父母。”	《万章上》：“舜往于田，号泣于旻天，何为其号泣也？”
《诗·小雅·小弁》：“我躬不阅，遑恤我后。”	毛亨传：“高子曰：‘《小弁》，小人之诗也。’孟子曰：‘何以言之’……”	《告子下》：公孙丑问曰：“高子曰：‘小弁，小人之诗也。’”孟子曰：“何以言之？”
《诗·商颂·殷武》：“天命降监，下民有严。不僭不滥，不敢怠遑。命于下国，封建厥福。”	郑玄笺：“谓命汤使由七十里王天下也。”	《公孙丑上》：“汤以七十里，文王以百里。”
《尚书大传·杍材》	“老而无妻谓之矜，老而无夫谓之寡，幼而无父谓之孤，老而无子谓之独。……皆天下之至悲，哀而无告者。”	《梁惠王下》：“老而无妻曰鳏，老而无夫曰寡，老而无子曰独，幼而无父曰孤。此四者，天下之穷民而无告者。”
《尚书大传·略说下》	“狄人将攻大王亶甫，大王亶甫召耆老而问焉。曰：‘狄人何欲’耆老对曰：‘欲得叔粟财货。’……”	《梁惠王下》：“昔者大王居邠，狄人侵之。事之以皮币，不得免焉……”

续 表

“五经”文本	注　文	出　处
《尚书大传·略说下》	“周公思兼三王之道，以施于春秋冬夏。”	《离娄下》：“周公思兼三王，以施四事；其有不合者，仰而思之，夜以继日；幸而得之，坐以待旦。”
《尚书大传·鸿范》	“为之庠序学校以教诲之。”	《滕文公上》：“设为庠序学校以教之。”
《大戴礼记·保傅》	“（其）于禽兽，见其生不食其司，闻其声不尝其肉，故远庖厨。”	《梁惠王上》：“君子之于禽兽也，见其生，不忍见其死；闻其声，不忍食其肉。是以君子远庖厨也。”
《大戴礼记·保傅》	“进退节度无礼。”	《离娄上》：“事君无义，进退无礼，言则非先王之道者，犹沓沓也。”
《大戴礼记·主言》	“昔者明主关讥而不征，市鄽而不税，税十取一，使民之力岁不过三日，入山泽以时，有禁而无征。”	《梁惠王下》：“昔者文王之治岐也，耕者九一，仕者世禄，关市讥而不征，泽梁无禁，罪人不孥。”
《大戴礼记·主言》	“是故仁者莫大于爱人。”	《离娄下》：“仁者爱人，有礼者敬人。”
《大戴礼记·盛德》	“过而改之。”	《公孙丑下》：“且古之君子，过则改之；今之君子，过则顺之。”
《大戴礼记·劝学》	“夫螾无爪牙之利、筋脉之强，上食晞土，下饮黄泉者，用心一也。”	《滕文公下》：“夫蚓，上食槁壤，下饮黄泉。”
《大戴礼记·卫将军文子》	“恭老恤孤，不忘宾旅。”	《告子下》：“敬老慈幼，无忘宾旅。”
《周礼·天官·大宰》：“六曰尊贵。”	郑玄注：“天下之达尊者三：曰爵也。德也，齿也。”	《公孙丑下》：“天下有达尊三：爵一，齿一，德一。”
《周礼·天官·小宰》：“一曰听政役以比居。”	郑玄注：“交征利。”	《梁惠王上》：“上下交征利而国危矣。”

续　表

“五经”文本	注　文	出　处
《周礼·地官·载师》：“凡宅不毛者，有里布；凡田不耕者，出屋粟；凡民无职事者，出夫家之征。”	郑玄注引郑司农：“故《孟子》曰：‘五亩之宅，树之以桑，则五十者可以衣帛。’”	《梁惠王上》：“五亩之宅，树之以桑，五十者可以衣帛矣。”
《周礼·地官·遂人》：“上地，夫一廛，田百亩莱五十亩，余夫亦如之。中地，夫一廛，田百亩，余夫亦如之。下地，夫一廛，田百亩，莱二百亩，余夫亦如之。”	郑玄注：“五亩之宅，树之以桑麻。”	《梁惠王上》：“五亩之宅，树之以桑。”
《周礼·地官·廛人》：“凡珍异之有滞者，敛而入于膳府。”	郑玄注引郑司农：“《孟子》曰：‘市廛而不征，法而不廛，则天下之商皆说而愿藏于其市矣。’”	《公孙丑上》：“市，廛而不征，法而不廛，则天下之商皆悦，而愿藏于其市矣。”
《仪礼·乡饮酒礼》：“乡饮酒之礼。主人就先生而谋宾、介。”	郑玄注：“天下之达尊者三：曰爵也。德也，齿也。”	《公孙丑下》：“天下有达尊三：爵一，齿一，德一。”
《礼记·曲礼上》：“畏而爱之。”	郑玄注：“曾子曰：‘吾先子之所畏。’”	《公孙丑上》：子好勇乎？吾尝闻大勇于夫子矣。”
《礼记·曲礼上》：“毋雷同。”	郑玄注：“人无是非之心，非人也。”	《公孙丑上》：“无是非之心，非人也。”
《礼记·檀弓上》：“盖三妃未之从也。”	郑玄注：“至舜不告而取。”	《离娄上》：“舜不告而娶，为无后也。”
《礼记·王制》：“古者公田藉而不税，市廛而不税，关讥而不征，林麓川泽，以时入而不禁。夫圭田无征。”	郑玄注：“卿以下必有圭田。”	《滕文公上》：“卿以下必有圭田，圭田五十亩；余夫二十五亩。”
《礼记·坊记》：“父母在不称老，言孝不言慈，闺门之内，戏而不叹。”	郑玄注：“舜年五十而不失其孺子之心。”	《告子下》：“舜其至孝矣，五十而慕。”

资料来源：李学勤，主编．十三经注疏（整理本）[M]．北京：北京大学出版社，2000；杨伯峻．孟子译注 [M]．北京：中华书局，2010．因研究需要，有所改动。

在对《诗》的注释与传授中，毛亨、郑玄多用《孟子》作解读材料，其中引述《梁惠王》最多，如“五亩之宅，树之以桑”句本是孟子对梁惠王就如何施仁政提的建议，在毛亨的注释中则用作对农事的解读。《大雅》中的《文王》《民劳》《绵》《常武》《皇矣》等篇，多是对古圣先王之道的描述。在《梁惠王》《滕文公下》《离娄下》等篇中，孟子大量引述、讨论尧、舜、禹等古圣先王事迹，故毛亨也多用这些篇章中的内容注《诗》。而郑玄注《诗》以毛亨的注本为宗，在其基础上进行阐发，郑玄的注本通称为《毛诗笺》或《郑笺》，郑玄曾作《六艺论》自述其注的特点：“毛义若隐略，则更表明。如有不同，即下己意，使可识别。”① 所以郑玄在注《诗》时，也多引用《孟子》。

除注《诗》外，郑玄对《周礼》《仪礼》《礼记》的用功甚大。在郑玄之前，《礼》并没有专门的解经之作，只有“说”与“记”，如《大戴礼记》《小戴礼记》等。郑玄分别对《周礼》《仪礼》《礼记》作注，才使“三礼”之说得以形成。在对“三礼”的注释中，郑玄同样引述《孟子》的篇章内容作为解经的材料，《梁惠王上》《公孙丑上》《离娄上》等篇被引用的次数较多。在“三礼”当中，《孟子》与《礼记》的关系最为密切，汉代学者普遍认为《礼记·王制》是由汉文帝时的博士编纂而成的。金德建将《王制》与《孟子》对比，并列举出34条相同的制度措施，从成书的次序来看，《王制》所述制度多采据《孟子》。②《孟子》对《王制》的形成产生了重要影响，郑玄在注该篇时，同样也引用了《孟子》中的相关内容。

---

① 〔清〕陈澧. 东塾读书记·诗 [M]//〔清〕徐世昌，等，编. 清儒学案. 北京：中华书局，2008: 6698.

② 金德建. 孟子王制所述制度相通之证 [M]// 金德建. 古籍丛考. 上海 / 北京：上海书店出版社 / 中华书局，1986: 94-101.

《尚书大传》的作者虽然存疑，但从《史记》《汉书》《经典释文》《玉海》等文献记载中可以看出，伏生及其弟子张生、欧阳生等都参与了《尚书大传》的编撰。[①]《尚书大传》中的《梓材》《略说》《鸿范》等篇中都涉及《孟子》的篇章内容。戴德的《大戴礼记》也是如此，其中的《保傅》《主言》《盛德》《劝学》等篇中就引述了《孟子》中的相关内容。这说明在伏生、戴德生活的时代，《孟子》一书已有流传，并且他们在日常教学活动中会将《孟子》作为解经的材料加以传授。

从毛亨、郑玄等人引述《孟子》的情况来看，《孟子》在汉代受到经学大师的推崇，"可征孟子之学，其时极盛，方为博士辈所崇尚"[②]。经学大师的经注一方面是其对各经研究成果的汇总，一方面也可以看成是其教学内容的集合。《孟子》在经学大师教授"五经"时发挥着重要作用，尤其郑玄等具有权威影响的经学大师，在注"五经"引用《孟子》的过程中，也必然会影响到世人对《孟子》的学习与传授。他们大量征引《孟子》中的内容来解释"五经"，尤其是解释《诗》《书》，这就使得《孟子》"辅经"的作用越发显著。经学大师在引用《孟子》的同时，亦会对所引《孟子》内容作适当的讲解，甚至可能会对《孟子》进行专门讲授。如此，《孟子》就不再是单纯意义上的一种学习材料或一本教材，而成为一门专门课程，从其地位来看，是辅助"五经"课程的辅经课程。

虽然两汉时期《孟子》普遍被视为解经翼经之"传"，但汉代人讲

① 方丽特，林凡.《尚书大传》的成书、流传及其社会历史意义 [M]// 北京大学中国古文献研究中心. 北京大学中国古文献研究中心集刊·第 11 辑·中国典籍与文化国际学术研讨会专辑. 北京：北京大学出版社，2011: 142-143.

② 金德建. 荀子非十二子篇与韩诗外传卷四非十子节之比较 [M]// 金德建. 古籍丛考. 上海 / 北京：上海书店出版社 / 中华书局，1986: 54.

经，往往把能够征引《孟子》阐明经义作为博学的表现，因此《孟子》也受到格外的关注。“整个两汉时期，人们都引《孟子》以通经义，说明《孟子》的流传和解释是比较发达的。”[①] 关于《孟子》的学习与传授情况，范文澜在《群经概论》中引用焦循在《孟子正义》中的观点——汉文帝时《孟子》已立博士，“必有授受之人，惜不可考”，以此证明《孟子》在西汉的官方地位。尽管师承谱系失传，但贾谊《治安策》引“君子之泽”，董仲舒对策用“仁者爱人”等例，皆见西汉精英阶层对《孟子》思想的吸收。[②]

另外，汉代学者对《孟子》的征引又可以说明，《孟子》是作为一种重要的教材来传授的。任何一种教材都是通过师生间的传授而流传的。关于两汉时期《孟子》的师承关系及传授情况，现有的文献资料并未直接提及。不过，汉人引用《孟子》来说明事理之处确实不少，即使是在《孟子》的传记博士被罢之后，“引孟子以明事”的现象并未就此而消减。这也可以从一个侧面反映出《孟子》在当时的学习与传授是十分广泛的。司马迁为孟子作传，将孟子与同时代的荀子列在一起，构成“孟子荀卿列传”，表明司马迁对孟子本人的经历及《孟子》一书十分熟悉。刘向在《新序》中引用《孟子》中的故事，如《梁惠王下》的“寡人好色”“寡人好勇”“齐宣王见孟子于学宫”等来阐发君王应当施仁政的观点，说明刘向也是认真研读过《孟子》的。东汉王充则以批判的态度宣扬孟子的思想，《刺孟》既体现出强烈的批判精神，也表现出王充对《孟子》的钻研之深。总之，两汉学者在思想方面较多关注《孟子》中对仁政、王道、民本、义利、经权思想以及井田制等具体政治措施的论述，其中又以《盐铁论》中贤良文学与御史大夫的辩论最具代表性。

---

① 熊铁基. 汉代学术史论 [M]. 北京 : 高等教育出版社 , 2013: 300.

② 范文澜. 群经概论 [M]// 范文澜. 范文澜全集 (第一卷). 石家庄 : 河北教育出版社 , 2002: 322.

二、从《盐铁论》看《孟子》的传授

《盐铁论》是西汉桓宽对昭帝时期“盐铁会议”的记录整理，反映了当时统治者对经济发展的重视。其中涉及《孟子》的引文相当丰富，这一方面说明《孟子》一书在论述国家经济政策上有着重要贡献，另一方面也说明《孟子》在当时的流传较为广泛，是士人（尤其是贤良文学士人）学习时使用的主要教材。《盐铁论》之所论辩，虽以盐铁专卖等财经政策为重心，但是当时的贤良文学士人多信奉儒家思想，因此在论辩中征引《孟子》之言论作为论据者颇多。《盐铁论》中引《孟子》共有 55 条，其中文学引 33 条，贤良引 12 条，大夫引 6 条，丞相史引 3 条，御史引 1 条。① 从所引《孟子》内容来看，主要集中在《梁惠王》《公孙丑下》《滕文公上》《万章上》《尽心上》等篇，其中引文出自《梁惠王上》的有 9 次，《梁惠王下》5 次，《公孙丑下》4 次，《滕文公上》8 次，《万章上》8 次，《告子下》5 次，《尽心上》6 次，《离娄下》与《万章下》各 3 次，《滕文公下》2 次，《公孙丑上》《离娄上》《告子上》各 1 次（见表 2-2）。

表 2-2 《盐铁论》引《孟子》一览表

引　文		出　处
通有第三・文学曰	孟子云：“不违农时，谷不可胜食。蚕麻以时，布帛不可胜衣也。斧斤以时，材木不可胜用。田渔以时，鱼肉不可胜食。”	《梁惠王上》
错币第四・文学曰	古者市朝而无刀币，各以其所有易所无。	《公孙丑下》
禁耕第五・大夫曰	虽使五尺童子适市，莫之能欺。	《滕文公上》

① 林平和. 盐铁论引述孟子考 [J]. 经济学研究・台港及海外中文报刊资料专辑，1986(01): 19-24.

续 表

引　　文		出　　处
非鞅第七・文学曰	伊尹以尧、舜之道为殷国基。	《万章上》
刺权第九・大夫曰	孟子曰："王者与人同，而如彼者，居使然也。"	《尽心上》
刺权第九・文学曰	禹、稷自布衣，思天下有不得其所者，若己推而纳之沟中，故起而佐尧，平治水土，教民稼穑。其自任天下如此其重也，岂云食禄以养妻子而已乎？	《离娄下》 《滕文公上》 《万章上》
刺复第十・文学曰	输子之制材木也，正其规矩而凿枘调。师旷之谐五音也，正其六律而宫商调。	《离娄上》
刺复第十・文学曰	桓公举管仲也，宾而师之。	《公孙丑下》
论儒第十一・御史曰	伊尹以割烹事汤，百里以饭牛要穆公，始为苟合，信然与之霸王。	《万章上》
论儒第十一・文学曰	伊尹之干汤，知圣主也。百里之归秦，知明君也。	《万章上》
论儒第十一・文学曰	孟子曰："居今之朝，不易其俗，而成千乘之势，不能一朝居也。"	《告子下》
园池第十三・文学曰	语曰："厨有腐肉，国有饥民，厩有肥马，路有馁人。"	《梁惠王上》
轻重第十四・文学曰	伊尹、太公以百里兴其君，管仲专于桓公，以千乘之齐，而不能至于王，其所务非也。	《公孙丑上》
未通第十五・文学曰	田虽三十，而以顷亩出税，乐岁粒米狼戾而寡取之，凶年饥馑而必求足。	《滕文公上》
地广第十六・文学曰	故曾参、闵子，不以其仁易晋、楚之富。	《公孙丑下》
地广第十六・文学曰	杨子曰："为仁不富，为富不仁。"	《滕文公上》
地广第十六・文学曰	苟先利而后义，取夺不厌。	《梁惠王上》

续　表

引　　文		出　　处
贫富第十七・文学曰	虽付之以韩、魏之家，非其志，则不居也。	《尽心上》
贫富第十七・文学曰	故贵何必财，亦仁义而已矣！	《梁惠王上》
毁学第十八・文学曰	义贵无高，义取无多。故舜受尧之天下，太公不避周之三公；苟非其人，箪食豆羹犹为赖民也。	《滕文公下》
褒贤第十九・大夫曰	苏秦、张仪，智足以强国，勇足以威敌，一怒而诸侯惧，安居而天下息。	《滕文公下》
相刺第二十・文学曰	禹璧洪水，身亲其劳，泽行路宿，过门不入。当此之时，簪堕不掇，冠挂不顾，而暇耕乎？	《滕文公上》
相刺第二十・文学曰	故非君子莫治小人，非小人无以养君子。	《滕文公上》
相刺第二十・大夫曰	昔鲁穆公之时，公仪为相，子思、子柳为之卿，然北削于齐，以泗为境，南畏楚人，西宾秦国。	《告子下》
相刺第二十・大夫曰	孟轲居梁，兵折于齐，上将军死，而太子虏，西败于秦，地夺壤削，亡河内、河外。	《梁惠王上》
相刺第二十・文学曰	虞不用百里奚之谋而灭，秦穆用之以至霸焉。夫不用贤则亡，而不削何可得乎？	《告子下》
相刺第二十・文学曰	孟子适梁，惠王问利，答以仁义。	《梁惠王上》
殊路第二十一・文学曰	西子蒙以不洁，鄙夫掩鼻；恶人盛饰，可以宗祀上帝。	《离娄下》
论诽第二十四・丞相史曰	尧任鲧、驩兜，得舜、禹而放殛之以其罪，而天下咸服，诛不仁也。	《万章上》
孝养第二十五・丞相史曰	耄食非肉不饱，衣非帛不暖。	《尽心上》

续表

引文		出处
孝养第二十五·丞相史曰	孝莫大以天下一国养，次禄养，下以力。	《万章上》
孝养第二十五·文学曰	孟子曰："今之世，今之大夫，皆罪人也。皆逢其意以顺其恶。"	《告子下》
孝养第二十五·文学曰	故卑位而言高者，罪也。	《万章下》
疾贪第三十三·贤良曰	庶人为官者，足以代其耕而食其禄。	《万章下》
疾贪第三十三·贤良曰	若此，则何以为民父母？	《梁惠王上》
疾贪第三十三·贤良曰	夫上之化下，若风之靡草，无不从教。	《滕文公上》
授时第三十五·贤良曰	夫为政而使菽粟如水火，民安有不仁者乎？	《尽心上》
授时第三十五·贤良曰	易其田畴，薄其税敛，则民富矣。	《尽心上》
授时第三十五·贤良曰	古者春省耕以补不足，秋省敛以助不给。	《梁惠王下》
水旱第三十六·贤良曰	孟子曰："野有饿殍，不知收也；狗豕食人食，不知检也；为民父母，民饥而死，则曰，非我也，岁也，何异乎以刃杀之，则曰，非我也，兵也？"	《梁惠王上》
执务第三十九·贤良曰	孟子曰："尧、舜之道，非远人也，而人不思之耳。"	今本《孟子》无此句，见《孟子外书》
执务第三十九·贤良曰	颜渊曰："舜独何人也，回何人也？"	《滕文公上》
能言第四十·大夫曰	故卑而言高，能言而不能行者，君子耻之矣。	《万章下》
取下第四十一·贤良曰	孟子曰："未有仁而遗其亲，义而后其君也。"	《梁惠王上》
取下第四十一·贤良曰	公刘好货，居者有积，行者有囊。	《梁惠王下》
取下第四十一·贤良曰	大王好色，内无怨女，外无旷夫。	《梁惠王下》

续表

引文		出处
伐功第四十五・文学曰	古之用师，非贪壤土之利，救民之患也。民思之，若旱之望雨，箪食壶浆，以逆王师。	《梁惠王下》
伐功第四十五・文学曰	孟子曰："君不乡道，不由仁义，而为之强战，虽克必亡。"	《告子下》
世务第四十七・文学曰	故君仁莫不仁，君义莫不义。	《离娄下》
险固第五十・文学曰	地利不如人和。	《公孙丑下》
险固第五十・文学曰	昔汤以七十里为政于天下。	《梁惠王下》
申韩第五十六・文学曰	故圣人教化，上与日月俱照，下与天地同流，岂曰小补之哉！	《尽心上》
周秦第五十七・文学曰	故舜施四罪而天下咸服，诛不仁也。	《万章上》
大论第五十九・文学曰	文王兴而民好善，幽、厉兴而民好暴。	《告子上》
大论第五十九・文学曰	孟子曰："观近臣者以所为主，观远臣者以其所主。"	《万章上》

资料来源：林平和. 盐铁论引述孟子考 [J]. 经济学研究・台港及海外中文报刊资料专辑，1986(01): 19−24. 因研究需要，有所改动。

从内容上来看，《盐铁论》中的很多论辩都是立足于孟子的义利、仁义等思想展开的。比如孟子在《梁惠王上》中讲，"何必曰利，亦有仁义而已矣"，该论点多为贤良文学士人所用，作为朝廷在盐铁专卖、均输政策等方面与民争利的论辩依据，类似的还有"苟为后义而先利，不夺不餍"（《梁惠王上》）、"君仁莫不仁，君义莫不义"（《离娄下》）等。孟子的"仁义"在论辩中主要体现在民本、保民思想方面，比如在《通有第三》中，贤良士人援引"不违农时，谷不可胜食"（《梁惠王上》）来批评当时社会上的奢靡之风，强调以民为本、保民而王的思想。

不只是贤良文学士人，御史大夫对《孟子》也有提及和引用。不过，统治阶层的代表（御史大夫）与被统治阶层的代表（贤良文学士人）引用《孟子》的出发点不同。“统治者所援用的典籍，多是出于便宜性的，而被统治者所引用的则多近于原则性的。这一对照，在《盐铁论》中最为明显。”① 也就是说，御史大夫引《孟子》，多是为攻击儒家提供方便，虽有“断章取义”之嫌，但也反映出孟子作为儒家代表的地位，即“孟子在儒家中的地位还是比较突出的，故而能成为立足于法家立场的御史大夫们批判的首要对象之一”②。而贤良文学士人的引述则更有“原则性”，他们以儒家仁义的核心思想为论辩的依据。

贤良文学士人以及御史大夫在论辩中大量引述《孟子》的篇章内容，一方面表明《孟子》在当时士人群体中的学习与流传十分广泛；另一方面，因《盐铁论》在观点、论说阐释上的权威性，必然会提升《孟子》的地位并促使《孟子》得到更加广泛的传播。事实上，《孟子》的思想“在盐铁之议的儒生群体中取得了主导地位”③。而且《孟子》中的“仁义”思想也成为当时士人学习的主要内容，体现出当时士人学习《孟子》的一种倾向。当然，贤良文学士人对战争的认识也多源于孟子的军事思想，如“兵设而不试，干戈闭藏而不用”等提法，“虽然脱胎于孟子的军事思想，并无多大新意，却适应了他们从理论高度论证自己和亲弛边主张的需要”④。《盐铁论》中对《孟子》的引述，既说明了人们对《孟子》中的思想内容达成了一定的共识，又说明《孟子》的影响力或影响范围已不再局限于邹鲁之地，而是遍及全国，汉代完善的儒学教育体系也客观上为《孟子》的传播提供了制度上的保障。

① 徐复观. 两汉思想史（第三卷）[M]. 上海：华东师范大学出版社，2001: 116.
② 李峻岫. 汉唐孟子学述论 [M]. 济南：齐鲁书社，2010: 103.
③ 同上：102.
④ 黄朴民. 中国兵学通史・秦汉卷 [M]. 长沙：岳麓书社，2022: 206.

总之，“《孟子》多以高于其实际地位的传记身份入盟两汉思潮”[①]，这也为日后孟子地位的升格做好了前期准备。从汉代士人大量征引《孟子》的事实来看，《孟子》在当时受到重视和关注，无论是作为辅经课程，还是作为辅经教材，《孟子》都起到了应有的教育作用。除此之外，《孟子》对当时佛教的流传也产生了重要的影响。比如《牟子理惑论》，是东汉重要的孟子学的文献，“从地域角度看，它是交州孟子学的代表作；从思想流派来看，它是中国佛教史上第一篇孟子学文献”，其中“有实名涉孟语句 6 例、显性——匿名涉孟语句 11 例、孔孟并称 4 例”。[②]《孟子》中的心性论、性善论与佛教所倡导的“性”“善”“空”等有着相近的含义。佛教文献引用《孟子》，一方面说明佛教在借助本土思想来扩大自身的传播途径，另一方面说明《孟子》在当时流传较为广泛，其核心思想也得到了更为普遍的认可与接受。

第二节　作为辅经教材的《孟子》

一、《孟子》注本教材的出现

在汉代，《孟子》作为辅经课程所使用的教材，主要以《孟子》白文为主。不过，汉代的古文经学与今文经学之争使得包括《论语》在内的许多儒家典籍有两套不同的课程与教材体系，但《孟子》未出现这种情况，“《孟子》既在汉文帝时立于学官，所传授之本必是今文”[③]。也就是说，《孟子》在当时不像《论语》一样存在古文经与今文经之纷

---

① 郭伟宏. 赵岐《孟子章句》研究 [D]. 济南 : 山东大学 , 2008.

② 杨海文. 中国佛教史上第一篇孟子学文献——《牟子理惑论》新探 [J]. 湖南大学学报 (社会科学版), 2013(05): 12–18.

③ 李峻岫. 汉唐孟子学述论 [M]. 济南 : 齐鲁书社 , 2010: 30.

争，《孟子》因是诸子之书而非经书，所以未受到古文经学者们的“窜乱”。[①] 这也就使得《孟子》在被学习与传授的过程中，内容是相对固定的，不存在“古文”与“今文”的争论。当然，汉代不只是以《孟子》原文作为教材，还出现了把《孟子》的注本作为教材来使用的情况，这与汉代经学家们的训诂、注疏学风有很大的关系。汉代出现的《孟子》注本，《汉书·艺文志》中没有相关记载，但后世的《隋书·经籍志》《旧唐书·经籍志》《新唐书·艺文志》《宋史·艺文志》等史书，则不同程度地记载了汉代《孟子》注本的情况。汉代《孟子》注本的出现，使得《孟子》开始获得高于一般诸子的地位。“汉代各家之注《孟子》，并非仅仅是一种文字上的解释，而且包含着对其义理的推崇和弘扬。”[②] 这种“义理”上的推崇与弘扬，也使得汉人所注的《孟子》成为当时士人学习《孟子》的主要教材。

西汉时期的《孟子》注本较少，只有刘向以及扬雄的两种注本，[③] 而东汉时期的《孟子》注本较多，有程曾、郑玄、高诱、刘熙、赵岐等人的注本。归其原因，西汉专守一经，而东汉更注重兼及诸经。皮锡瑞在《经学历史》中说：“后汉经学盛于前汉者，有二事：一则前汉多专一经，罕能兼通。……一则前汉笃守遗经，罕有撰述。”[④] 西汉人多专攻一经，并且固守前人遗留下来的内容，不作其他的阐述。而东汉则大不相同，绝大多数学者已不再固守一经，而是多经兼习，甚至兼及诸子、史籍、楚辞，比如郑玄通《京氏易》《公羊春秋》《三统历》《九章算术》《周官》《礼记》《左氏春秋》《韩诗》《古文尚书》等；景鸾能理《齐诗》

① 蒋伯潜. 十三经概论 [M]. 上海 : 上海古籍出版社 , 1983: 616.

② 杨国荣. 孟子的哲学思想 [M]. 上海 : 华东师范大学出版社 , 2009: 135.

③ 《孟子刘中垒注》, 有清王仁俊辑本一卷 , 收入《玉函山房辑佚书续编》。《宋史 · 艺文志》载 : “《四注孟子》十四卷 , 扬雄、韩愈、李翱、熙时子四家注。”

④ 〔清〕皮锡瑞. 经学历史 [M]. 周予同 , 注. 北京 : 中华书局 , 2011: 84.

《施氏易》《河》《洛》等。在东汉博通学风的影响下，《孟子》也得到了广泛的传播，并且出现多种不同形式的《孟子》注本。西汉时期最早为《孟子》作注的是刘向，东汉时期最早为《孟子》作注的是程曾。但刘向、程曾等人的注本皆已失传，只有东汉赵岐的《孟子章句》保存下来。其他注本虽已失传，但《隋书·经籍志》等史书中都有所收录，说明这些书在当时还是产生了重要影响。除程曾的《孟子注》外，其余几部东汉时期的注本都作于东汉末年，距离汉灭亡、三国鼎立的时间很近，这些注本也对魏晋南北朝时期的《孟子》传授产生了重要的影响。

从形式上来看，“注”是这一时期《孟子》教材的主要特点。汉代文献阐述的发展，刺激了文献阐释体式的多样化。汉代的注释体式已经相当齐备，章句、注疏、音义等注释体式都已出现。[①]而在《孟子》的注本体式中，章句体最值得一提。“章句”的传统源自子夏，《后汉书·徐防传》载：“臣闻诗书礼乐，定自孔子，发明章句，始于子夏。”到了汉代，章句体有所发展。它不以词义的解释为主，而是侧重对经典文本的诠释，将文本分章断句，然后再诠释文字，阐发义理。在汉代，章句体非常流行。清人沈钦韩说：“章句者，经师指括其文，敷畅其义，以相教授。”[②]章句体在汉代发展迅速，不同的章句形成各家的“家法”，如《书》有《欧阳章句》《大小夏侯章句》，《春秋》有《公羊章句》《穀梁章句》。此外，蔡邕的《月令章句》、王逸的《楚辞章句》、赵岐的《孟子章句》等也是章句体的代表。章句又是经学大师们授课的讲义，是传经过程中的文字记录，因而在形成文本之后，也会成为弟子们学习的主要教材。

从《孟子》注本作者的籍贯及活动区域来看，《孟子》在两汉时期

---

① 王国强．汉代文献注释的背景和体式 [J]．图书馆理论与实践，2006(05)：103－105+125.

② 〔清〕沈钦韩，等．汉书疏证（外二种）[M]．上海：上海古籍出版社，2006：646.

的传播区域已遍及今山东、陕西、河南、江苏、江西、四川等地，这与汉代儒学的传播路线大体一致。在汉代，儒家文化区域以邹鲁地区为中心，向西向南渐次扩散，对后世儒学文化区域的发展走向产生了深远影响。钱穆认为，在西汉前中期，存在两个学术中心，一为以河间为中心的经术中心，一为以淮南为中心的辞赋中心，“词赋之学，近源吴梁，远溯齐楚，以南人之巫风，泽海国之仙思，其学亦东方齐鲁之支流与裔”[①]。河间地区即为今天的河北沧州地区，淮南即为今淮河中游、安徽中北部地区，这些地区的文化深受邹鲁儒学的影响，从而形成新的文化教育中心。

比如，郑玄为北海高密（今山东高密）人，是东汉时期最著名的经学大师，著述颇多，《孟子注》为其中之一。郑玄在当时影响很大，弟子众多，清人皮锡瑞在《经学历史》说：“郑君康成，以博闻强记之才，兼高节卓行之美；著书满家，从学盈万。当时莫不仰望，称伊、雒以东，淮、汉以北，康成一人而已。”[②]从皮锡瑞的评述中可以看出，郑玄在今陕西、河南、山东等地的影响巨大，《孟子注》也随之成为当地弟子门生学习时所使用的教材。又如，“东汉时期经学影响深入江西，江西学人以研习《公羊》《春秋》者为多”[③]。江西在西汉时期尚属于欠发达地区，到了东汉，一批豫章学者初登历史舞台，对后世人文学术产生较大的影响。程曾就是其中的代表。程曾“受业长安，习《严氏春秋》，积十余年，还家讲授。会稽顾奉等数百人常居门下”[④]，这说明程曾在当时的声望很高，已远扬外郡，也说明豫章

① 钱穆. 秦汉史 [M]. 北京：生活·读书·新知三联书店，2004: 83-84.

② 〔清〕皮锡瑞. 经学历史 [M]. 周予同，注. 北京：中华书局，2011: 95.

③ 袁行霈，陈进玉. 中国地域文化通览·江西卷 [M]. 北京：中华书局，2013: 79.

④ 〔南朝宋〕范晔. 后汉书 [M].〔唐〕李贤，等，注. 中华书局编辑部，点校. 北京：中华书局，1965: 2581.

已成为当时重要的儒学、经学传播区域，因而程曾的《孟子注》在豫章地区也就成了人们学习和使用的教材。再如，刘熙在交州（今广东、广西的大部及越南横山—班杜一线以北诸省）授徒讲学，使得《孟子》在交州地区得到了广泛的传播，刘熙也成为交州孟子学的首座。[①] 刘熙的《孟子注》在交州地区得到广泛的学习与传授，成为当时《孟子》教材的代表。

对经学教育来说，魏晋南北朝时期是一个特殊的时代。从《十三经注疏》中注者的情况来看，其中有五本经书是魏晋时期的人作注的，如王弼与韩康伯注的《周易》、杜预注的《左传》、范宁注的《穀梁传》、何晏注的《论语》以及郭璞注的《尔雅》。除《孝经》为唐玄宗注外，另外七本皆为汉人所注。《十三经注疏》中注者的时代划分可以说明一个问题，即虽然玄学成为魏晋时期学术的新倾向，但汉代经学的繁盛是魏晋南北朝经学的重要思想基础和来源，并且深刻地影响了魏晋南北朝经学的发展。作为辅经的《孟子》，也随着儒、玄、释等思想的交融与碰撞而受到当时士人的普遍关注，“孔孟并称”提法的普遍存在，[②] 说明《孟子》在魏晋南北朝时期的地位较汉代又有所提升。例如三国时期魏人徐幹在《中论·序》中直截了当地称孟子为“亚圣”，有言：“孟轲怀亚圣之才，著一家之法。”徐幹既肯定孟子的“亚圣”地位，又认可孟子在继承孔子思想的同时形成了自成体系的家法学说。此外，西晋哲学家傅玄主张兴复儒学，尊崇孔孟，他的“立德之本，莫尚乎正心，心正而后身正，身正而后左右正，左右正……而后天下正”（《傅子·正心》）等主张，显然是对孟子行仁政、得民心、上行下效等思想的继承和发展。可见，在“儒学中衰”的魏晋南北朝时期，

① 杨海文. 刘熙与交州孟子学 [N]. 中华读书报，2013-05-01(15).

② 李峻岫. 汉唐孟子学述论 [M]. 济南：齐鲁书社，2010: 188.

《孟子》的地位反而有所提升，凸显出《孟子》思想的适切性及其独特价值。

从《孟子》注本的流传情况来看，整个魏晋南北朝时期，只出现一本綦毋邃的《孟子注》，《隋书·经籍志》云："梁有《孟子》九卷，綦毋邃撰，亡。"《旧唐书·经籍志》亦云："《孟子》又七卷，綦毋邃注。"从《隋书·经籍志》与《旧唐书·经籍志》中的记载来看，綦毋邃的《孟子注》确是当时一部重要的《孟子》注本，但该书失传，隋唐时期均未见此书，已有的史料中也少见记载，关于綦毋邃本人的相关记载也较少，所以很难断定其《孟子》注本在当时的传授情况。不过东汉时期除程曾所注的几部《孟子》注本，其他注本产生的时代距离三国时期非常近，因而对魏晋南北朝时期《孟子》的传授会产生重要的影响。比如南朝顾野王的《玉篇》广征博引，其中引《孟子》用的是汉人刘熙的注本，有学者通过逐条考证，指出原本《玉篇》所引刘熙注的《孟子》与今本《孟子》有或多或少的差异。[①]但不论差异多少，《玉篇》中保留了刘熙《孟子注》的文本内容，说明刘熙的《孟子注》已经流传到南梁时期，在魏晋南北朝时期也应有传授之人。刘熙的《孟子注》在汉代已是《孟子》教材的代表，魏晋南北朝时仍是士人群体学习、研究《孟子》的重要教材，虽已亡佚，但仍可见其在当时传播之广泛与影响之长远。

二、作为教材范本的《孟子章句》

从注本存留的情况来看，汉魏时期出现的各家《孟子》注本中，

① 吕浩. 原本《玉篇》引《孟子》考述 [M]// 臧克和，顾彬，舒忠，主编. 孟子研究新视野. 北京：华龄出版社，2013: 279-288.

赵岐的《孟子章句》是仅存的一部。余嘉锡在《古书通例》中说："治学所以必读古书者，为其阅时既久，亡佚日多，其卓然不可磨灭者，必其精神足以自传，譬之簸其糠秕，独存精粹也。后人之书，则行世未远，论定无闻，珠砾杂陈，榛楛勿翦，固宜其十不足以当一耳。然亦未可一概而论。盖古书之传不传，亦正有幸有不幸。"[①]政治因素、社会因素、保存方式等，都会影响文献的存与佚，而最终能够保留下来的，必定是流传广泛并得到认可的，赵岐的《孟子章句》就是其中之一，所以后世对于《孟子》的注释解析，也多以其为底本，《孟子章句》也就成为《孟子》教材中的"范本"和"经典"。

关于撰写《孟子章句》的理由，赵岐在《〈孟子〉题辞》中解释说："儒家惟有《孟子》，闳远微妙，缊奥难见，宜在条理之科。于是乃述已所闻，证以经传，为之章句，具载本文，章别其指，分为上下，凡十四卷。"[②]从撰写的目的来看，赵岐是希望借自己的解读方式来发扬《孟子》"闳远微妙"的内涵。赵岐肯定了《孟子》在儒家典籍中的位置和作用，并且通过"具载文本，章别其指"的方式，对《孟子》进行全方位的解说。"具载文本"就是将经传连文，也就是《孟子章句》的主体部分；"章别其指"，是指总结一章旨意，概括其大意，也就是第一章提到的《孟子篇叙》的内容。"具载文本"与"章别其指"的结合，就使得《孟子》的原文与解释构成有机的整体，使人们在学习《孟子》时有了新的依据和标准。用"章指"来概括全书的大意，"读起来篇目清晰，井井有条，这是赵岐独到的体例"[③]。赵岐训诂的方式既继承了汉人常用

---

① 余嘉锡. 目录学发微　古书通例 [M]. 北京 : 商务印书馆 , 2011: 180.

② 〔汉〕赵岐.《孟子》题辞 [M]//〔清〕焦循. 孟子正义. 沈文倬 , 点校. 北京 : 中华书局 , 1987: 25-26.

③ 董洪利.《孟子》三家注论略 [M]// 孙钦善 , 李家浩 , 李零 , 等. 北京大学古文献研究所集刊 (1). 北京 : 北京燕山出版社 , 1999: 72.

的章句训诂，又摆脱了东汉烦琐的动辄十万或百万余言的大章句形式，是小章句的训诂诠释。

从章句内容来看，《孟子章句》中共有 2 984 条注释，注释句意 1 640 条，引用包括《诗》、“三礼”、《论语》、《汉书》在内的 15 种典籍。[①] 丰富的注释内容，保存了不少古义，吸收借鉴了不少两汉以来经学研究以及训诂考据方面的成果，对于学习者来说，该书无疑有很大的帮助。其中很多内容都为后世研究者所继承和借鉴，如朱熹的《孟子集注》、焦循的《孟子正义》等，都以《孟子章句》中的注释内容为宗。在诠释方面，赵岐主要从两个方面入手，一是字、词、句、名物、典章的阐发；二是与儒学相关的义理引申。[②] 不过有些引申“往往显得迂腐，言不达义，读来令人有隔靴搔痒之感”[③]，这也是《孟子章句》在后世为人所诟病之处。

从《孟子章句》在后世的流传版本来看，宋代有蜀大字本、刘氏丹桂堂巾箱本、世彩堂本、小宋字本；元代有盱郡復宋本；明代有吴宽抄本、李中麓藏之蜀大字本、明金蟠等刊刻“十三经”古注本；清代有毛扆抄校本、何焯抄校本、戴震抄校本、卢文弨抄本等。[④] 不同时代众多版本的流传最能表明《孟子章句》的价值及影响，同时也说明《孟子章句》虽为赵岐的研究性著作，但在后世的流传过程中实则是一本教材。

《孟子章句》对于想要了解、学习《孟子》的人来说，确是一本有价值的教材。尤其是与《孟子》原文相比，细致与全面的注释内容便于学习者的阅读与理解，帮助学习者深入体会《孟子》所蕴含的思想。阮

---

① 郭伟宏. 赵岐《孟子章句》研究 [D]. 济南 : 山东大学 , 2008.

② 郜积意. 赵岐《孟子注》章句学的运用与突破 [J]. 孔子研究 , 2001(01): 96－105+124.

③ 董洪利. 孟子研究 [M]. 南京 : 江苏古籍出版社 , 1997: 169.

④ 关于赵岐《孟子章句》版本问题的考证，可参见 : 高正伟.《孟子赵注》版本源流考述 [J]. 图书馆杂志 , 2012(02): 75－81.

元评价说："汉人《孟子》注，存于今者，惟赵岐一家。赵岐之学，以较马、郑、许、服诸儒，稍为固陋，然属书离辞，指事类情，于训诂无所戾，七篇之微言大义，借是可推。且章别为指，令学者可分章寻求，于汉传注别开一例，功亦勤矣。"①

第三节 《孟子》辅经地位的提升

隋唐时期，重振儒学的呼声使得以捍卫儒学之道而著称的孟子开始受到士人的关注与推崇，比如隋末大儒王通，广学儒家经典并提倡儒学，继承孟子的思想，他曾在《中说·礼乐》中表示："仁义，其教之本乎。"他推崇孟子的王道主张，希望通过"仁义礼乐"治理天下，以"德"教化百姓。而后的韩愈、李翱、皮日休等人通过著书立说等实际行动，宣扬孟子的道统地位，使得《孟子》在唐中后期的地位迅速提升，也为《孟子》在宋代完成"超子入经"做好了准备。虽然隋唐时期《孟子》依旧是学校教育中的辅经课程，但随着孟子的道统地位被逐渐认可，《孟子》已与"经"的作用相当，并具备成为专经课程的可能。

一、《孟子》三次入经的尝试

皮锡瑞将隋唐时期称为"经学统一时代"。他说："隋平陈而天下统一，南北之学亦归统一，此随世运为转移者也。天下统一，南并于北，

① 〔清〕阮元. 孟子注疏校勘记序 [M]//〔清〕阮元，校刻. 十三经注疏：清嘉庆刊本. 北京：中华书局，2009: 5801.

而经学统一，北学反并于南，此不随世运为转移者也。”① 依据皮锡瑞的解释，经学的统一与政治上的统一不同，其发展趋势是北学归于南学，这主要得益于唐太宗时期实行的一系列措施。比如，经书既以抄写的方式流传，文字就难免会有异同，甚至错误，而明经考试又要求背诵经书的文字，不许有差错，这就需要有经过校正的由官方颁发的统一教材，《五经正义》就是根据这一需要而产生的。唐太宗命颜师古统一经文，以南本为主考订成“五经定本”。随后又令孔颖达等人作章句义疏，亦以南学为主，撰成《五经正义》。《五经正义》的形成与颁布体现北学归于南学的经学发展趋势。《五经正义》颁布之后，又与私家修纂的四本注疏（贾公彦的《周礼疏》《仪礼疏》、杨士勛的《穀梁传疏》、徐彦的《公羊传疏》）合为“九经”。至此，“九经”成为唐代士人日常学习与科举考试的主要内容。

“九经”注本的选择，基本上以汉代的为主，其中郑玄的注本最多，《诗经》《周礼》《礼记》等均用郑玄的注本。前文提到，郑玄为《诗》《礼》做注时，较多引用《孟子》中的语句来注释经文，而唐代又将郑玄的注本列为官方指定教材，这也就使得《孟子》成为辅助学习经书的重要教材，在唐代受到较多关注。总之，“九经”的颁定，不仅结束了南北朝经学南北分立的局面，使异说纷纭的经学至此趋于一致，而且成为士子习经和考试的统一标准，天下士子奉“九经”为圭臬，“自《正义》《定本》颁之国胄，用以取士，天下奉为圭臬。唐至宋初数百年，士子皆谨守官书，莫敢异议矣”②。“九经”课程体系随之形成。而《五经正义》的作用是统一官方经学注本和章句的解释，用以科举明经取士，强化儒学的政治思想主导地位。“九经”课程体系的形成，丰富了

① 〔清〕皮锡瑞. 经学历史 [M]. 周予同，注. 北京：中华书局，2011: 135.

② 同上：146.

唐代经学教育的内容，使经学课程的种类更加多样，《五经正义》与三家私修的四部注本，也成为唐代官方指定的学校教材。

这一时期，《孟子》虽然还不属于“经”的范畴，但是唐代经学的统一以及儒学的大发展，却使《孟子》得到普及与推广。孔颖达等人编纂的《五经正义》，有多处征引《孟子》，比如“《尚书正义》中引《孟子》24 处，《毛诗正义》有 38 处，《礼记正义》有 15 处，《春秋左传正义》有 22 处。此外，在贾公彦的《周礼注疏》中有 16 处，杨士勋的《春秋穀梁传注疏》中有 4 处等”[①]。所以，《孟子》在经学统一的唐代，仍是作为辅经课程加以传授。不过随着中唐以后士人对《孟子》的重视和提倡，《孟子》“入经”的趋势越发明显。虽然《孟子》在隋唐时期仍然是辅经课程，但是《孟子》三次入经的尝试，却使得《孟子》的地位不断提升。

《孟子》入经的第一次尝试是在唐朝开元年间，赵匡在《举选议》中详细陈述改革科举的意见。赵匡称：“有通《礼记》《尚书》《论语》《孝经》之外，更通《道德》诸经、《通玄经》《孟子》《荀卿子》《吕氏春秋》《管子》《墨子》《韩子》，谓之茂才举。”[②]赵匡建议以《孟子》《荀子》等举茂才，并使其成为科举考试的组成部分。同时赵匡表明《孟子》等诸子之书与经书之间的关系应该是兼而有之，二者不可偏废的，好学达观之士应该“既知经学，兼有诸子之学，取其所长，舍其偏滞”[③]。从赵匡的改革意见中可以看出，《孟子》与其他诸子之书一起“寻求”地位提升，这并未凸显《孟子》自身的作用和价值。而在杨绾与皮日休的建议中，《孟子》则成为改革的主要对象。

《孟子》入经的第二次尝试是在唐朝宝应二年（763 年），礼部侍郎杨绾建议将《孟子》同《论语》《孝经》一起列为“兼经”，“进士科

---

① 兰翠. 唐代孟学探赜 [D]. 济南 : 山东大学 , 2012.

②③ 〔唐〕杜佑. 通典 [M]. 王文锦 , 王永兴 , 刘俊文 , 等 , 点校. 北京 : 中华书局 , 1988: 422.

起于隋大业中，是时犹试策。高宗朝，刘思立加进士杂文，明经填帖，故为进士者皆诵当代之文，而不通经史，明经者记帖括。……《论语》《孝经》《孟子》兼为一经，其明经、进士及道举并停”①。杨绾的意见是将《孟子》与《论语》《孝经》并提，他认为《孟子》的作用与《论语》《孝经》是相一致的，“《论语》《孝经》皆圣人深旨，《孟子》亦儒门之达者”②。《孟子》与《论语》《孝经》一样，能够代表儒家思想，所以应该提升其地位。杨绾的建议得到了李栖筠等人的赞同：“今绾所请，实为正论。然自晋室之乱，南北分裂，人多侨处，必欲复古乡举里选，窃恐未尽，请兼广学校，以明训诱。”③虽然该建议未被采纳，不过杨绾的举动却加快了《孟子》升格入经的步伐。

《孟子》入经的第三次尝试是在唐朝咸通四年（863 年），皮日休上疏曰：“臣闻圣人之道不过乎经，经之降者不过乎史，史之降者不过乎子，子不异乎道者孟子也。今国家有业庄、列之书者，亦登于科。其诱善也虽深，而悬科也未正。伏望命有司去庄、列之书，以《孟子》为主。有能精通其义者，其科选视明经同。”④皮日休强调孟子遵循的是圣人之道，并未偏离；而庄子、列子等乃是“荒唐之文”，应该被去除，并以《孟子》为主。⑤皮日休的建议是以《孟子》来取代道家的经典如《庄子》《列子》等，这是因为皮日休的思想立场与儒家思想大体一致。皮日休崇尚儒学，非常推崇孔子以后的孟子、荀子、王通和韩愈，曾说：“夫孟子、荀子翼传孔道，以至于文中子。文中子之末……惟昌黎文公焉。”⑥皮

① 〔宋〕欧阳修，宋祁. 新唐书 [M]. 中华书局编辑部，点校. 北京：中华书局，1975: 1166.

② 〔宋〕王溥. 唐会要 [M]. 北京：中华书局，1960: 1396.

③ 〔元〕马端临. 文献通考 [M]. 上海师范大学古籍研究所，华东师范大学古籍研究所，点校. 北京：中华书局，2011: 835.

④ 〔宋〕王溥. 唐会要 [M]. 北京：中华书局，1960: 1402.

⑤ 〔唐〕皮日休. 请孟子为学科书 [M]//〔清〕董浩，等. 全唐文. 北京：中华书局，1983: 8350.

⑥ 〔唐〕皮日休. 请韩文公配乡食太学书 [M]//〔清〕董浩，等. 全唐文. 北京：中华书局，1983: 8349.

日休的建议虽未被采纳，但皮日休树立起孟子和韩愈这两面旗帜，肯定孟子的道统地位以及韩愈尊孟崇儒的功绩。清人李松寿在《重刊宋本文薮序》中对此评价说："孟子之得继孔、曾、思，而称'四子'，……虽经程、朱、欧、苏诸公表章论定，即谓其议，实自皮子开之，可也。"可见，皮日休的举动，在客观上推动了《孟子》地位的升迁，也为《孟子》入"经"做好了准备。

虽然三次入经的尝试并没有使《孟子》成为真正的"经"，但《孟子》在唐代士人心目中的地位却在不断攀升。赵匡在《举选议》中的建议，实际是为了提升长久以来被人们忽视的诸子之学的地位，他认为诸子之学与经学一样，同是"学问"，国家选才不应该只重视经学而忽视子学。因此《孟子》也就随其他经书一起因赵匡的建议进入人们的视野。而杨绾与皮日休的举动则更为直接，他们将《孟子》与《论语》《孝经》相提并论，这对《孟子》地位的提升起到至关重要的作用。

在《孟子》尝试入经的过程中，韩愈是一位极其重要的人物。"韩愈推崇孔孟，产生深远影响。从唐代开始，孔孟之道成为封建教育的指导思想。《孟子》一书同《论语》一样成为圣人之书，逐步上升为儒经。"[①] 韩愈对孟子思想的大力提倡与推崇，促使孟子在中唐以后的地位迅速提升，让孟子成为继承孔子之道、地位仅次于孔子的大儒，《孟子》也开始向"经"的身份靠拢。

韩愈确立了孟子的"道统"地位，并提出"道统"传承的发展轨迹是：尧—舜—禹—汤—文王—武王—周公—孔子—孟子。"道统"是韩愈面对佛教对中国文化的挑战而做出的回应。佛教自东汉时期传入中国，至隋唐已历数百年的发展，其"中国化"的发展趋势十分明显，并对中国传统的儒道之学产生巨大的冲击。面对当时儒学式微的窘境，韩

① 孙培青. 中国历史上的育德・中国教育家和教育思想研究 [M]. 上海：上海教育出版社，2023: 428.

愈宣扬道统说，激励儒家知识分子传承孟子后失传的孔子之道，将孟子与杨墨等人的争论视为“儒家与异端之学斗争的典范”[①],因而孟子受到韩愈的极力推崇。

“韩愈在《原道》一文中，提出道统，强调孔子之后就是孟子。他抛开荀子，连儒家八派也不再讲了。韩愈是为了反对佛教，宗教斗争也是政治斗争，他是维护封建统治而捧出孔、孟的。”[②]也就是说，韩愈摒弃孔子之后儒家分化出的其他派别，唯独抬高孟子的地位，是有意将“道统”传承的线索清晰化，以回击佛教的“祖统”，维护统治的需要。这种解释是客观合理的，韩愈也确实是这样做的，在《与孟尚书书》《送王秀才序》等文中，韩愈进一步细化道统的线索，即孔子—曾子—子思—孟子，认为“求观圣人之道”也必须由孟子开始，更加明确唯有孟子得到了孔子的“真传”，这是其一。其二，韩愈在《与孟尚书书》中提出，孟子有辟“异端邪说”的“卫道”之功，所以孟子的思想是维护儒家正统地位的不二选择，对于《孟子》中所阐释的“圣人之道”，韩愈也是极力表彰。总之，韩愈的大力提倡，使孟子在人们心目中的地位得到很大提升。韩愈凭借其当时文坛领袖的地位，大力推崇《孟子》，其做法也得到门生故人的支持，比如其弟子李翱发展韩愈的思想，援引佛教观点，在孟子心性论的基础上提出“复性说”，为宋明心性论的发展提供思想与理论上的支撑，也使得《孟子》在宋明理学重新构建的儒学思想体系中获得核心地位。程颢、程颐曾说：“韩愈亦近世豪杰之士。如《原道》中言语虽有病，然自孟子而后，能将许大见识寻求者，才见此人。”[③]

---

① 陈来. 宋明理学 [M]. 北京 : 生活 · 读书 · 新知三联书店 , 2011: 26.

② 周予同. 中国经学史讲义 (外二种)[M]. 上海 : 上海人民出版社 , 2012: 60.

③ 〔宋〕程颢 , 程颐. 二程集 [M]. 王孝鱼 , 点校. 北京 : 中华书局 , 2004: 5.

二、《孟子》音义教材的出现

虽然隋唐延续汉代训诂、章句的治学方法，但在《孟子》注疏上的成果却不多。《隋书·经籍志》《旧唐书·经籍志》《新唐书·艺文志》中著录的《孟子》注本，三部是经汉代流传下来的（即赵岐、郑玄、刘熙注《孟子》），一部是魏晋时期綦毋邃的《孟子》注本，只有两部是唐代的注本（即陆善经与张镒的《孟子》注本）。在隋唐时期，士人学习《孟子》时主要使用汉代以来流传的《孟子》注本，隋唐时期出现的两部《孟子》注本，即《孟子音义》与《孟子手音》，虽然在注疏内容上的成就不及汉代，但在注疏形式上却为《孟子》提供了新的注释范本。

隋唐时期赵岐、郑玄、刘熙的《孟子》注本仍在流传。但綦毋邃的《孟子》九卷在《隋书·经籍志》中记载为已经亡佚，不过《旧唐书·经籍志》《新唐书·艺文志》中皆有著录，但在当时是否流传，未有明确记载。陆善经的《孟子注》则是唐代最早的《孟子》注本，清人马国翰的《玉函山房辑佚书》中辑录了陆善经的《孟子》注一卷，但内容仅是从其他文献中摘录下来的十六条的汇集，并不能反映该书的基本情况。不过，从现存的注文内容来看，陆氏《孟子注》的特点是"弃赵注而创为新说，但多望文生义，疏误较多"[①]，也就是说陆氏《孟子注》有自己的创新点，在解读《孟子》上寻求一种新的突破，这与两汉时期《孟子》注本的"因袭守旧"已经有很大的不同。

从教材发展的角度来看，隋唐时期的《孟子》注本与两汉时期相比，在形式与内容上有了新的变化，即对《孟子》进行注音的注本开始出现，这使得《孟子》类教材的发展进入一个新的阶段。为典籍注

① 李峻岫. 汉唐孟子学述论 [M]. 济南：齐鲁书社，2010: 304.

音在汉魏时期就已经开始，到六朝隋唐时期已经极其繁盛。[①] 不过汉魏、六朝时期并未出现《孟子》的注音本。到了唐代，张镒成为汉代以后最早为《孟子》注音的人。[②] 张镒的《孟子音义》虽已亡佚，但从清人马国翰著的《玉函山房辑佚书》中收录的《孟子音义》九十四则注文来看，该书在对《孟子》的释音与释义方面已经具备较高的水准，在释音上"不拘泥于字形，因音求义"；在释义上，"较赵岐注更加准确、细致"。[③]

张镒《孟子音义》的注音有几个特点。一是清楚简明，别出新意，持之有故，能自圆其说。[④] 二是注音的同时进行释义，而且比赵岐的解释更加明了，同时对一些错误进行了勘正。[⑤] 作为第一本为《孟子》注音的著作，《孟子音义》使《孟子》更容易为学习者接受和理解。而张镒本人在任濠州刺史时完成《孟子音义》，其社会地位及其影响，对《孟子音义》在士人群体中的传播也会起到重要的推动作用。

丁公著的《孟子手音》是唐代较为精审、较有特色的一个注本，[⑥] 对后世亦产生很大影响。《隋书・经籍志》《旧唐书・经籍志》《新唐书・艺文志》中均未著录此书，而《宋史・艺文志》中则有该书的记载，清人马国翰的《玉函山房辑佚书》中收录《孟子手音》注文二百四十则，从中可窥见其书的基本情况。

丁公著的《孟子手音》最大特点是在赵岐《孟子章句》的基础上详作疏解，在注音上"直音与反切兼用，且能注意音义互求，因音见义，

① "书音之作，在两晋南北朝极为发达，为经史子集四部书作的'音'，见于《隋书・经籍志》著录有百余家。"详见：于亭．论"音义体"及其流变 [J]. 中国典籍与文化，2009(03): 13-22.

②③ 李峻岫．汉唐孟子学述论 [M]. 济南：齐鲁书社，2010: 307.

④ 董洪利．孟子研究 [M]. 南京：江苏古籍出版社，1997: 187-188.

⑤ 兰翠．唐代孟子学研究 [M]. 北京：北京大学出版社，2014: 268.

⑥ 董洪利．孟子研究 [M]. 南京：江苏古籍出版社，1997: 190.

以义正音”[①]。在释义上，“详于释名物、典制、史实”[②]。与张镒的《孟子音义》比较，丁公著的《孟子手音》的注释内容更为翔实。张镒的《孟子音义》引用的字书非常有限，仅有《说文解字》与《字林》两种，而丁公著的《孟子手音》则引用了《尔雅》《广雅》《玉篇》《方言》等数种字书。[③]这也就使得《孟子手音》比《孟子音义》在《孟子》的注音方面更加具体与详细，《孟子手音》也成为后世学者研究、学习《孟子》（包括注音的范式等）的重要教材，宋代孙奭的《孟子音义》、朱熹的《孟子集注》、清代焦循的《孟子正义》等，都依循《孟子手音》的注音范式而作进一步的研究。可见《孟子音义》对后世《孟子》教材的发展起到了示范作用。

为经典注音是汉魏经学发展的重要特征。到了唐代，这一特征又得到进一步发展。陆德明的《经典释文》收录汉魏以来二百三十余家的注音，兼及训诂和校勘。全书所释经典包括《毛诗》《周易》《周礼》《礼记》《仪礼》《春秋左氏传》《公羊传》《穀梁传》《孝经》《论语》《老子》《庄子》《尔雅》十四种，共三十卷。陆德明不仅为经典文本注音，而且还为注文注音。《经典释文》所收录的经典当中并无《孟子》，这从一个层面反映了《孟子》在汉唐时期的“非经”地位。不过，《孟子音义》和《孟子手音》的出现，使得《孟子》与其他经典一样，有了注音本，不仅增加了学习《孟子》的方式，更便于《孟子》的传授，同时也使《孟子》在入经的道路上迈出至关重要的一步。语言文字具有很强的社会性，为文字注音的作用之一就是帮助人们实现语音的统一；作用之二是帮助学生识字，普及教育。从这一角度来看，《孟子音义》与《孟

① 李峻岫. 汉唐孟子学述论 [M]. 济南 : 齐鲁书社 , 2010: 311.

② 同上 : 312.

③ 兰翠. 唐代孟子学研究 [M]. 北京 : 北京大学出版社 , 2014: 272.

子手音》的出现，为《孟子》的学习与普及提供了有利条件。

三、从诗文创作看《孟子》的传授

唐代士人对《孟子》的传授更多地关注其在知识、道德层面的启示作用，这主要体现在唐代的诗文作品中。

（一）从《文选注》看《孟子》的传授

《文选》(即《昭明文选》)在唐代士人的日常学习中起着十分重要的作用。唐代的科举考试增设了诗赋科目，使得诗赋成为士人日常学习的主要内容。《文选》是当时最为重要的诗文教材，“《文选》中所择选的各类文体的代表作，为士人们的科考提供了既全面又便捷的参考范文”[①]。唐代用《文选》教授诸生，“魏模、公孙罗、李善相继传授，于是其学大兴”[②]。其中李善的《文选注》是《文选》在当时最为权威的注本，因而成为士人学习《文选》的重要教材。李善在为《文选》作注时，大量征引《孟子》，约三百多次。[③] 所征引的内容多以《孟子》原文为主，还包括已有的《孟子》注本。这不仅丰富了《文选》注释的内容，也为后人留下了诸多《孟子》注本的信息，比如赵岐的《孟子章句》、刘熙的《孟子注》、綦毋邃的《孟子注》等，在李善的《文选注》中都有涉及。这说明，这些《孟子》的注本在李善所处的时代是可见的，而且较为流行，同时也会成为当时人们学习《孟子》的主要教材。

---

① 兰翠. 唐代孟子学研究 [M]. 北京 : 北京大学出版社 , 2014: 80.

② 熊承涤. 中国古代学校教材研究 [M]. 北京 : 人民教育出版社 , 1996: 161.

③ 兰翠. 唐代孟子学研究 [M]. 北京 : 北京大学出版社 , 2014: 75.

从《文选注》中引用的《孟子》文献情况来看，赵岐的《孟子章句》与刘熙的《孟子注》出现次数较多，比如李善在注《魏都赋》《上林赋》《西征赋》《招隐诗二首》《从游京口北固应诏》《咏怀诗十七首》《幽愤诗》《为贾谧作赠陆机诗》《荐祢衡表》《与山巨源绝交书》《答客难》《广绝交论》《头陀寺碑文》等时，大量引用赵岐《孟子章句》中的内容；李善在注《琴赋（并序）》《补亡诗六首》《在怀县作二首》《北山移文》《圣主得贤臣颂》《座右铭》《郭有道碑文（并序）》《祭古冢文（并序）》等时，引用了刘熙《孟子注》的内容。綦毋邃的《孟子注》在李善的注文中也有所涉及，但次数较少，仅在《蜀都赋》的注文中出现一次，虽影响不及赵岐、刘熙的注本，但说明作为一种普通的《孟子》注本在唐代也得以流传。

从《文选注》中《孟子》引文的内容来看，主要涉及孟子的仁政、性善、义利、王道等思想，比如李善在对司马相如的《上林赋》、潘岳的《西征赋》、束皙的《补亡诗六首》、孔融的《荐祢衡表》、干宝的《晋纪总论》等注释中，提及了孟子与梁惠王、滕文公等人探讨仁政问题的相关内容；对东方朔的《答客难》、刘峻的《广绝交论》、王中的《头陀寺碑文》、谢惠连的《祭古冢文（并序）》等注释，提及了孟子关于性善、心性的论述；对左思的《招隐诗二首》、嵇康的《幽愤诗》与《与山巨源绝交书》、王褒的《圣主得贤臣颂》、任昉的《齐竟陵文宣王行状》等注释，则涉及孟子的义利、王道思想。这说明《孟子》的主要思想内容，不仅在先秦、汉魏时期是士人探讨的主要话题，到了隋唐时期仍然具有时代价值。仁政、性善、义利、王道等问题是中国传统社会发展过程中必然会遇到的基本问题，其价值不会因为历史的发展而消逝，所以李善在《文选注》中也会大量涉及孟子对有关时代发展基本问题的回答。从引用的方式来看，李善的《文选注》也有所创新，“就其注释的主要手段而言，开创了一种全新的体式，即征引式。它主要以钩稽故实、征引出处来达到解词说义的目的”[1]。“征引式”是对汉代以来训诂、章句等治学方式的进一步发展，实际上李善用《孟子》作为征引材料，与《孟子》在汉唐时期的辅经课程性质相一致。从汉代开始，《孟子》就是解释《诗》的重要材料，《文选》又是先秦以降的诗文总集，因此，用《孟子》解释《文选》相关诗文就显得尤为适合。

总之，随着《文选注》在士人群体中的广泛传播，《孟子》的思想也随之得到普及。《文选》是唐代科举考试的主要教材，李善的《文选注》又是学习《文选》的重要教材，《文选注》中涉及的《孟子》等文献材料，也必然会成为士人学习参考资料，《文选注》中提到的《孟子》注本，则会成为士人学习《孟子》的主要教材。《文选注》对《孟子》普及与传播的方式虽然是间接的，但效果十分明显，尤其是结合《孟子》在隋唐时期地位不断提升的情况来看，《文选注》对《孟子》在隋唐时期的学习与传授起到了重要的推广作用。

（二）从唐代诗歌看《孟子》的传授

诗歌是唐代文学教育的重要载体。唐代的科举考试设诗赋科，进一步推动了唐代的诗歌创作。《唐会要》载，进士举人，自国初以来，试诗赋、帖经、时务策五道。诗歌成为士人取得官禄的考核方式，因而诗人群体不断增多，诗歌作品也不断涌现。有学者研究指出，在唐代诗歌作品当中，《孟子》是重要的创作素材：“唐代士人对孟子的关注从初盛唐到中晚唐明显地呈现出渐次增强的态势。初盛唐时期，只有魏徵、刘知几、卢照邻、王勃、张九龄、李华、杨绾、赵匡等人在其诗文中提到孟子；但是到了中晚唐，人数就明显增多了，如梁肃、柳冕、韩愈、柳

① 王宁，李国英．李善的《昭明文选注》与征引的训诂体式 [M]// 赵福海，主编．文选学论集．长春：时代文艺出版社，1992: 58.

宗元、孟郊、李程、李翱、李宗闵、李德裕、权德舆、白居易、张籍、皇甫湜、王叡、杜牧、李商隐、罗隐、皮日休、陆龟蒙、林慎思、李磎、来鹄、程晏等。这其中不仅有韩愈、柳宗元、白居易、李商隐、杜牧等诗文大家，还有李宗闵、李德裕、权德舆等在政治上有影响的士人。可见，在中晚唐的士人阶层，关注孟子已成为一种很普遍的文化现象。”[①]这说明唐代诗人群体对《孟子》的学习是较为普遍的，以诗歌的形式对《孟子》的思想价值进行传授，也是唐代《孟子》教育的一大特色。

从初唐诗文作品中提到的孟子来看，多以孟子的境遇为题，贴近现实，抒发诗人自身的情感，表达内心的体验。其中以被称为“初唐四杰”的王勃、杨炯、卢照邻、骆宾王最具代表性。比如王勃的《上吏部裴侍郎启》《上绛州上官司马书》，杨炯的《唐上骑都尉高君神道碑》《李怀州墓志铭》，卢照邻的《驸马都尉乔君集序》《南阳公集序》，骆宾王的《上兖州张司马启》等，都借孟子来表达自身的境遇。虽然四人对孟子的评价不尽相同，但是却表明孟子其人其书在当时诗人群体当中产生了十分重要的影响。

李白、杜甫、杜牧、白居易、陆龟蒙等中晚唐时期的诗人，对孟子的推崇也非常明显。比如李白在其众多的诗歌作品中，表达了孟子提倡的“浩然之气”“穷则独善其身，达则兼济天下”的士大夫精神，如《代寿山答孟少府移文书》《赠张相镐二首》等。此外孟母故事作为孟子精神的另外一种“代言”，在唐代诗文作品当中也不少，如杜甫的《奉贺阳城郡王太夫人恩命加邓国太夫人》、仲子陵的《断织赋》等。实际上，孟母故事从西汉起就已被人们熟知，韩婴在《韩诗外传》中就曾用

① 兰翠. 韩愈尊崇孟子探因——兼论唐人对孟子的接受 [J]. 烟台大学学报 (哲学社会科学版), 2011(02): 27-34.

孟母的故事来解释诗义，刘向的《列女传》则第一次使用了“孟母”这一专门称呼。其后孟母故事广为传颂，东汉班昭的《孟母颂》、西晋左芬的《孟母赞》即为其中的代表。到了唐宋，孟母故事在一系列的诗文作品中被提及，也在一定程度上提升了孟子其人其书的社会影响力。

经学的统一、官方教材的编纂，使得儒家经典中的名句、典故成为诗歌创作的素材来源。经学的统一实际上是“经学简化和规范化”[①]，记诵成为学习的主要方式，并且经学在科举考试中以帖经的形式进行考核，对儒家经典“烂熟于心”在当时的士人中已成为普遍现象。很多儒家经典的词句、典故在唐代士人的诗歌创作过程中会不经意地流露出来，成为诗歌作品中的点睛之笔。以诗赋取士在唐代科举中固定下来，并深刻影响着士人群体的日常学习生活。这种影响，对于经学教育来说，是将原本深奥的经义用简明扼要的语句呈现出来，既强化了对经学内容的记忆，又使得经书普通化、大众化。《孟子》正是在经学教育与诗歌发展的互动过程中得以广泛传播。

（三）从《初学记》看《孟子》的传授

徐坚的《初学记》是唐玄宗时官修的一部类书，共有天、岁时、地、州郡等24个部分，313个子目，内容以“叙事”“事对”“赋”“诗”“颂”等形式呈现，以便初学。《大唐新语》中记载了《初学记》的成书过程：“玄宗谓张说曰：‘儿子等欲学缀文，须检事及看文体。《御览》之辈，部帙既大，寻讨稍难。卿与诸学士撰集要事并要文，以类相从，务取省便，令儿子等易见成就也。’说与徐坚、韦述等，编此进上，诏以《初学记》为名。赐修撰学士束帛有差，其书行于代。”所以，《初学记》的任务与使命是“要快速地帮助王朝的一个特殊

① 郭丽. 唐代教育与文学 [D]. 天津：南开大学，2012.

群体——皇子们——提高写作能力”[①]。

《初学记》虽然篇幅不大，但是选编精审，搜求广博。据统计，《初学记》引文共 11 124 条，其中引“十三经”1 566 条（《礼记》347 条，《左传》233 条，《周礼》230 条，《毛诗》194 条，《尚书》191 条，《尔雅》128 条，《周易》116 条，《论语》56 条，《仪礼》25 条，《孟子》14 条，《公羊传》14 条，《穀梁传》14 条，《孝经》4 条），而且《初学记》的体例比较完备，组织也很严谨。

从征引的《孟子》章节内容来看，主要以《梁惠王》《滕文公》等为主，所选内容相对来说比较简单，包含各种知识性的内容，比如天、地、雪、金、果等常识性的知识，以及礼、乐等礼仪性的知识。从表述的方式来看，有“叙事”“事对”等形式。“叙事”是对《孟子》中相关典故作的论述，比如对“云”“雨”的解释是“油然作云，霈然下雨”（《梁惠王上》），通俗易懂地解释了“云”“雨”的特点。又如讲朝会，是用“诸侯朝于天子曰述职”（《告子下》）来解释，也便于学习和理解。“事对”是将有关典故提炼成为对偶的句子，比如对“水”的解释是“水之为物也，不盈科不行；君子之志于道也，不成章不达”（《尽心上》），同样便于阅读与理解，也便于诗文的写作。总之，《孟子》能够选入《初学记》，说明《孟子》中有适合儿童阶段学习的内容，而且可以作为小学阶段的教材来使用。正如陆龟蒙在《复友生论文书》中说：“我自小读‘六经’，孟轲、扬雄之书，颇有熟者。求文之指趣、规矩，无出于此。”

① 甘生统. 隋唐五代类书与文学理论批判之关系研究 [M]. 北京：九州出版社，2022: 126.

第三章 从兼经课程到“四书”课程

中唐以后，《孟子》开始受到士人推崇，在经学教育中的地位也不断提高。到了五代十国时期，分裂割据的局面并未对儒学的发展产生如魏晋南北朝时期那般的影响，反而进一步提升了儒学的正统地位，其间的重要事件是“孟蜀石经”的镌刻，其倡导者是后蜀宰相毋昭裔。“孟蜀石经”从后蜀广政元年（938 年）开刻，先后刻成《孝经》《论语》《尔雅》《毛诗》《礼记》《仪礼》《周易》《尚书》《周礼》《春秋左氏传》（至十七卷）。至宋时《春秋左氏传》的第十八至三十卷补齐，《公羊传》《穀梁传》由北宋时成都府尹田况等人补刻，《孟子》则是在宋徽宗宣和五年（1123 年）由蜀帅席贡等人镌刻。至此，人们所熟知的“十三经”刊刻完毕。

在“孟蜀石经”刊刻过程中，《孟子》也经历了“由子升经”的转变，成为士人必读的经典教材。汉唐时期作为辅经课程的《孟子》，至宋代，其地位也发生了重要变化，逐步从“辅经”变为“兼经”，最后升格为“专经”并汇入“四书”，成为经学教育中的核心课程。

《孟子》从辅经课程转变为专经课程，其中的影响因素有几个方面：一是理学家对孟子“道统”身份的认同促使《孟子》获得广泛关注，成为理学思想构建中的重要组成部分；二是王安石变法直接推动《孟子》成为兼经课程，这是由政治精英提倡与政府力量共同主导完成的；三是朱熹撰成《四书章句集注》，既宣告“四书”时代的到来，同时也预示着包括《孟子》在内的新经学课程与教材体系的出现。

第一节 《孟子》成为兼经课程

两宋时期,《孟子》完成了由“子”升“经”的“升格”过程。“所谓《孟子》‘升格’,是指由子部升到经部。……但从唐朝开始,一直到南宋,《孟子》由子部上升到经部,成为十三经中最后一部经典。这是一个缓慢的发展过程,与政治上文化上需要大有关系。”[①]《孟子》的“升格”虽然过程缓慢,却是社会历史发展的必然,“它是适应当时中国统治思想转型、儒学复兴的需要而产生的,易言之,也就是中国近古时代思想文化大整合运动中的一个有机组成部分”[②]。《孟子》中的“道统论、辟异端、谈心性、辨王霸”是唐宋间许多学者重视的四个主要内容,[③]《孟子》的升格,其理论主要就是围绕这四个方面进行阐释或发明的。这使得《孟子》在宋代获得了前所未有的关注,并逐渐摆脱“子”的身份,成为“经”的组成部分。

一、《孟子》兼经课程的形成

宋初,《孟子》依然居于子部之列,未入“经类”。当时朝廷明经考试的教材依然是唐时颁布的“九经”,太学孔庙配享,孟子也被排除在外。北宋明经科的重建,基本上延续唐制。进士科学习的内容为诗、赋、论、《论语》、《春秋》、《礼记》等,其他科目则有“九经”、“五经”、开元礼、“三史”、“三礼”、“三传”、学究(包括《毛

---

① 周予同. 中国经学史讲义(外二种)[M]. 上海:上海人民出版社, 2012: 59-60.

② 徐洪兴. 思想的转型——理学发生过程研究 [M]. 上海:上海人民出版社, 1996: 111.

③ 同上: 115.

诗》《论语》《尔雅》《孝经》《周易》《尚书》)、明法等。在这一制度重建过程中,《孟子》似乎并未受到特别的重视。《孟子》仍然是作为经书之外的内容来学习的。不过,在宋仁宗时期,《孟子》曾经作为科举考试的内容出现过。庆历二年(1042年)的"才识兼茂科"中,有一题为"经正则庶民兴",出自《尽心下》。李觏参加了这一年的考试,但因不喜《孟子》,唯独此题不知如何作答。[①]这一方面表明,《孟子》在宋代初期实际上已经得到统治阶层的认可,被作为科举考试的试题内容;另一方面,李觏不喜《孟子》也说明当时《孟子》的思想并未得到士人阶层的普遍认可,"非孟"的情况时常发生。到了宋神宗时期,《孟子》正式成为"经",其课程地位也在政府一系列的制度变革中不断变化,逐渐从汉唐时期的辅经课程,转变成为专经课程。而在成为专经课程之前,《孟子》首先经历了较长时间的兼经课程阶段,其中宋代政府几个政令的颁布直接影响《孟子》成为兼经课程(见表3-1)。

表3-1 《孟子》兼经课程发展一览表

时间	种类	考试内容	考核方式
熙宁四年(1071年)	大经	士各占治《易》《诗》《书》《周礼》《礼记》一经。	每试四场,初大经,次兼经,大义凡十道,后改《论语》《孟子》义各三道。
	兼经	《论语》《孟子》	
元祐四年(1089年)	诗赋进士	于《易》《诗》《书》《周礼》《礼记》《春秋左传》内听习一经。	初试本经义二道,《语》《孟》义各一道,次试赋及律诗各一首,次论一首,末试子、史、时务策二道。

① 董洪利.孟子研究[M].南京:江苏古籍出版社,1997:209.

续　表

<table>
<tr><th>时间</th><th colspan="2">种类</th><th>考试内容</th><th>考核方式</th></tr>
<tr><td rowspan="5">元祐四年（1089年）</td><td rowspan="5">专经进士</td><td rowspan="4">大经</td><td>《诗》(并兼《书》)</td><td rowspan="5">须习两经；愿习二大经者听，不得偏占两中经。初试本经义三道，《论语》义一道，次试本经义三道，《孟子》义一道，次论策，如诗赋科。</td></tr>
<tr><td>《礼记》(并兼《书》)</td></tr>
<tr><td>《周礼》(得兼《仪礼》或《易》)</td></tr>
<tr><td>《左氏春秋》(得兼《公羊》《穀梁》《书》)</td></tr>
<tr><td>中经</td><td>《书》《易》《公羊》《穀梁》《仪礼》</td></tr>
<tr><td rowspan="2">绍兴六年（1136年）</td><td colspan="2">兼诗赋</td><td>于《易》《诗》《书》《周礼》《礼记》《春秋》正经内治一经，仍兼习《论语》《孟子》。</td><td>第一场经义二道，《论语》或《孟子》义一道；第二场律赋一首，律诗一首；第三场论一首；第四场子史时务策二道。</td></tr>
<tr><td colspan="2">不兼诗赋</td><td>治《易》《周礼》，或治《礼记》《诗》，或治《春秋》《书》。各治两经，仍兼习《论语》《孟子》。</td><td>第一场《易》《诗》《书》经义三道，《论语》义一道；第二场《周礼》《礼记》《春秋》经义三道，《孟子》义一道；第三场论一首；第四场子、史、时务策二道。</td></tr>
</table>

资料来源：〔元〕脱脱，等. 宋史 [M]. 中华书局编辑部，点校. 北京：中华书局，1985: 3603–3625. 因研究需要，有所改动。

熙宁四年（1071年）的政令中明确提出了“兼经”这一概念。所谓“兼经”，主要是指在进士、明经等考试中，除本经外，士子还需兼考一种或几种经书。[①] 具体而言，所有参加科举考试的人，可以从大经中任选一经“修治”，而《论语》《孟子》则必须全考。这样一来《论

① 关于“兼经”制度的考证，详见：程苏东.《孟子》升经考——并论两宋正经与兼经制度 [J]. 中华文史论丛，2010(03): 137–167+397.

语》《孟子》虽然是“兼经”，但实际上却有着比“大经”更重要的学习价值。而元祐四年（1089 年）以及绍兴六年（1136 年）的政令则进一步巩固了《论语》《孟子》作为“兼经”的地位。不只是“经义”“诗赋”科要学习《孟子》，其他科目也要学习《孟子》，比如在书学考试中，“书学生，习篆、隶、草三体，明《说文》《字说》《尔雅》《博雅》《方言》，兼通《论语》《孟子》义，愿占大经者听”①。此类规定，又使得《论语》《孟子》具有了“通修”课程的性质。

在“熙宁变法”之前，以《论语》《孝经》作为兼经的制度从隋唐时期开始已经存在了数百年。早在汉代，《论语》《孝经》就已经成为“七经”当中的一部分。汉代标榜“以孝治天下”，对《孝经》极力推崇，清人简朝亮在《读书堂答问》一书中记载：“汉制，《孝经》置博士，此孝文帝时也。其后以《五经》博士统之，凡通《五经》者，皆兼《孝经》也。”②《论语》《孝经》均为记载孔子言论的解经之作，又是当时学校的诵习之书，其地位之重要可想而知。唐代对《孝经》的表彰也最为隆重，唐玄宗作《孝经注》颁行天下，又“诏天下家藏《孝经》”③，考试通经者无论通二、三、五经，均应兼通《孝经》，都表明了《孝经》在当时是一种通修课程。

熙宁年间，王安石开始推行新法（“熙宁变法”），其目的是通过富国强兵以巩固赵宋王朝的统治。其中涉及教育与考试改革的新法，颁行于宋神宗熙宁四年（1071 年），改革的具体措施为：“罢诗赋、帖经、墨义，士各占治《易》《诗》《书》《周礼》《礼记》一经，兼《论语》《孟子》。”④与宋初相比，此举在考试安排、课程设置等方面出现三个变

---

① 〔元〕脱脱，等. 宋史 [M]. 中华书局编辑部，点校. 北京：中华书局，1985: 3688.

② 〔清〕简朝亮. 孝经集注述疏 [M]. 周春健，校注. 上海：华东师范大学出版社，2011: 127.

③ 〔宋〕欧阳修，宋祁. 新唐书 [M]. 中华书局编辑部，点校. 北京：中华书局，1975: 144.

④ 〔元〕脱脱，等. 宋史 [M]. 中华书局编辑部，点校. 北京：中华书局，1985: 3618.

化：一是诗赋、帖经、墨义等考试形式被取消；二是原作为正经课程的《春秋》《仪礼》被取消；三是原“《论语》+《孝经》”的“兼经”课程组合，变为“《论语》+《孟子》”的课程组合。

对于这些变化，王安石逐一给出理由。对于“诗赋”，王安石认为士子学人在年轻之时“正当讲求天下正理”，不应“闭门学作诗赋”，否则其结果是“世事皆所不习，此科法败坏人材”，[①] 故“诗赋”不适合人才的培养与科举选拔的要求，帖经、墨义亦是如此。对于《春秋》，王安石认为《春秋》为“断烂朝报”[②]，对《仪礼》的成书也表示怀疑，故将二书排除。对于《孝经》，王安石则认为其内容“浅近”[③]，科举考试不宜再列。这里需要指出的是，诗赋、《春秋》、《仪礼》在十余年后的“元祐更化”中均得以恢复，而唯独《孝经》未能恢复，《孟子》取代《孝经》已成事实，无论是对《孟子》还是对《孝经》来说，其影响不可谓不大。

第一，《孝经》在汉唐时期的经学教育中具有相当稳固的地位，并以“《论语》+《孝经》”的组合方式发挥作用。汉人十分重视《孝经》，并使之成为具有普遍意义的教育内容，正所谓“汉制使天下诵《孝经》，选吏举孝廉”[④]。汉武帝独立五经博士之前，《孝经》与《论语》《孟子》《尔雅》一起“皆置博士”，成为学校教育中的重要课程。而汉武帝罢传记博士，立五经博士，并未降低《论语》《孝经》的影响，而是将其作为基础课程来传习，“《论语》《孝经》者，汉中学之科目”[⑤]。在“五经”课程体系中，《论语》与《孝经》作为“五经”之羽翼，已经具有“兼

① 〔元〕脱脱，等. 宋史 [M]. 中华书局编辑部，点校. 北京：中华书局，1985: 3617.

② 〔明〕陈邦瞻. 宋史纪事本末 [M]. 北京：中华书局，1977: 371.

③ 〔明〕朱鸿.《孝经》考 [M]// 王玉德.《孝经》与孝文化研究. 武汉：崇文书局，2009: 468.

④ 〔南朝宋〕范晔. 后汉书 [M].〔唐〕李贤，等，注. 中华书局编辑部，点校. 北京：中华书局，1965: 2051.

⑤ 王国维. 汉魏博士考 [M]// 王国维. 观堂集林（外二种）[M]. 石家庄：河北教育出版社，2003: 86.

经”的性质，即要学“五经”，须先学《论语》与《孝经》。

到了唐代，《论语》《孝经》的“兼经”地位得以规范与确立，《唐六典》载：“正经有九：《礼记》《左传》为大经，《毛诗》《周礼》《仪礼》为中经，《周易》《尚书》《公羊》《穀梁》为小经。……其《孝经》《论语》并须兼习。”在唐代所构建的按照“大经、中经、小经”次序排列的“五经”课程体系中，《论语》《孝经》既是“兼经”课程，同时也是“通修”课程，王公大臣、士子文人皆须学习，并有相对明确的学习程式安排，“每岁明经一准《孝经》《论语》例试于有司”①。由此观之，“《论语》+《孝经》”的课程组合在“五经”主导下的经学课程体系中显得格外闪耀。

第二，需要用《孟子》来取代《孝经》，表明《孝经》与《孟子》本身都出现了不可规避的“问题”。《孝经》的“问题”主要有三个方面：其一，《孝经》正文仅一千八百余字，不只与《孟子》相比，就是与其他字数较少的经书相比（如《论语》等），《孝经》的篇幅也是最短的，而科举考试中的帖经、墨义等，尤受经书字数限制，对于《孝经》来说，在命题中就难以体现人才选拔的广度与难度；其二，《孝经》的内容浅近，这是王安石将《孝经》排除正经之外的主要原因。与王安石有明显政见分歧的司马光也曾言：“今若使之习《孝经》《论语》，倘能尽期年之功，则无不精熟矣。此乃业之易习者也。”②司马光虽因政见不同而支持《孝经》，否定《孟子》，但他同时认为《孝经》《论语》在年幼之时就可“精熟”，可以作为童蒙教材与课程来学习；其三，《孝经》的作者存疑。关于《孝经》的作者约有七种不同说法：孔子作、孔子门

① 〔后晋〕刘昫，等. 旧唐书 [M]. 中华书局编辑部，点校. 北京：中华书局，1975: 99.

② 〔宋〕司马光. 再乞资荫人试经义札子 [M]//〔宋〕司马光. 司马温公集编年笺注（第 4 册）. 成都：巴蜀书社，2009: 31.

人作、曾子作、曾子门人作、子思作、齐鲁间陋儒作、孟子门人作。[①] 宋代较为流行的观点是《孝经》为曾子门人所作，如朱熹在《孝经刊误》中指出："此一节夫子、曾子问答之言，而曾氏门人之所记也。"[②]《孝经》的作者存疑，尤其是其作者是否为孔子，决定其在经学传承中是否具有合法地位，而孟子作为孔子继承人的身份在宋代得以强化和确立。

《孟子》的"问题"在于其"经"的身份是在不断的质疑与争夺中得以确认的。汉时《孟子》曾与《论语》《孝经》一并置传记博士，虽不久被罢，但《孟子》作为"辅翼"经书的课程得以传习。唐宋间不断有人尝试将《孟子》列入经学课程之中，如赵匡在《举选议》中提议将《孟子》与《荀子》《管子》《墨子》等诸子之学举为"茂才"，促使其成为科举考试的一部分；杨绾也直接提出将《论语》《孝经》《孟子》兼为一经，将《孟子》与《论语》《孝经》提到同等层面；皮日休则是上疏《请以孟子为学科》，在一定程度上推动了《孟子》地位的升迁；韩愈更是将《孟子》抬高至"道统"地位，认为"尧以是传之舜，舜以是传之禹，禹以是传之汤，汤以是传之文、武、周公，文、武、周公传之孔子，孔子传之孟轲。轲之死，不得其传焉"[③]。韩愈用"道统"这一清晰化的表达，来凸显儒家思想的正统地位，这既促成《孟子》正统身份的"复归"，也是韩愈为《孟子》的"经书"正统地位提供的有力佐证，《孟子》与《论语》的承袭关系因此得到明确，《孟子》也理应成为"经"的一部分。

---

① 舒大刚. 至德要道：儒家孝悌文化 [M]. 济南：山东教育出版社，2012: 179.

② 〔宋〕朱熹. 孝经刊误 [M]//〔宋〕朱熹. 朱子全书（第 23 册）. 上海 / 合肥：上海古籍出版社 / 安徽教育出版社，2002: 3205.

③ 〔唐〕韩愈. 韩昌黎文集校注 [M]. 上海：上海古籍出版社，1986: 20.

二、争论中的《孟子》兼经课程

《孝经》被《孟子》取代，对于传统经学课程来说是一次力度较大的调整。实际上，从宋朝建立到“熙宁变法”前的百余年间，《孝经》的地位还相当稳固，太宗、真宗、仁宗等帝王对《孝经》极力推崇。如淳化五年（994 年），宋太宗增刻《孝经义疏》；咸平三年（1000 年），宋真宗命邢昺等修纂《孝经正义》；大中祥符八年（1015 年），宋真宗作《孝经诗》三章赐予群臣；天圣二年（1024 年），宋仁宗召集群臣宣讲《孝经》，命王洙书《孝经》四章，列置左右，又命国子监取《孝经》为篆隶二体刻石两楹，以便推广。而到熙宁四年（1071 年），《孝经》被王安石剔除“正经”的行列，这一“突然之举”，势必会引起以维护传统为己任的士大夫阶层的不满与争论。当然，这种不满与争论在“熙宁变法”期间并未产生波澜，在宋神宗的坚持下，大部分改革得以推行，其中涉及“《论语》+《孟子》”的课程安排与考试方式也得以执行，譬如熙宁五年（1072 年）“癸亥，知制诰王益柔兼判礼部贡院。试法分四场，除第三、第四场策论如旧，其第一场试本经五道，第二场《论语》《孟子》各三道”①，熙宁十年（1077 年）“诏宗室大将军以下，有通一经兼《论语》《孟子》者，二年一许投状乞试”②。

哲宗即位后，司马光、吕公著等人随即开始罢除“熙宁变法”的一系列措施，史称“元祐更化”。针对学校教育与科举考试，司马光指出：“王安石不当以一家私学欲掩盖先儒，令天下学官讲解及科场程试，同己者取，异己者黜。……又黜《春秋》而进《孟子》，废六艺而尊百家。

① 〔宋〕李焘. 续资治通鉴长编（第 11 册）[M]. 上海师范大学古籍整理研究所，华东师范大学古籍整理研究所，点校. 北京：中华书局，1985: 5677.

② 〔宋〕李焘. 续资治通鉴长编（第 13 册）[M]. 上海师范大学古籍整理研究所，华东师范大学古籍整理研究所，点校. 北京：中华书局，1986: 6923.

加之但考校文学，不勉励德行，此其失也。”[①]因此司马光提出了一份具有明显针对性的改革意见：“伏睹朝廷改科场制度。第一场试本经义；第二场试诗赋；第三场试论；第四场试策；新科明法，除断案外，试《论语》《孝经》义。奉圣旨，令礼部与两省、学士、待制、御史台、国子监司业集议闻奏。”[②]在这份改革意见中，司马光将矛头指向取代《孝经》的《孟子》。首先，司马光否定《孟子》作为经书的合法性，认为“《孟子》止为诸子，更不试大义。应举者听自占习三经”[③]，《孟子》只是子书，不应成为科举考试的内容，学生只需在平日自主选择研习。司马光否定《孟子》，还体现在其所撰的《疑孟》一文中，他认为“《孟子》书非轲之言”，在怀疑《孟子》一书作者真实性的同时，还对孟子的思想与行止，展开抨击。其次，司马光认为“《论语》+《孝经》”的课程组合仍需延续，“三经以上多少随意，皆须习《孝经》《论语》”[④]，表明司马光对《孝经》的支持态度。再次，司马光对考试内容提出具体规划：“第一场先试《孝经》《论语》大义五道，内《孝经》一道、《论语》四道，……次场试《尚书》，次场试《周礼》，次场试《仪礼》，次场试《礼记》，次场试《春秋》，次场试《周易》大义，各五道。”[⑤]司马光对“熙宁变法”中的考试内容进行重新调整，《孝经》《春秋》《仪礼》复归其位，《孟子》则被剔除在外。可见，司马光对《孟子》的质疑颇深，并希望从政治层面做出相应的干预。

不过，司马光并未将这份奏稿直接呈上，而是先征求范仲淹之子范纯仁的意见。范纯仁虽反对王安石变法，认为“王安石立法过甚，激

---

①④〔宋〕司马光. 起请科场札子 [M]//〔宋〕司马光. 司马温公集编年笺注 (第 4 册). 成都 : 巴蜀书社 , 2009: 274.

② 同上 : 273.

③ 同上 : 275.

⑤〔宋〕司马光. 司马温公集编年笺注 (第 4 册)[M]. 成都 : 巴蜀书社 , 2009: 276.

以赏罚，故官吏急切，以致害民”[1]，但并不否认《孟子》的价值，针对司马光以《孝经》替换《孟子》的意见，范纯仁认为：“既欲不废文章，则杂文四六之科，不若设在众人场中，不须别设一科也。《孟子》恐不可轻，犹黜六经之《春秋》矣。”[2]这表明范纯仁在“《孟子》取代《孝经》”的问题上，持肯定的立场，而司马光以“欣纳之”的态度接受了范纯仁的建议。

当然，希望《孝经》能够回归经学课程的不只有司马光，吕大临在《上哲宗论选举六事》中也曾指出：“凡明经必兼治《孝经》《论语》《孟子》。”[3]与司马光不同的是，吕大临认为《孝经》《孟子》均应保留。持相同意见的还有程颐，他说：“武学制。看详所治经书有《三略》《六韬》《尉缭子》，鄙浅无取。今减去，却添入《孝经》《论语》《孟子》《左氏传》言兵事。”[4]也表明《孝经》《论语》《孟子》等不应只是兼经课程，而且也应该发挥专经课程的教育功效。

不论是用《孟子》取代《孝经》，还是要求《孝经》的回归，抑或是二者均应保留，这场论争在元祐四年（1089年）的诏令中终落帷幕。从诏令中可以看出，在“熙宁变法”中被废除的诗赋、《春秋》、《仪礼》均得以恢复，《论语》《孟子》依旧是“兼经课程”，《孝经》并未在争论中实现“复归”。归其原因，《孟子》在“熙宁变法”之后地位与日提升，虽有“疑孟”“非孟”之说，但均被官方压制，例如建炎三年（1129年），高宗对晁说之言：“是尝著论非孟子者。孟子发明正道，说

① 〔元〕脱脱，等. 宋史 [M]. 中华书局编辑部，点校. 北京：中华书局，1985: 10289.

② 〔宋〕李焘. 续资治通鉴长编（第27册）[M]. 上海师范大学古籍整理研究所，华东师范大学古籍整理研究所，点校. 北京：中华书局，1992: 8979-8980.

③ 〔宋〕吕大临. 上哲宗论选举六事 [M]//〔宋〕赵汝愚. 宋朝诸臣奏议（上）. 上海：上海古籍出版社，1999: 871.

④ 〔宋〕吕大临. 上哲宗三学看详条制 [M]//〔宋〕赵汝愚. 宋朝诸臣奏议（上）. 上海：上海古籍出版社，1999: 863.

之何人,乃敢非之！可进一官致仕。”[①]又如开禧元年（1205年）刘德秀和李壁在《乞罢何致奏》中说：“高宗朝郑厚作《艺圃折衷》诋孟子，有‘卖仁义’等语。臣僚论列，特降指挥不得与学官、试官差遣，仍下所属劈版,所以杜讪上之萌也。”[②]持“非孟”“疑孟”态度的官员,其结果是降品级甚至罢官。

总之,《孟子》与《孝经》经学课程地位的互换，是宋代对经学课程作出的一种适应性调整。《孟子》与《孝经》在政治化倾向的教育变革中发生教育与学术地位的升降，这是促成《孟子》取代《孝经》的主要原因。但同时，唐宋以来的士大夫重新审视、评价《孟子》，在发掘其真正价值的同时，也在有意抬高其地位与影响。用《孟子》取代《孝经》，以及由此引发的连锁反应——“四书”的出现，从思想层面来看，是理学对经学的一种重塑与新变过程；从制度层面来看，是新经学课程体系对传统课程体系的一种调整与更新。这种调整与更新既影响了教育内容与方法的变革，也为人才培养提供了新的依据与要求。

第二节 《孟子》成为“四书”课程

一、“四书”课程的形成

“五经”从确立之初就一直是学校教育中的核心课程。不过，“五经”各经之间的篇幅和难易程度不一，学生在学习过程中遇到很多困境，学校也在不断调整“五经”（或“九经”）的课试难度：“‘三

① 〔宋〕李心传. 建炎以来系年要录(第1册)[M]. 北京：中华书局，1985: 296.
② 曾枣庄，刘琳，主编. 全宋文(第254册)[M]. 上海/合肥：上海辞书出版社/安徽教育出版社，2006: 319.

礼’‘三传’及《毛诗》《尚书》《周易》等，并圣贤微旨，生徒教业，必事资经远，则斯文不坠。今明经所习，务再出身，咸以《礼记》文少，人皆竞读，《周礼》经邦之轨则，《仪礼》庄敬之楷模，《公羊》《穀梁》，历代崇习。今两监及州县以独学无友，四经殆绝，事资训诱，不可因循。其学生望请各量配作业，并贡人参试之，日习《周礼》《仪礼》《公羊》《穀梁》，并请帖十通五，许其入策，以此开劝，即望四海均习，九经该备。”① 既然“经”的学习、考试相对困难，那么调整难度是对策之一，编订入门或辅助学习材料同样也是适用的对策，“四书”的出现很好地解决了人们在学习“五经”时所遇到的困难。

张载首次将《论语》《孟子》《大学》《中庸》四本书并提，可以说是为“四书”的形成奠定了基础。他说：“学者信书，且须信《论语》《孟子》。《诗》《书》无舛杂，《礼》虽杂出诸儒，亦若无害义处，如《中庸》《大学》出于圣门，无可疑者。”② 张载将《论语》《孟子》《大学》《中庸》放在一起探讨，说明四本书之间是有内在关联的，但张载并没有明确提出“四书”的概念。而二程则直接表彰《大学》《中庸》，并将其与《论语》和《孟子》并列，于是“上自帝王传心之奥，下至初学入德之门。融会贯通，无复余蕴”③。二程对“四书”的提倡，使得“四书”的基本框架确定下来，二程认为“四书构成了一完整的儒家心性论体系，这个四书的内在结构是：《中庸》是讲‘理’的，《大学》是入德之门，《语》《孟》彰显孔孟之道”④。朱熹继承二程建构的“四书”构架，以“章句”“集注”的形式分别对四本书进行理学阐释，合称为

① 〔宋〕王钦若，等. 册府元龟 [M]. 南京：凤凰出版社，2006: 7390.

② 〔宋〕张载. 张载集 [M]. 章锡琛，点校. 北京：中华书局 1978: 277.

③ 〔元〕脱脱，等. 宋史 [M]. 中华书局编辑部，点校. 北京：中华书局，1985: 12710.

④ 束景南，王晓华. 四书升格运动与宋代四书学的兴起——汉学向宋学转型的经典诠释历程 [J]. 历史研究，2007(05): 76-94+190-191.

《四书章句集注》，并于绍熙元年（1190年）首次在漳州刊行。至此便有了“四书”之名，与此同时，“四书”体系也建立了起来。在“四书”体系当中，每本书都发挥着不同的作用，并且有机地联系在一起，构成一个统一的整体，“《大学》的间架是三纲八目，《论语》的根本是仁以贯之，《孟子》的精微在养心知天，《中庸》的高妙在诚意正心；它们依次结合，正好构成了一种涵盖哲学、伦理学、政治学等各个领域的、开放而完整的思想体系与理论模式”[①]。可见，“四书”并不单单是四本书的集合，而是具有严密逻辑体系的有机整体。朱熹的《四书章句集注》，建立起了由孔子的《论语》、曾子的《大学》、子思的《中庸》、孟子的《孟子》四本书构建的道统传承关系，朱熹也借此重新诠释了儒学的发展过程。

朱熹编订“四书”，其重要意义在于为“五经”配“四书”，形成对后世影响深远的“四书五经”体系。这一体系的创立，是宋代理学得以形成的一个重要前提。“四书”成为名副其实的经典，也成为理学的代名词。何怀宏指出，朱熹注“四书”的推陈出新之处有二：“一是明确以四书为诸经精华并引为入学初阶；二是通过其功底深厚的诠释，不仅进一步澄清了字句之含义，更重要的是提升了四书内容的超越性和丰富性，使之有了更为高远精致的义理发挥空间。”[②]在“四书”形成之前，“五经”之学已经历千余年的发展演变。从汉代以来奉行的“五经”体系，到魏晋玄学的冲击，再到隋唐“疏不破注”的限制，“五经”的权威性逐渐受到质疑。尤其是从中唐开始，疑经辨伪之风盛行，力图通过义理与考据获得对经典的重新认识成为当时学者们共同追求的目标，从

---

① 周光庆. 通往中国语言哲学的小路——周光庆自选集 [M]. 武汉：华中师范大学出版社，2011: 177.

② 何怀宏. 选举社会及其终结——秦汉至晚清历史的一种社会学阐释 [M]. 北京：生活·读书·新知三联书店，1998: 175.

此时起“四书”的地位开始悄然提升，而《孟子》在其中扮演了至关重要的角色。韩愈对《孟子》的推崇，既是《孟子》在宋代升格的重要环节，也为“四书”的形成埋下了伏笔。禅佛心性之学在唐宋之际对儒学话语体系的挑战，使得学者们努力寻找和阐释儒家原典中的心性问题。朱熹面对这种挑战，作出了积极的回应。

朱熹撰成《四书章句集注》，提升了《孟子》的地位。到嘉定五年（1212 年），刘爚奏准将朱熹《论语孟子集注》定为官方之学。几乎同一时间，目录学家陈振孙正式从目录学上将《孟子》由“子部”升入“经部”，他在《直斋书录解题》中表示：“今国家设科，《论》《孟》并列于经，而程氏诸儒训解二书常相表里，故合为一类。”至此，《孟子》的“升经”过程宣告完成。可见朱熹的《四书章句集注》对于《孟子》的“升经”起着十分重要的作用。《孟子》并入“四书”，不仅奠定了《孟子》“经”的身份与地位，也促使经学教育的内容出现新的转向，即由重“五经”转向重“四书”，这从《朱子语类》的编排布局中可以看出。钱穆曾说：“朱子卒，其门人编集《语类》，亦四书在先，五经在后。《语类》一百四十卷，四书部分共占五十一卷，当全书篇幅三分之一以上。五经部分二十六卷，仅约四书部分篇幅之半。其他《语类》各卷，涉及四书，亦远胜其涉及五经。亦可谓宋代理学，本重四书过于五经，及朱子而为之发挥尽致。”① 从朱熹门人编集的《朱子语类》中可以看出“四书”的比重大于“五经”，这种现象在宋以后的数百年里一直是经学教育的基本特点，并得到广泛的认同。与“五经”课程相对应的“四书”课程也逐步形成。

总之，《孟子》的“升经”，是在多种因素的共同作用下完成的，韩愈首倡孟子为“道统”的传人，开《孟子》入经的先河；宋代理学家，

---

① 钱穆. 钱宾四先生全集 (第 14 册)[M]. 台北 : 联经出版事业公司 , 1998: 202.

从理论的层面论证孟子“道统”的合理性，将其与《论语》《大学》《中庸》归并到一起，形成“四书”这一新的学术思想体系，《孟子》“经”的身份得以显现；宋代官方意志的支持，如王安石变法将《孟子》列入科举考试的范畴之内，宋真宗、宋神宗、宋徽宗、宋高宗等对《孟子》的大加推崇，为《孟子》的入经提供了官方支持。至此，《孟子》正式以“经”的身份进入官方教育体系，成为专经课程，也是“四书”课程。

二、理学与《孟子》的传授

唐代韩愈构建出儒家道统学说，其主要目的是使儒家思想在与佛、道的斗争中取得胜利。宋代理学家十分提倡韩愈的道统说，也是希望借道统说来重塑儒学，恢复儒学的正统地位。宋代理学家在这一过程中逐渐意识到自身理论的缺陷，儒学本身并没有形成像佛、道那样较为完备的思想体系，借鉴佛、道思想的理论精华与从儒家自身已有的资源中寻找理论依据，也就成为宋代理学家努力的方向。《孟子》中包含的心性说，与佛、道思想具有一定的相通之处，而且孟子本身的道统地位在韩愈的提倡下已经确立，因而《孟子》进入了宋代理学家的视线。理学家们在其言说与著述中表示：“称孟子而颂之，引《孟子》以明理，尊奉之辞。”[①]《孟子》一书也伴随着理学的兴盛在教育领域得到广泛传播，在宋代的私学与书院教育中，《孟子》是重要的教学内容。

比如，以孙复、石介为代表的泰山学派十分推崇孟子。孙复在《兖州邹县建孟庙记》中说：“孔子既没，千古之下，攘邪怪之说，夷奇险之行，夹辅我圣人之道者多矣。而孟子为之首，故其功钜。”其弟子石介也说：“孔子既没，微言遂绝。杨、墨之徒，榛塞正路。孟子正人心，

① 董洪利. 孟子研究 [M]. 南京 : 江苏古籍出版社 , 1997: 203.

息邪说，距诐行，放淫辞，以辟杨、墨；说齐宣、梁惠王七国之君，以行仁义。”[①] 孙复、石介师徒都强调孟子辟异端之功，并肯定孟子是“道统”链条中继孔子之后的首要环节。孙复曾任国子监直讲、殿中丞等职，石介也曾任国子监直讲，二人在当时的教育界均有较高声望，他们对《孟子》的推崇也最为直接地提升了《孟子》在当时的地位与影响，为《孟子》升经起到积极作用。

又如，“关学”的代表张载言：“要见圣人，无如《论》《孟》为要。《论》《孟》二书于学者大足，只是须涵泳。”[②] 又言：“学者信书，且须信《论语》《孟子》。……《礼》虽杂出诸儒，亦若无害义处，如《中庸》《大学》出于圣门，无可疑者。”[③] 张载把《孟子》看作儒家的真传，并与《论语》《大学》《中庸》并提，既抬高了《孟子》的地位，也影响了“四书”的形成。张载对《孟子》的传授所作的另一贡献是著有《孟子解》，虽然该书已经亡佚，但仍可见张载在日常教学中以《孟子》为教学内容的事实。

在宋代的主要学派中，“洛学”“闽学”与《孟子》的关系最为密切。“洛学”是指以程颢、程颐为代表的学派，“闽学”是指以朱熹为首的学派。“洛学”又可细分为程颢的“明道学派”与程颐的“伊川学派”。程颢的学说本于孟子，也吸收了道家庄子、佛教禅宗的思想。程颐的思想为朱熹所继承和发展。

（一）二程与《孟子》的传授

二程十分强调《孟子》在为学过程中的重要性：“学者先须读《论》

---

① 〔宋〕石介. 徂徕石先生集 [M]. 陈植锷，点校. 北京：中华书局，1984: 162.

② 〔宋〕张载. 张载集 [M]. 章锡琛，点校. 北京：中华书局，1978: 272.

③ 同上：277.

《孟》。穷得《论》《孟》，自有要约处，以此观他经，甚省力。《论》《孟》如丈尺权衡相似，以此去量度事物，自然见得长短轻重。”[①] 二程在此对《论语》《孟子》有两种定位：第一是视《论语》《孟子》为群经之首，要求学者首先攻读；第二是把《论语》《孟子》视为衡量一切事物的标准。这也将《孟子》抬到了很高的位置上。二程在教学活动中往往将《孟子》作为重要的教学内容。从其门人纂集的语录中可以看出，二程在日常讨论、讲授中涉及《孟子》的内容较多。

从教学的特点来看，二程有明显的风格上的不同。程颢（明道）较为缓和，而程颐（伊川）则较为直接，“明道先生每与门人讲论，有不合者，则曰：‘更有商量。’伊川则直曰：‘不然。’”[②]。在教学方法上，程颢较为注重解释的广泛性，规模宏阔；程颐则更精确而严谨。比如，程颢在解释《孟子》中的“仁义”思想时，以放之四海而皆准的气势说明“仁义”的重要；程颐在解释“仁”思想时，通过一步步推进来说明“仁”的本质属性。总之，二程通过不同的方式传授《孟子》，其门人、弟子也深受影响，对“义理”阐释下的《孟子》传承发挥着重要的作用。

陈钟凡在《两宋思想述评》中说：“程门学者，交遍中国，洛学遂为天下所宗仰。后人以明道之门，互师伊川，统称二程；实则二程自有异同，故门弟子各得其性之所近，造诣互殊。高弟如谢良佐、杨时、游酢、吕大临，世所称程门四先生者也；其影响最著者尤推杨谢。良佐学近明道，为陆学之前驱；杨时一传为罗从彦，再传为李侗，三传而朱熹出焉。”[③] 谢良佐、杨时、游酢、吕大临等程门弟子皆有与《孟子》有关的作品传于世，如吕大临的《孟子讲义》、杨时的《孟子义》、游酢的

① 〔宋〕程颢，程颐. 二程集 [M]. 王孝鱼，点校. 北京：中华书局，2004: 205.

② 同上：428.

③ 陈钟凡. 两宋思想述评 [M]. 北京：东方出版社，1996: 133.

《孟子杂解》《孟子解义》等。这说明程门弟子在《孟子》传授过程中起着重要的作用。

（二）朱熹与《孟子》的传授

朱熹对《孟子》传授所起到的作用是不言而喻的。朱熹晚年在福建考亭（今福建南平市建阳区）讲学，对儒家经典作了系统阐述，并重点对“四书”作了集注，先后完成《四书章句集注》《论语精义》《孟子精义》《仪礼经传通解》《太极图说解》《西铭解》等著作。这些成果既是朱熹讲学的基础，也是其学术思想的渊源。

《孟子》在朱熹的为学之序中占有特殊的位置。“程朱对《论语》的了解，主要取径于《孟子》一书，以《孟子》一书为主，然后再融会《易传》与《礼记·中庸》《乐记》等篇。”[①]《孟子》是学习《论语》的基础书籍，是“《论语》之阶梯”，同时《孟子》又可融会《中庸》《大学》等篇，所以朱熹又为“四书”的学习作了排序：“先看《大学》，次《语》《孟》，次《中庸》。”[②]朱熹的“四书”学习次序，是依据“四书”的思想内涵与学习理解上的难易程度来排定的。

早年，“四书”的学习次序并未引起朱熹的重视，他的提法也十分随意，到其晚年才逐渐形成学习“四书”的先后次序。[③]而《学》《论》《孟》《庸》的次序也并未在朱熹于绍熙元年（1190年）首次刊行的

---

① 黄彰健．了解《论语》的方法，并简论汉宋学派对《论语》的解释[M]// 周予同，朱维铮，等．论语二十讲．北京：华夏出版社，2009: 373-374.

② 〔宋〕朱熹．朱子语类[M].〔宋〕黎靖德，编．王星贤，点校．北京：中华书局，1986: 249.

③ 郭齐在《朱熹“四书”次序考论》一文中指出，朱熹在早年提到“四书”时，次序十分随意，或称《大》《论》《孟》《中》，或称《大》《中》《论》《孟》，或称《论》《孟》《大》《中》，或称《大》《论》《中》《孟》，或称《论》《孟》《中》《大》，或称《中》《大》《论》《孟》，或称《论》《中》《大》《孟》，或称《论》《大》《中》《孟》。参见：郭齐．朱熹《四书》次序考论[J]. 四川大学学报（哲学社会科学版），2000(06): 93-96.

“四书”以及淳熙九年（1182 年）首次刻印的《四书集注》中得到体现。[①] 但朱熹对《学》《论》《孟》《庸》学习次序的规定却是非常明确的。朱熹强调：“某要人先读《大学》，以定其规模；次读《论语》，以立其根本；次读《孟子》，以观其发越；次读《中庸》，以求古人之微妙处。”[②] 朱熹的这种规定，将四种书按照性质进行排列，把《大学》看作纲领，是“初学入德之门”，理应列于首位；把《中庸》看作精髓，列于最后；中间则以《论语》《孟子》相互印证。此外，朱熹的“四书”学习次序，还包含了两层含义。一是遵循先易后难、循序渐进的原则。朱熹按照阅读的难易程度说明这种排序的合理性：“《大学》一篇，有等级次第，总作一处，易晓，宜先看。《论语》却实，但言语散见，初看亦难。《孟子》有感激兴发人心处。《中庸》亦难读，看三书后，方宜读之。”[③] 二是按照道学思想的内在逻辑与结构来安排，即朱熹在《大学或问》中所说“不先乎《大学》，无以提挈纲领而尽《论》《孟》之精微；不参之《论》《孟》，无以融会贯通而极《中庸》之归趣”。“四书”之间因内在的关系而形成统一的整体，其先后顺序不可倒置，这也体现出朱熹“四书”学习次序的特色。

《孟子》在朱熹的“四书”学习次序中排在第三，位于《论语》之后。朱熹认为《孟子》的篇幅较长，论辩的特征明显，“《孟子》每章或千百言，反复论辨，虽若不可涯者，然其条理疏通，语意明洁，徐读而以意随之，出入往来以十百数，则其不可涯者，将可有以得之

① 朱熹在绍熙元年(1190 年)首次刊行的“四书”，采用了《学》《论》《中》《孟》的次序，在淳熙九年(1182 年)刻印的《四书集注》中则采用《学》《庸》《论》《孟》的次序。徐德明在《〈四书章句集注〉版本考略》中认为，朱熹生前单独刊刻的《论》《孟》《学》《庸》要比四者合刻的次数多，而且合刻的四本部书关系比较松散，可以合为一编，也可分之单行。因此，后世出现的不同版本的《四书章句集注》，有人为因素进行重新的排列，并未反映朱熹对于“四书”学习次序的规定。参见：徐德明.《四书章句集注》版本考略 [J]. 华东师范大学学报(哲学社会科学版)，1998(04): 71-77.

②③〔宋〕朱熹. 朱子语类 [M].〔宋〕黎靖德，编. 王星贤，点校. 北京：中华书局，1986: 249.

于指掌之间矣”[①]。《孟子》的学习需要通过内心的体验才能达到文意疏通的水平，需要学习者探索力讨、反己自求，所以要先立好《论语》的“根本”之后，再来学习《孟子》。与《孟子》相比，《中庸》就更显深奥，“初学者未当理会”[②]，因此放在最后。可见，朱熹规定的“四书”学习次序，既包含朱熹对“四书”内容的理解，也是朱熹立身说教的体现。

《学》《论》《孟》《庸》的学习次序在朱熹弟子中得到了传承，比如在黄士毅、黎靖德编的《朱子语类》中，“四书”编排的先后就采用了该次序。不止如此，在朱熹之学受到官方重视之后，各地州县官学及书院纷纷学习朱熹的治学理念。比如《延平郡学及书院诸学榜》中记载了学生的日常学习安排，其中早上的安排是“文公《四书》轮日自为常程，先《大学》，次《论语》，次《孟子》，次《中庸》”。

在朱熹的“四书”学习次序中，《论语》《孟子》始终并提，这种次序的排列，一是按成书的先后顺序，二是按阅读的难易程度。“四书”之间的相依性，尤其是《论语》《孟子》之间的相依性决定了何者须先学，何者须后学，这是由“先备能力”决定的学习次序。虽然朱熹对学习各书的先后次序做了明确的规定，但南宋以降许多“四书”著作都未尽体现朱熹的原意，将其顺序颠倒，这也就出现了日后不同的“四书”学习次序。[③]

对于《孟子》的教学，《朱子语类》中记载了大量朱熹与弟子谈论《孟子》的语录，“是朱熹讲授《孟子》或与学生共同研讨《孟子》时发

---

① 〔宋〕朱熹. 读书之要 [M]// 朱杰人，严佐之，刘永翔，主编. 朱子全书（第 24 册）. 上海 / 合肥：上海古籍出版社 / 安徽教育出版社，2002: 3583.

② 〔宋〕朱熹. 朱子语类 [M].〔宋〕黎靖德，编. 王星贤，点校. 北京：中华书局. 1986: 1479.

③ 屈博.《孟子》在“四书”中的学习次序探析 [J]. 华东师范大学学报（教育科学版），2015(04): 94-98.

表的言论”[①],可以反映出朱熹在教授《孟子》过程中的教学态度与教学方法。

《朱子语类》作为朱熹的讲学实录，反映出朱熹和门人弟子在课堂讨论中的基本情况。在教学中，朱熹让学生当场提问，研讨议论，随时释疑解惑，相互交流。“读书无疑者须教有疑，有疑者却要无疑，到这里方是长进。”[②]比如朱熹与彝叟对《公孙丑上》中“以力假仁章”的探讨，彝叟问“行仁”与“假仁”怎么样。朱熹则反问道，什么是“行仁”与“假仁”。之后通过反复质疑问对，朱熹指明“行仁”要由仁义出，“假仁”非有仁之实的道理。在教学过程中，朱熹强调通过格物致知的方式来获取真知，他说：“是以《大学》始教，必使学者即凡天下之物，莫不因其已知之理而益穷之，以求至乎其极。”[③]这也是朱熹传授《孟子》的基本态度以及所采用的教学方法。

朱熹门人对《孟子》的传授也起了重要的作用，比如“从熹门人游，或语以何基尝从黄榦得熹之传，即往从之，授以立志居敬之旨，且作《鲁斋箴》勉之。质实坚苦，有疑必从基质之。于《论语》《大学》《中庸》《孟子》《通鉴纲目》标注点校，尤为精密”[④]。上述材料中提到的黄榦是朱熹的女婿，得到了朱熹的真传，并且随其教授诸生，著书立说，并传授《孟子》等儒家典籍。

刘爚也是朱熹的高足，著有《四书集成》。刘爚对朱子之学的传播所作的最大贡献是上奏朝廷恢复朱子之学的名誉。南宋宁宗时，朱熹之学被定为“伪学”，一禁就是二十七年，到理宗即位时才得以正名。而刘爚则是恢复朱子之学最直接的推动者，他上疏朝廷，“乞罢伪

---

① 董洪利. 孟子研究 [M]. 南京：江苏古籍出版社，1997: 232.

② 〔宋〕朱熹. 朱子语类 [M].〔宋〕黎靖德，编. 王星贤，点校. 北京：中华书局，1986: 185.

③ 〔宋〕朱熹. 四书章句集注 [M]. 北京：中华书局，2012: 7.

④ 〔元〕脱脱，等. 宋史 [M]. 中华书局编辑部，点校. 北京：中华书局，1985: 12981.

学之诏”，“请以熹所著《论语》《中庸》《大学》《孟子》之说以备劝讲，……又请以熹白鹿洞规颁示太学。取熹《四书集注》刊行之”。①刘爚的举动使得朱熹之学被定为官方正统思想，《四书章句集注》也成为官方颁定的权威教材。

在朱熹门人中，陈淳在传播朱子之学方面是最为有力者之一，他被认为是“卫师门甚力，多所发明”②。陈淳撰有《四书性理字义》《语孟大学中庸口义》等维护朱子之学的著作。真德秀是朱熹一脉具有代表性的重要学者，虽然他并未获得朱熹的亲自指导，而是朱熹的私淑弟子，但其学术成就很高，著有《孟子集编》。其他门人弟子如前文提到的许升、詹渊、冯椅、张显父、魏了翁、蔡模等，也都有《孟子》方面的著作，表现出朱子一派在《孟子》学习、研究、传授等方面的成就与贡献。

此外，南宋心学思想体系的创始人陆九渊在《孟子》的学习与传授方面也具有代表性。陆九渊的弟子曾问：“先生之学，亦有所受乎？”陆九渊回答说：“因读《孟子》而自得之。”③陆九渊视自己为孟子的继承者，并说：“窃不自揆区区之学，自谓孟子之后，至是而始一明也。”④陆九渊的学说上宗《孟子》，虽然并没有形成专门的《孟子》研究著作，但究其思想的渊源，陆九渊及其门人在日常教学活动中会将《孟子》作为重要的教材来使用。

“尊孟”是宋代士人对孟子其人其书的基本态度。然而随着孟子其人其书影响的扩大，“疑孟”思想也随之出现，其中以司马光、李觏、

① 〔元〕脱脱，等. 宋史 [M]. 中华书局编辑部，点校. 北京：中华书局，1985: 12171.

② 〔清〕全祖望. 宋元儒学案序录 [M]//〔清〕黄宗羲. 宋元学案.〔清〕全祖望，补修. 陈金生，梁运华，点校. 北京：中华书局，1986: 1.

③ 〔宋〕陆九渊. 陆九渊集 [M]. 北京：中华书局，2008: 471.

④ 同上：134.

叶适等人为代表。司马光疑孟，是因为反对王安石变法，司马光的《疑孟》与王安石的《孟子解》几乎同时出现，这是由于两人政见上的不一致，当然也夹杂着党争的成分。李觏撰的《常语》则从两个方面否定《孟子》：一是认为孟子并非道统继任者，是“名学孔子，而实背之者也”，并将孟子定为“五霸之罪人”，从根本上否定其“仁义”思想；二是认为孟子对“六经”的解读背离了“六经”原本的意义，今人通过读《孟子》而通“六经”的做法，就好比是“信他人而疑父母也”。[①]可以说李觏对孟子的批判是相当严厉的，虽然也是出于维护正统思想的目的，但因孟子其人其书在宋代上升势头的不可逆性，所以李觏的主张并未得到重视。永嘉学派的代表叶适也曾批判孟子，认为孟子的许多思想是自创的新说，“按孟子言性，言命，言仁，言天，皆古人所未及”[②]。叶适从思想传承的角度来质疑孟子的道统地位，同时批判孟子的心性之说。不论疑孟的动机以及出发点如何，司马光、李觏、叶适等人对《孟子》做过细致的研读与学习这一点是不可否认的，而他们对孟子思想及道统地位的不认同，也就决定了他们会出现与“尊孟”思想不一样的《孟子》学习与传授方式。

第三节　作为“四书”教材的《孟子》

一、宋代官方颁定的《孟子》教材

两宋时期学校教材的选择与编写，由中央政府统一执行，此种做法

① 李觏的《常语》中涉及孟子的内容仅存 3 条。余允文的《尊孟辨》中保留了 17 条，是后人了解李觏“疑孟”思想的重要依据。

② 〔宋〕叶适. 习学记言 [M]. 上海：上海古籍出版社，1992: 452.

“是宋代中央政府对各级各类学校进行宏观调控和指导的重要手段之一，也是构成宋代教育制度及其特色的一个重要因素”[①]。与汉唐时期相比，《孟子》在两宋时期逐渐成为官方指定教材，不同类型的教材也被不断地颁行于国子监、太学等各类学校中。

两宋官方指定的《孟子》类教材有《孟子》原文（包括石经《孟子》）和《孟子》注本两种形式。《孟子》原文及注本由国子监等最高教育管理机构统一刊定并颁行，并使之作为士子学习以及科举考试的标准教材。宋代政府明令禁止民间私自刻印监本，这既从制度上保证了国子监本教材的权威性，又使得国子监本教材能够成为当时教育中的主流教材。

国子监中使用的《孟子》教材主要有三种：孙奭的《孟子音义》、王雱的《孟子注》、朱熹的《孟子集注》。其中王雱的《孟子注》虽然已经失传，但该书在当时具有重要影响。王雱的《孟子注》因其父王安石的大力举荐而受到了官方政府的重视，成为当时的主要教材，在士子中广为流传，如《郡斋读书志》中记载：“右皇朝王安石介甫素喜《孟子》，自为之解，其子雱与门人许允成皆有注释，崇、观间，场屋举子宗之。”《宋会要》记载：“三月九日龚原言：‘赠太傅王安石在先朝尝进其子雱所撰《论语》《孟子义》，取所进本雕印颁行。诏令国子监录本进纳’。”[②]王安石让自己的儿子注《孟子》，显然是希望这部《孟子注》能够得到神宗的认可，最终成为官定注本。该书在当时确实产生了应有的效果，士子们争相传习。而孙奭的《孟子音义》和朱熹的《孟子集注》是宋代最重要的两种《孟子》类教材，在当时以及后世均产生了重要影响。

---

① 乔卫平. 中国教育制度通史 · 第 3 卷 · 宋辽金元 (公元 960—1368 年)[M]. 济南 : 山东教育出版社 , 2000: 108.

② 〔清〕徐松. 宋会要辑稿 [M]. 刘琳 , 刁忠民 , 舒大刚 , 等 , 点校. 上海 : 上海古籍出版社 , 2014: 2260.

二、作为注音教材的《孟子音义》

孙奭的《孟子音义》，是奉宋真宗之命为《孟子》注音，也是官方颁定的《孟子》教材的代表。孙奭在《〈孟子音义〉序》中指出：

> 其书由炎汉之后盛传于世，为之注者则有赵岐、陆善经；为之音，则有张镒、丁公著。自陆善经已降，其所训说，虽小有异同，而共宗赵氏。惟是音释，二家撰录俱未精当。张氏则徒分章句，漏落颇多；丁氏则稍识指归，伪谬时有。若非再加刊正，讵可通行。臣奭前奉敕与同判国子监王旭、国子监直讲马龟符、国子学说书吴易直、冯元等，作音义二卷。……虽仰测至言，莫穷于奥妙；而广传博识，更俟于发挥。①

从孙奭的表述中可以看出，《孟子音义》以赵岐的《孟子章句》为底本，同时借鉴唐代流传下来的两种《孟子》注本，即张镒的《孟子音义》以及丁公著的《孟子手音》。可以说孙奭的《孟子音义》是对唐代《孟子》音义注释成果的归纳和整合。

《孟子音义》以词条的形式辑录《孟子》中的字词读音，如《梁惠王上》中的“以为”“放于”“夷羿”“餍”；《梁惠王下》中的“暴见”“王语”“好乐”“愠”“恚”等。音注的词条也不多，共有 1 199 条，②有效音注 858 条，其中包括引用张镒《孟子音义》中的音注 80 条和丁公著《孟子手音》中的音注 194 条，孙奭的音注实则只有 584

① 〔宋〕孙奭．孟子音义 [M]. 北京：中华书局，1991: 1.

② 李爱国．《孟子音义》校正 [J]. 湖北社会科学，2009(01): 130-134.

条。[①]虽然《孟子音义》在学术方面创见不多，但是作为国编教材，在当时的学校教育中产生了广泛影响。大中祥符七年（1014年），刊印《孟子音义》，颁行于国子监。《孟子音义》也就成为学习《孟子》注音的标准教材。张之洞的《书目问答》辑录了《孟子音义》从宋代至清代流传下来诸多版本，如士礼居影宋蜀大字本、抱经堂本、微波榭本、韩岱云本、成都局本、通志堂本等，说明《孟子音义》流传之广泛。清代士人对《孟子音义》更为重视，阮元编纂《十三经注疏》时曾著有《〈孟子音义〉校勘记》，蒋仁荣著有《〈孟子音义〉考证》、王振声著有《〈孟子音义〉校记》、缪荃孙著有《〈孟子音义〉札记》等。[②]通过清人的努力，《孟子音义》在内容上更加完善，成为士人学习《孟子》的重要教材。

另一部以孙奭署名的《孟子注疏》，又名《孟子正义》，是两宋时期出现的第一本《孟子》注本。不过，《孟子注疏》的作者尚存疑问，已有研究成果认为《孟子注疏》是假借孙奭之名的伪作，真实作者还有待进一步的考证。[③]有学者认为宋人吕南公在《读〈孟子〉疏》中提到的"闽先生徐某"应该就是《孟子注疏》的撰者。[④]不论作者是谁，《孟子注疏》都是历史上第一本以"疏"的形式编纂的《孟子》注本。[⑤]这也就使得《孟子注疏》有了特别的意义。"疏"是解释经文的一种方式，主要是引用各种材料，对经文、注文中出现的名物故实、典章制度等进行疏解。在《孟子注疏》出现之前，"十三经"中的十二经均有注疏本

---

① 刘琴勇.《孟子音义》中孙奭音注反映的宋初语音 [J]. 湛江师范学院学报, 2007(02): 114–116.

② 李爱国.《孟子音义》校正 [J]. 湖北社会科学, 2009(01): 130–134.

③ 关于《孟子注疏》作者考证，详见：俞林波.《孟子注疏》作者考论 [J]. 文学遗产, 2011(06): 132–134.

④ 巩本栋，王冉. 孟子升格运动与《孟子注疏》的编纂、刊刻与流传 [J]. 孔子研究, 2020(03): 136–146.

⑤ 董洪利.《孟子注疏》与孙奭《孟子》学 [J]. 北京大学学报（哲学社会科学版）, 2006(06): 57–62.

传世，如《周礼注疏》《仪礼注疏》《公羊传注疏》《穀梁传注疏》《论语注疏》《孝经注疏》《尔雅注疏》等。《孟子》在宋代的升格形成了“十三经”体系，与经学地位相配套的注疏本也随之出现，《孟子注疏》恰好满足了这一要求。南宋学者黄唐将《孟子注疏》与其他十二经的注疏本合刻出版，《十三经注疏》至此形成，成为流传于世的经学教材。

三、作为理学教材的《孟子集注》

《孟子集注》为朱熹所著，是《四书章句集注》之一。实际上在著成《孟子集注》之前，朱熹就已经著有《孟子集解》和《孟子精义》。《孟子集注》是在《孟子集解》和《孟子精义》两本书的基础上，于淳熙三年（1176 年）朱熹与吕祖谦“三衢之会”后对《孟子》思想更进一步的思考和探索中形成的。《孟子集注》的完成时间是淳熙三年，第二年初次刊刻，淳熙九年（1182 年）与《大学章句》《中庸章句》《论语集注》合刻为《四书章句集注》，并广为流传。《孟子集注》是朱熹在长期的学术论辩中不断充实和完善的结果，其撰写目的是从讲解《孟子》的原义出发，对《孟子》中的许多命题如仁义、性善、义利、王道等进行深入阐释，以构建理学的理论体系。

《孟子集注》在对《孟子》的训释方面有明显的特点。朱熹广泛搜集已有文献材料，采用“集解体”[①]的训释方式，采集包括董仲舒、郑玄、赵岐、韩愈、孙奭、周敦颐、苏辙等几十家关于《孟子》的注疏与论说，汇聚融合，对《孟子》作出新的诠释。单从知识构成的角度

① “集解体”有三种形式：一是集众说以作解，如宋代朱熹的《孟子集注》；二是集比经传，为之作解，如晋代杜预的《春秋经传集解》；三是汇集有关文献，为之集解，如清代王先谦的《诗三家义集疏》。参见：冯浩菲. 中国古籍整理体式研究 [M]. 北京：北京图书馆出版社，1997: 227-229.

来说，《孟子集注》已经相当丰富，“在《孟子集注》中，朱子引用了宋一代以前典籍之次数共404次，包括属于经部的典籍155次；属于史部的典籍64次；属于子部的典籍30次；其他各种字书则共引用155次。……属于经部者有15种；属于史部者有6种；属于子部者有21种；各种字书则有8种”[①]。

朱熹广泛征引已有文献材料，在吸收、借鉴的基础上总结提升，形成自己对《孟子》的独到见解，即用“理”的概念来阐释孟子的“仁”“义”“礼”“智”等观念，这是朱熹与前人最大的不同之处。比如赵岐的《孟子章句》，努力追求对《孟子》原意的理解，尽可能地还原《孟子》的本来面貌。而朱熹以“理”释“仁”，以“理”释“性”，以“理”释“道”，通过理学思想体系来揭示《孟子》中所蕴含的哲理。朱熹“以理学化的语言对这些概念进行了系统化、理论化的诠释，揭示了人的现实性存在的意义”[②]。朱熹以“理”的观念贯通《孟子》，这是一种在《孟子》思想基础上的理论重构。

比如，对“仁义”的解释，孟子将“仁义”归于“心”的统摄，“恻隐之心，仁之端也，羞恶之心，义之端也”（《公孙丑上》）。朱熹注：“仁者，心之德、爱之理。义者，心之制、事之宜也。”[③]朱熹将孟子以“心”统摄“仁义”的观点进一步升华，将“理”“宜”融入其中。实际上，“宜”也是“理”的体现，即“义者，宜也。乃天理之当行，无人欲之邪曲，故曰正路”[④]。

对“性”的解释，孟子与告子辩论什么是“性”时，虽然并未对

① 黄俊杰. 旧学新知百贯通——从朱子《孟子集注》看注疏传统 [M]// 林庆彰. 中国人的思想历程. 合肥 : 黄山书社 , 2012: 137.

② 张文修. 理学化经学的典范——朱熹的《四书章句集注》[M]//《中国哲学》编辑部 , 国际儒联学术委员会. 经学今诠续编 (中国哲学第二十三辑). 沈阳 : 辽宁教育出版社 , 2001: 587.

③〔宋〕朱熹. 四书章句集注 [M]. 北京 : 中华书局 , 2012: 201.

④ 同上 : 287.

“性”的含义作出明确解释，但对告子的“生之谓性”与“食色，性也”的观点持否定态度。不过孟子对“心”“性”“天”的逻辑关系进行了梳理，《尽心上》中提出，“尽其心者，知其性也。知其性，则知天矣”，提出由“心”知“性”。而朱熹则认为：“性则心之所具之理，而天又理之所从以出者也。”① 朱熹对孟子的“心”“性”“天”的逻辑关系作了重新构建，将“性”与“理”结合起来，形成对“心”、对“天”的完整关联。同时朱熹对“性”还作出更为明确的解释：“性者，人之所得于天之理也；生者，人之所得于天之气也。性，形而上者也；气，形而下者也。人物之生，莫不有是性，亦莫不有是气。”② 人的存在始终是“性”与“气”的结合，“性”与“气”的不同，决定了人与人的不同，这也就是朱熹所讲“天命之性”与“气质之性”的理论来源。

对“道”的解释，在《离娄上》中，孟子指出：“是故诚者，天之道也；思诚者，人之道也。”孟子从“天”与“人”的角度提出“诚”是通向“道”的路径。朱熹进一步对“诚”与“思诚”作出解释：“诚者，理之在我者皆实而无伪，天道之本然也；思诚者，欲此理之在我者皆实而无伪，人道之当然也。”③ 朱熹将“理”作为“诚”与“思诚”的解释途径，同时指出“道者，天理之自然”，更加明确了“道”与“理”应共同成为社会存在的普遍法则。

与汉唐以降流传的诸多《孟子》注本相比，《孟子集注》在内容与形式上是革新的，不再“固经守典”，而是从义理出发，对《孟子》作出全新的解读。《孟子集注》在训诂考据和义理诠释方面都较之前有所突破。朱熹在继承旧学的同时也追求新知，提出自己的哲学见解，所要

---

① 〔宋〕朱熹. 四书章句集注 [M]. 北京：中华书局，2012: 356.

② 同上：332.

③ 同上：287.

达到的目的是“在旧传统的延续与新思潮的展开之间维持一种稳定的平衡关系”[①]，这也是《孟子集注》能够产生重要影响的原因之一。《孟子集注》成书之后，朱熹将其作为书院的主要教材，希望自己对《孟子》的注释能够为士人留下学习范本，使他们按照此标准，树立道德实践的典范。事实也正如朱熹所愿，《孟子集注》与《论语集注》《大学章句》《中庸章句》合刻为《四书章句集注》，宋宁宗时期《四书章句集注》颁于太学，成为学校教育的主要教材。元明清时期，“四书”被列为科举考试科目，《四书章句集注》是考试作答的标准教材。这样一来，《孟子集注》与《论语集注》《大学章句》《中庸章句》一起成为后世学校教育中的核心教材，明清国子监、太学、各地官学、书院等均将《四书章句集注》作为核心教材而推广使用，足见其影响之深。

朱熹的《孟子集注》之所以能够成为《孟子》类经典教材，主要有几个方面原因。

第一，《孟子集注》与其他《孟子》类教材相比，是一种全新的教材。其最大的特点是在遵循汉代以来训诂辞章的经典注疏基础之上，进行新思想的阐释。尤其是将理学思想融入对《孟子》的诠释当中，加深了诠释者与《孟子》之间的联系。黄俊杰说：“《孟子》与它的宋代诠释者如朱子之间，在问题意识上有往有返，互为终始，形成一种对话的关系，内外交辉，主客一体。”[②]也就是说朱熹对《孟子》的诠释，是在进行一种时空的互动，体现出《孟子》思想内涵的现实价值。当然，朱熹的诠释，并非主观臆断，而是“客观性”与“一致性”的统一，这也是《孟子集注》能够成为经典教材的合理性所在。

① 国风. 文脉的传承 [M]. 北京 : 东方出版社 , 2007: 54.

② 黄俊杰. 孟学诠释史中的一般方法论问题 [M]// 董洪利 , 方麟. 孟子二十讲. 北京 : 华夏出版社 , 2008: 347.

第二,《孟子集注》切合教育发展的需求。《孟子集注》成书于南宋后期，在此之前通行的《孟子》教材为赵岐的《孟子章句》、孙奭的《孟子注疏》，这两本教材是在汉学思想影响下形成的。而理学在宋代的发展、兴盛，势必要求有符合理学教育的《孟子》类教材出现。虽然张载、二程等理学家均有关于《孟子》的著述，但多为书院讲义，比较零散，很难成为主流教材。而朱熹的《孟子集注》，在用理学思想诠释《孟子》的基础上，将诸多思想与研究成果整合起来，形成一套完整的解读《孟子》的思想体系，是理学思想发展过程中的集大成之作。所以，宋代以后，理学成为官方的正统之学,《孟子集注》也随之被选为学习《孟子》的核心教材。

第三,《孟子集注》作为一本教材，内容十分丰富。征引几十家的《孟子》研究成果，汇集数十种经、史、子、字书等文献资料，使后世学人在学习《孟子集注》的同时，也方便查找、阅读其他的相关文献资料。基于此,《孟子集注》作为一本教材的适用性也就十分明显。

四、多样化的《孟子》教材

“一种学派思想渗透的社会心理价值追求在于转移社会风气和改变民俗状况,说明它是一种具有使命责任的文化理论意识。”[①] 理学的繁盛带动了《孟子》研究的热潮，众多《孟子》类文献的出现，也为士人学习《孟子》提供了不同种类的教材。从数量上来看，与汉唐相比，两宋时期的《孟子》类文献数量较多，主要是因为：第一,《孟子》一书在宋代实现了“超子入经”，正式成为“经”的一部分，是士人学子的必读书目，为其作注或以其他形式解读的人明显增多；第二，理学的

① 陆建猷. 四书集注与南宋四书学 [M]. 西安 : 陕西人民出版社 , 2002: 54.

勃兴带动了《孟子》类文献的发展，二程、朱熹等人推崇《孟子》，并将《孟子》并入“四书”，既提高了《孟子》的地位，又推动了理学的发展，尤其是程朱门人、后学在《孟子》的研究与学习中占据主导；第三，宋代印刷技术的进步，出版业的兴盛，使书籍的传播范围大大拓展，也为《孟子》类文献较大规模的出版、流传提供了更为先进的技术条件。

《宋史・艺文志》收录了唐代的《孟子》类文献 4 种，为《孟子注》（陆善经）、《孟子音义》（张镒）、《孟子手音》（丁公著）、《续孟子》（林慎思）。其中丁公著的《孟子手音》以及林慎思的《续孟子》在前代的史书当中并未提及，《宋史・艺文志》将其收录，说明二书在宋代是可见的，而且在当时产生了一定的影响。《宋史・艺文志》收录的宋代《孟子》类文献有 27 种，其中包括前文提到的孙奭的《孟子音义》、王雱的《孟子注》、朱熹的《孟子集注》等当时重要的教材，还包括蒋之奇著《孟子解》、程颐门人著《孟子解》、吕大临著《孟子讲义》、苏辙著《孟子解》、王令著《孟子讲义》、龚原著《孟子解》、陈旸著《孟子解义》、游酢著《孟子解义》、陈禾著《孟子传》、许允成著《孟子新义》、张九成著《孟子拾遗》、冯休著《删孟子》、尹焞著《孟子解》、邹浩著《孟子解》、张栻著《孟子说》、张氏著《孟子传》、钱文子著《孟子传赞》、王汝猷著《孟子辨疑》、戴溪著《石鼓孟子答问》等。当然，宋代的《孟子》类文献远不止《宋史・艺文志》中记录的 27 种，清人朱彝尊在《经义考》中依据众多史料考证出宋代的《孟子》类文献共 108 种。虽然绝大部分典籍已经亡佚，但仍可以看到宋代《孟子》类文献的基本面貌。宋代的《孟子》类文献也不只局限于汉唐时期的注体和音义体，还出现多种类型的体式，如解体、讲义体、疏体、考辨体、读本体、纂集体等，既丰富了《孟子》的研究，也为当时人们提供了不同类型的学习《孟子》的教材。

第一，从文献的类型及数量来看，解体、讲义体是当时主要的《孟子》类文献形式。解体与讲义体文献多是理学家或其他思想家在书院或其他场所讲学过程中形成的。解体主要是解说经籍的蕴意奥旨，或逐经籍原文作解，或通论要义。①以“解”为名的《孟子》类文献也比较多，如张载、王安石、苏辙、蒋之奇、龚原、邹浩、沈括、尹焞、郑刚中、赵敦临、刘季裴、徐存等均有以“孟子解”为名的著作。讲义体是“以疏解原文大意、阐发思想内容为服务，疏解自行成说，引用前人旧解也为己说服务，行文流畅，一贯而下，繁简则因时因人而异”②。比如《五臣解孟子》是“范祖禹、孔武仲、吴安诗、丰稷、吕希哲元祐中同在经筵所进讲义，贯穿史籍，虽文辞微涉丰缛，然观者诚知劝讲自有体也”③。又如南宋大儒张栻在乾道年间曾主持岳麓书院,并把编写讲义和学术研究结合起来，著成《孟子说》，作为岳麓书院的主要教材。书院本身即为学者讲学之所，著作、讲义、语录等，都是书院生徒学习的重要教材，也是书院刊刻的重要书籍。而黄榦的《孟子讲义》则是其知汉阳军时在军学所用讲义，亦是当时凤山书院诸生日常学习所使用的教材。

而读本体，有句读、圈点及通俗评注，对于初学者来说，阅读起来比较方便。以张简的《点注孟子》为代表，具有童蒙教育的作用，“《点注孟子》十四卷，右皇朝熙宁中，蜀州张简点节经注，附以释文，以教童子”④。程颐也认为《孟子》中有适合幼童学习的内容，他说：“义训宜，礼训别，智训知，仁当何训？说者谓训觉，训人，皆非也。当

① 冯浩菲. 中国古籍整理体式研究 [M]. 北京 : 北京图书馆出版社 , 1997: 201.

② 同上 : 209.

③ 〔元〕马端临. 文献通考 [M]. 上海师范大学古籍研究所 , 华东师范大学古籍研究所 , 点校. 北京 : 中华书局 , 2011: 5431-5432.

④ 〔宋〕晁公武. 郡斋读书志 [M]. 孙猛 , 点校. 上海 : 上海古籍出版社 , 1990: 418.

合孔、孟言仁处，大概研究之，二三岁得之，未晚也。”[①]可见，《孟子》一书的启蒙作用在当时已经十分明显。

第二，理学家所著的《孟子》类文献数量较多，除朱熹的《孟子集注》外，其他理学家也多有《孟子》方面的著作问世，比如张载著《孟子解》、程颐著《孟子解》、程颐门人著《孟子解》、吕大临著《孟子讲义》、尹焞著《孟子解》、游酢撰《孟子杂解》与《孟子解义》、张栻撰《孟子说》、张九成撰《孟子拾遗》《孟子传》等，都是用理学诠释《孟子》的文献。朱熹是宋代理学最重要的代表人物之一，其弟子对朱熹思想的传承与发展起到了重要的作用，这些朱子门人中也有许多人对《孟子》的思想进行研究与探讨，比如黄榦著《孟子讲义》、许升著《孟子说》、冯椅著《孟子图》、张显父著《孟子问答》、魏了翁著《孟子要义》、蔡模著《孟子集疏》、真德秀著《孟子集编》等。

第三，朱熹的《四书章句集注》被后世弟子奉为标准教材，在学习的过程中不断被印证、发挥，进而形成诸多对《四书章句集注》进行注疏的著述，这些著述在很大程度上成为后世弟子学习《四书章句集注》的辅助教材。在对《孟子集注》作注疏的著述中，蔡模的《孟子集疏》最具代表性。蔡氏一族与朱熹颇有渊源，蔡模的祖父蔡元定曾拜朱熹为师，蔡模的父亲蔡沈自幼跟随朱熹学习、研究《书经》，蔡沈的长子蔡模、次子蔡杭、三子蔡权，均为南宋时期的理学大家。蔡模自幼深受朱熹理学思想的影响，其所著《孟子集疏》就是为朱熹的《孟子集注》所作的注疏，他在注疏的过程中遵循两个原则：一是用相同或相近的学说来印证朱熹之注的正确；二是在朱熹之注的基础上进行义理的发挥。[②]因此，《孟子集疏》可以作为《孟子集注》的辅

---

① 〔宋〕程颢，程颐. 二程集 [M]. 王孝鱼，点校. 北京：中华书局，2004: 314.

② 董洪利. 孟子研究 [M]. 南京：江苏古籍出版社，1997: 233.

助教材来使用，正如《孟子集疏跋》中所言：“《集疏》之作，有助于学者不既多乎！”[①]

宋代的《孟子》教材具有很强的“义理”意味。漆侠在《宋学的发展和演变》一书中提到，宋儒摆脱了汉儒章句之学的束缚，从经的要旨、大义、义理之所在，亦即从宏观方面着眼，来理解经典的含义，到达通经的目的。[②]宋代理学家对儒学的研究，向着性命义理的方向发展，这种新的思路和方法为儒学的发展带来了生机，也使得儒学的研究进入一个新的发展阶段。宋儒这样做的原因，除了要回应当时禅佛思想的挑战外，还要满足以宋儒为代表的儒家知识分子实现自身价值的需求。从程朱一派的观点来看，用“格物致知”来实现教育的目的与价值，是理学思想得以传播的重要手段。而所“格”之“物”，最好的选择便是儒家经典。这样一来，通过对儒家经典的“义理”阐释，儒学也就具有了较为完备的理论基础。宋儒将这种理论构建贯穿于对每本经书的解读当中，《孟子》也不例外。因此，诸多具有“义理”意味的《孟子》教材才会出现，《孟子》的思想也在理学家们的诠释过程中被构建出新的时代内涵。

上述理学家们的著述，大都与书院教学有关，比如林之奇在福建拙斋书院用的《孟子讲义》、戴溪在湖南石鼓书院用的《石鼓孟子答问》、朱熹在白鹿洞书院用的《论孟要义》等。书院是他们发表言论、传播思想的重要场所。理学家在给弟子授课的过程中，会将自己的研究心得与教学心得总结汇编成书，既阐发了自己的学术思想，也使得这些讲义、著作成为书院教学的主要教材，成为书院日常学术研究与学习交流的主

① 〔宋〕蔡杭．孟子集疏跋 [M]// 曾枣庄，刘琳，主编．全宋文 (第 355 册)．上海 / 合肥 : 上海辞书出版社 / 安徽教育出版社 , 2006: 105.

② 漆侠．宋学的发展和演变 [M]．石家庄 : 河北人民出版社 , 2002: 5.

要内容。

值得一提的是，私人藏书与刻书在南方较为发达。宋人叶梦得有言："今天下印书，以杭州为上，蜀本次之，福建最下。"[①]刻书在宋代文化教育中占有十分重要的位置，杭州、四川、福建则是宋代刻书的主要区域，虽有质量上的高低之分，但并不妨碍这些地区刻书活动的发展。宋代私人刻书、藏书的繁盛与科举考试有着密切联系。宋代科举教育的兴起，使得士人群体迅速膨胀，应试必读的儒家经典成为当时社会最有需求的物品之一，又因官刻数量有限，私人刻书就有了发展的可能。比如，宋代福建莆田地区藏书、刻书活动十分活跃，"刻书业的昌盛、藏书家的辈出又大大促进了莆田文化教育的发展和人才的培养，使兴化大地弥漫着浓郁的书香，使兴化学子比他郡生员更具有优越的读书环境和便利的学习条件。突出表现为莆田的科举盛况空前，达到顶峰，赢得'龙门半天下'的赞誉"[②]。宋代雕版印刷已经较为普遍，这也从客观上促进了宋代私家刻书与藏书的兴盛。私家藏书、刻书对教育事业无疑起着重要的推动和促进作用，《孟子》的诸多注本借此机会得以重刻，并流传于世。理学家在书院教学活动中，也十分重视藏书、刻书，宋代书院的藏书、刻书也往往和理学的教学、研究联系在一起，所藏之书、所刻之书也往往成为书院的教材。比如丽泽书院、唐山书院、永泽书院、龙溪书院、建安书院等，都藏有、刻有朱熹的《四书集注》等书。可见《四书集注》已是当时书院教学中使用的主要教材。

① 〔宋〕叶梦得. 石林燕语 [M].〔宋〕宇文绍奕，考异. 侯忠义，点校. 北京：中华书局，1984: 116.

② 林祖泉. 宋代福建莆田科举的兴盛及其成因 [M]// 姜锡东. 宋史研究论丛 (第 16 辑). 保定：河北大学出版社，2015: 302.

第四节 《孟子》作为“四书”课程的认同

辽金元的统治者对汉文化特别是儒学有一个接受和消化的过程。辽代立国之初，祭祀孔子，翻译《论语》等儒家典籍，传播儒家文化；金代规定以儒家典籍为学校教育中的指定教材；元代正式将“四书”列为科举考试的主要内容，“四书”也作为必读教材和核心课程在各级各类学校中得以传授。《孟子》作为“四书”之一，在辽金元时期同样受到了重视，其“四书”课程与专经课程的地位也因“四书”成为科举中的必考内容而得到进一步强化。

一、《孟子》的翻译与设科

在教育领域，辽金元政权不断吸收汉族教育的成果，实行尊孔崇儒的教育政策，实行科举考试制度。教育内容也主要以儒家经典为主，并出现了以契丹文、女真文和蒙古文翻译的儒家典籍。这样一来，儒家经典成为各民族教育的主要内容，儒家思想也成为辽金元政权所认同的价值观念。因此，翻译儒家经典、将儒家经典列为官学课程与科举考试的核心内容也就成为各民族在对待汉族教育上所达成的共识。《孟子》因在宋代成功入经，并成为“四书”之一，所以在辽金元的教育体系当中，《孟子》与其他经典受到了同样的礼遇，成为官学课程与教材。

（一）辽金时期的《孟子》

辽代的统治者尊崇孔子，并且以儒家学说作为治国的主导思想。虽然从《辽史》《补辽金元艺文志》《补三史艺文志》以及《补辽史艺文志》等文献中并未发现有关《孟子》文献的记载，看似《孟子》在辽代并无多大影响，但实际上《孟子》在辽代已有较为广泛的传播。周春健在《〈孟子〉在辽金时期的传播与影响》一文中，详细考证了《孟子》在辽代的传播情况，并指出在辽人的观念当中，“孔孟”已成为一体，《契丹国志》中载有马保忠进谏的“孔孟圣贤之教者”一句，也表明《孟子》在当时的地位和影响。[①] 从上述观点可以看出，辽代将儒家学说立为治国思想，虽未直接表明，但实际上已将《孟子》涵盖其中，《孟子》也是辽代士人学习儒家思想的重要教材。

金代从熙宗开始就提倡尊孔读经，大力推广儒家文化，在世宗、章宗时期达到了鼎盛，“盖欲跨辽宋而比迹于汉唐”[②]。金世宗大定二十三年（1183 年）九月，译经所翻译众多汉文典籍，包括“《易》《书》《论语》《孟子》《老子》《扬子》《文中子》《刘子》及《新唐书》”[③] 等 15 种。西夏对汉文典籍的翻译较之辽、金更为广泛。据《宋史》记载，元昊时期西夏政府将《孝经》《尔雅》《四言杂字》等书籍译为蕃语。[④] 随后，西夏拱化元年（宋嘉祐八年，即 1063 年），宋“以国子监所印‘九经’及《正义》、《孟子》、医书赐夏国，从所乞也”[⑤]。《孟子》与“九经”等一起传入西夏，在夏仁宗年间，西夏文译本的儒家典籍不断出现，到夏毅宗至夏崇宗年间，《孟子》以及《孟子传》《孟子章句》等被译成西夏文。[⑥] 由此可见，对人物传记、原文、注本的翻译，使得当时人们对《孟子》的学习与传授构成了一个有机整体，从而进一步推动《孟子》在该地教育中的影响。

---

① 周春健.《孟子》在辽金时期的传播与影响 [J]. 中国哲学史，2013(01): 26-31.

② 〔元〕脱脱，等. 金史 [M]. 中华书局编辑部，点校. 北京：中华书局，1975: 285-286.

③ 同上：184.

④ 〔元〕脱脱，等. 宋史 [M]. 中华书局编辑部，点校. 北京：中华书局，1985: 13995.

⑤ 〔宋〕李焘. 续资治通鉴长编 [M]. 上海师范大学古籍整理研究所，华东师范大学古籍整理研究所，点校. 北京：中华书局，2004: 4802.

⑥ 彭向前. 西夏文《孟子》整理研究 [M]. 上海：上海古籍出版社，2012: 6, 31.

金章宗明昌元年（1190年）规定科举考试从“‘六经’、‘十七史’、《孝经》、《论语》、《孟子》、《荀（子）》、《杨（子）》、《老子》内出题”[①]。赵岐注、孙奭疏的《孟子》被指定为官方教材，由国子监统一刊印，并颁行于各类学校。[②]金代的科举考试规定从《孟子》中出题，表明《孟子》在金代已经产生重要影响，并由此得到广泛传播。在学校教育中，不只是科举考试中的科目有《孟子》，学其他科的也要通修《孟子》，如“律科举人止知读律，不知教化之原，必使通治《论语》《孟子》，涵养器度。遇府、会试，委经义试官出题别试，与本科通定去留为宜”[③]。这些都说明《论语》《孟子》等儒家经典在金代成了学校教育的主要课程。不仅如此，金代在内侍遴选的要求中，也重视对《论语》《孟子》等经书的诵习，比如大定六年（1166年），规定内侍要能够诵读经书，并明确指出“能诵一大经、以《论语》《孟子》内能诵一书，并善书札者，月给奉八贯石，稍识字能书者七贯石，不识字六贯石”[④]。根据内侍对《论语》《孟子》学习程度来安排俸禄的多少，足见金代对儒家思想的接受与认同。在金代，《孟子》是国子监使用的教材，又有翻译本，在科举考试中也是必考科目。可见，《孟子》在金代的流传范围较辽代更为广泛。

（二）元代的《孟子》

元代教育与辽、金教育相比，有了空前的发展。其重要表现之一，就是教育的扩展与交流，南北教育的加速融合。多民族教育并重，使得元代教育的内容十分丰富，影响的领域也十分广。基于此种趋势，

---

① 〔元〕脱脱，等. 金史 [M]. 中华书局编辑部，点校. 北京：中华书局，1975: 1136.
② 同上：1132.
③ 同上：210.
④ 同上：1182.

《孟子》等儒家经典文献在教育上的作用与贡献也越发凸显。

在元代，《孟子》的专经课程地位得到进一步加强，这主要依托于其“四书”的地位。“四书”之名始于宋，但在宋代“四书”并未成为官方用以设科取士的经书。《四库全书总目》载：“《论语》《孟子》，旧各为帙，《大学》《中庸》，旧《礼记》之二篇。其编为四书，自宋淳熙始，其悬为令甲，则自元延祐复科举始。”[①]“四书”虽创始于宋代，但在很长一段时间并未受到官方的重视，直到元代“四书”才被正式列为科举考试的内容。这主要是因为朱熹之学被南宋统治者视为“伪学”，不许传播，朱学之人也被排除在科举考试的应试人员之外，直到朱熹死后二十余年，这种情况才有所缓解。所以，“四书”真正成为官学教育的主要教学内容是从元代开始的。

在至元二十四年（1287 年），政府设立国子监，并设博士讲授经旨，规定“凡读书必先《孝经》《小学》《论语》《孟子》《大学》《中庸》，次及《诗》《书》《礼记》《周礼》《春秋》《易》”[②]。从制度上规定了国子监的教学内容以及学生学习经书的基本顺序。元仁宗皇庆二年（1313 年）制定了新的科举法，延祐二年（1315 年）正式推行。新的科举法正式将“四书”列为考试内容，并将朱熹的《四书章句集注》指定为作答的标准：“蒙古、色目人，第一场经问五条，《大学》《论语》《孟子》《中庸》内设问，用朱氏章句集注。……汉人、南人，第一场明经经疑二问，《大学》《论语》《孟子》《中庸》内出题，并用朱氏章句集注……”[③]

上述科举新法规定，无论是蒙古人、色目人，还是汉人、南人，

① 〔清〕永瑢，等. 四库全书总目 [M]. 北京：中华书局，1965: 289.
② 〔明〕宋濂，等. 元史 [M]. 中华书局编辑部，点校. 北京：中华书局，1976: 2029.
③ 同上：2019.

《大学》《论语》《孟子》《中庸》都是科举考试的主要内容，并安排在第一场进行测试，足见元代对“四书”的重视程度。而且新法中规定了科举考试的指定教材是朱熹的《四书章句集注》，提高了朱学的地位。元代任用的学者大都是宋朝遗臣，在思想上承袭理学，因此理学在元代受到了格外的重视，“朱注四书也比南宋时期更被重视，几乎成了唯一法定的教材和必读书”①。这样一来，在元代的学校教育中，《论语》《孟子》《大学》《中庸》就成为主要的教学内容，其“四书”课程地位也得到了官方认可与强化，朱熹的《四书章句集注》成了官方指定的标准教材。“随着元皇庆二年（1313年）‘四书五经’经目的确立，中国的官定经目至此最终成形，在明清两代，虽然有很多士人对于这一经目提出异议，例如有的主张将《孝经》《尔雅》增列为兼经，有的则主张扩大正经的范围，甚至后来还出现了‘十三经’的主张，但这些主张都未能真正转变为科举考试以及博士设科的官定经目，‘四书五经’作为经学史上最后一个官定经目，长期影响了经学史的发展格局。”②

“四书”成为元代科举考试的主要内容，《孟子》作为“四书”课程与专经课程的地位得到进一步巩固与加强。不仅如此，孟子的“圣人地位”也有了巩固和提高。③据《元史》记载，元仁宗延祐三年（1316年），孟子的父亲被封为“邾国公”，母亲被封为“邾国宣献夫人”；元文宗至顺元年（1330年），文宗下诏册封孟子为“邹国亚圣公”，孟子的父亲改封为“邾国公”，母亲改封为“邾国宣献夫人”。可见，孟子其人其书在元代受到了高规格的待遇，这也推动了《孟子》的流传以及提

① 和学新. 中国古代的书院制度及其课程研究 [M]// 杨玉厚. 中国课程变革研究. 西安：陕西人民教育出版社，1993: 113.

② 程苏东. 从六艺到十三经——以经目演变为中心（下册）[M]. 北京：北京大学出版社，2018: 581.

③ 董洪利. 孟子研究 [M]. 南京：江苏古籍出版社，1997: 260.

升《孟子》在士人学习中的地位与影响。

二、《孟子》教材的编订与传授

元代官学教材的选定与其尊孔崇儒、崇尚理学的文教政策密切相关。元延祐年间，朱熹的《四书章句集注》被指定为科举考试的必读教材，在学校教育中居于核心位置，其他经书教材的选择也以程朱之说为主。同时这些教材也为诸如蒙古国子学、回回国子学等少数民族学校所使用。元代出现了很多"四书"类的文献，这与元代立"四书"为科举考试主要科目有着紧密的联系。这些"四书"类文献大多以朱注"四书"为参照编写而成。其中的《孟子》类文献，有很大一部分属于对朱注《孟子》的诠释和补充。这些文献也成为士人学习"四书"，学习《孟子》的辅助教材。

由于《辽史》《金史》《元史》中未立艺文志，对于辽、金、元时期所出现的《孟子》类文献，只能通过后世出现的目录书籍加以考察，比如《经义考》《四库全书总目》以及各类补修"艺文志"等。

周春健在《元代四书学研究》一书中指出，元代"四书"合刻总义类 172 种，《孟子》类 23 种。[①] 到了元代，《孟子》的"四书"身份要比《孟子》原本的身份更为当时的人们所重视，当然，这也与朱熹"四书之学"的传扬以及"四书"在元代被列为科举考试的科目有很大关系。

从文献的形式来看，这一时期的《孟子》类文献，承袭了宋代的特征，解体、讲义体、考辨体等都有。内容上，则多受朱熹一脉的影响，

---

① 周春健. 元代四书学研究(修订本)[M]. 北京：商务印书馆，2022: 300.

多以理学的诠释为主，形成了以朱熹思想为核心的、宗主朱熹的著作群。董洪利在《孟子研究》一书中指出："元代的四书学几乎清一色是朱学的附庸，学者们不敢违背朱熹《集注》的思想观点而另辟新说，于是就形成了以朱熹思想为核心的、宗主朱熹的著作群。"[①] 比如，朱学在北方的流传，以许衡、刘因、吴澄等人为代表。许衡出生于金朝末年，曾出任中书左丞、国子学祭酒等职；刘因受任承德郎、右赞善大夫；吴澄则历任江西儒学副提举、国子监丞、翰林学士等职。三人同为理学大家、当世名儒，又因其显赫的地位，同时又著有《孟子》方面的著作，如许衡的《孟子标题》、刘因的《四书集义精要》等，对《孟子》在北方的传授起到重要的推动作用。

朱学在南方的流传则以金履祥、许谦、胡炳文和倪士毅等人为代表，他们都直接或间接师承朱熹，奉行朱熹思想，与《孟子》相关的著述中也都充满了理学的意味。其中许多著述都是在朱熹《孟子集注》的基础上所作的补充和订正，比如金履祥的《孟子集注考证》、许谦的《读孟子丛说》、胡炳文的《孟子通》等。

金履祥的《孟子集注考证》，虽名曰"考证"，但实与宋代蔡模的《孟子集疏》一样，是对朱熹《孟子集注》所作的注疏。同时对朱熹未言明的问题以及因无甚紧要而未详说的名物典故进行补正，正如金履祥在《跋〈孟子集注考证〉》中言："文公集注，多因门人之问更定。其问所不及者，亦或未修。而事迹名数，文公亦以无甚紧要，略之。今皆为之修补。"[②] 金履祥还对朱熹的思想作了一定的阐发与引申，总体来说，《孟子集注考证》是依照朱熹原意所著，并无附会、曲解，因此是一本质量较好的学习《孟子集注》的辅助教材。

---

① 董洪利. 孟子研究 [M]. 南京 : 江苏古籍出版社 , 1997: 273.

② 〔元〕金履祥. 跋《孟子集注考证》[M]// 李修生. 全元文 (8). 南京 : 江苏古籍出版社 , 1998: 777.

当然，在元代对朱熹的《孟子集注》作疏的不止金履祥一家，还有胡炳文的《孟子通》、杜瑛的《孟子旁通》、吴迂的《孟子集注附录》、张存中的《孟子集注通证》等，这些文献对于士人学习《孟子集注》都有很大的帮助。比如胡炳文曾掌明经书院教事，“明经”即表明该书院是以经学为主要的教学内容，并且偏重朱熹之学。[①]胡炳文所著的《孟子通》是《四书通》之一，也是在朱熹之学的基础上形成的著作，同时也是明经书院的重要教材。《四书发明》的作者陈栎曾想将胡炳文的《四书通》附入《四书发明》之中，但未能如愿，陈栎的学生倪士毅继承了老师的遗志，将《四书通》与《四书发明》合并，著成《四书辑释大成》。[②]《四书辑释大成》后来成为明代《四书大全》编纂时参照的范本。

从元代研究《孟子》学者的地域分布特征来看，江西、浙江两省的学者仍占据明显优势。比如《孟子旁注》的作者李恕、《孟子集注附录》的作者吴迂、《孟子通》的作者胡炳文、《孟子年谱》的作者程复心等均为江西人；《孟子集注考证》的作者金履祥、《读孟子丛说》的作者许谦、《孟子弟子列传》的作者吴莱等均为浙江人。周春健在《元代四书学研究》一书中指出：“朱熹生前学术活动最为集中的福建地区在元代渐趋萧条，较诸江西、浙江两省明显退居次席。”[③]可见，元代“四书”研究的重心已经从福建地区转向了江西、浙江等地，研究与传授《孟子》的士人群体的活动区域也随之转向。

此外，从程端礼的《程氏家塾读书分年日程》（以下简称《程氏日程》）中可以看出当时士人学习《孟子》的基本情况。《程氏日程》是根据朱熹“读书明理”的教育思想而编纂的，通篇充满了朱熹的理学思

---

① 史甄陶. 家学、经学和朱子学——以元代徽州学者胡一桂、胡炳文、陈栎为中心 [M]. 上海：华东师范大学出版社，2013: 91.

② 同上：151.

③ 周春健. 元代四书学研究（修订本）[M]. 北京：商务印书馆，2022: 89.

想，其目的在于纠正当时读书人“失序无本，欲速不达”的弊端。因而《程氏日程》在规范士人学习内容与进程安排上有着重要作用。《程氏日程》规定，八至十五岁的读书次序是：《小学书》—《大学》经传—《论语》—《孟子》—《中庸》—《孝经刊误》—《易》—《书》—《诗》—《仪礼》并《礼记》—《周礼》—《春秋》经并《三传》。十五至二十二岁的读书次序是：《大学章句》《或问》—《论语集注》—《孟子集注》—《中庸章句》《或问》—《论语或问》之合于《集注》——《孟子或问》之合于《集注》—《本经》传注—《通鉴》—《纲目》—《韩文》—《楚辞》。这种课程设定，对于志在学习朱子之学的思想体系，最终达到融会贯通境地的士人来说，无疑是一份最为理想的学习进度表。它根据教育对象所处的年龄阶段，设置不同的教育内容，并设定学习的先后次序，如《孟子》原文可以作为“小学”教材，《孟子集注》等注本则作为“大学”教材来使用等。比如《元史》中记载了虞集幼年学习《论语》《孟子》的情况：“集三岁即知读书，……杨氏口授《论语》、《孟子》、《左氏传》、欧、苏文，闻辄成诵。”[①] 虞集从幼年阶段就开始背诵、学习《论语》《孟子》等原文内容，之后学习其他各类注本。

关于《程氏日程》的重要性，有学者指出，《程氏日程》虽然是为家塾子弟所作，但实际上成了指导书院和官学教学的课程教学计划。[②] 元代曾将《程氏日程》颁行于郡邑校舍，作为模式，[③] 成了士人学习的标准。清乾隆时也明确规定书院应遵守朱熹的“学规”和程端礼的“日程”，这都说明二者成为人们广为采用的学习规程，也成为人们学习《孟子》的基本规则与方法。

---

① 〔明〕宋濂，等. 元史 [M]. 中华书局编辑部，点校. 北京：中华书局，1965: 4174.

② 李森，王天平，编. 中国教学思想史专题研究 [M]. 福州：福建教育出版社，2022: 226.

③ 据《元史·儒学二》载：“端礼独从史蒙卿游，以传朱氏明体达用之指，学者及门甚众。所著有《读书工程》，国子监以颁示郡邑校官，为学者式。”《读书工程》即《程氏家塾读书分年日程》。

第四章 走向核心的经学课程

明清时期，经学教育的主体内容相对比较固定，以“五经”“四书”“十三经”为主。明代颁布《四书五经大全》，使“四书”与“五经”合成一个整体，“四书五经”课程体系构成了学子们日常学习与科举考试的主要内容。清石经的刊刻，为“十三经”课程规定了统一标准的教材。《孟子》既是“四书五经”课程，也是“十三经”课程。同时，明清时期出现大量的“四书”类文献，说明“四书”在当时的文化教育中占有十分重要的位置。明清时期以单独形式出现的《孟子》教材也不断涌现，为人们学习《孟子》提供了不同种类的材料。心学、考据之学、经世之学等对《孟子》教材与《孟子》的传授都产生了重要影响。

第一节 《孟子》与明代经学课程

一、“四书五经”课程的形成

明代继承元代的做法，推崇程朱理学，并奉之为官方统治思想，其他思想皆被视为邪说加以禁止，学校的教学内容也首重程朱理学。明代初期设立的国子学，在日常教学活动中，以“四书”“五经”作为主要的课程和教材，其他类型学校也依照执行。洪武十四年（1381 年）颁布的政令中对此有所说明：“颁‘五经’‘四书’于北方学校。”[①] 当然，除“五经”“四书”外，《性理大全》以及律令、书、数等也是明代学校教育的重要内容。颁行于洪武十五年（1382 年）的《卧碑文》中记载：“国家明经取士，说书者以宋儒传注为宗，……颁降《四书》《五经》《性理》《通鉴纲目》《大学衍义》《历代名臣奏议》《文章正宗》及历代诰律典制等书，课令生徒诵习讲解，其有剽窃异端邪说、炫奇立异者，文虽工弗录。”[②]

永乐元年（1403 年）始设北京国子监，与洪武年间设立的南京国子监（初名“大明国子监”）南北呼应。永乐十八年（1420 年）明成祖迁都北京，改北京国子监为京师国子监，并保留南京国子监，南北国子监亦以“四书”为主要的课程和教材。除国子学、国子监外，宗学、武学、社学等也要学习“四书”“五经”，“令学生诵习《皇明祖训》《孝顺事实》《为善阴骘》诸书，而‘四书’、‘五经’、《通鉴》、《性理》亦相兼诵读”[③]。这说明，“四书”“五经”已经成为当时南北各地各级各类学

---

① 〔清〕张廷玉. 明史 [M]. 中华书局编辑部，点校. 北京：中华书局，1974: 36.

② 商衍鎏. 清代科举考试述录及有关著作 [M]. 天津：百花文艺出版社，2004: 46.

③ 〔清〕张廷玉. 明史 [M]. 中华书局编辑部，点校. 北京：中华书局，1974: 1689.

校中的主要教学内容。

而《四书五经大全》的颁布则是明代为强化儒家思想正统地位所做出的重要举措，它使“四书五经”成为统一的课程体系，同时也为这一课程体系提供了一套标准化教材。马宗霍在《中国经学史》一书中引述明人郑晓《今言》中的话：“洪武开科，‘五经’皆主古注疏及宋儒也。”并评价道：“逮永乐十二年，敕胡广、杨荣、金幼孜等修《五经四书大全》，乃就前儒成编，杂为抄录而去其姓名。……自是而后，经义试士，奉此为则，不惟古注疏尽废，即宋儒之书学者亦不必寓目矣。”①《四书五经大全》由《五经大全》《四书大全》以及《性理大全》合并而成，主要汇辑了程朱理学的注释文本，这标志着程朱理学成为对经学的权威解释以及科举考试的作答标准。《四书五经大全》颁布以后，诸注疏皆废，成为科举考试的唯一指定教材，其后两百余年，“庠序之所教，制科之所取，一禀于是”②，“颁诸学宫，永为遵守”③。受《四书五经大全》的影响，明代产生了很多“四书”类的著述，使得人们对于“四书”的关注超过了“五经”，出现“所研究者惟四书，所辨订者亦惟四书”④的现象。《明史・艺文志》中的经部特立“四书”一门，这说明“四书五经”的教育构架经朱熹的努力在明代学校教育中得以实现。

宋儒最先提出“四书五经”的理论构架，将以“五经”为核心的传统经学，改造为“四书五经”系统，同时将重心由“五经”转移到“四书”。⑤“四书五经”体系体现的是一个经学与子学的架构。这一架构经

① 马宗霍. 中国经学史 [M]. 上海：上海书店，1984: 131－132.

②〔明〕高攀龙. 崇正学辟异说疏 [M]//《中华大典》编纂委员会. 中华大典・教育典・教育思想分典. 上海：上海古籍出版社，2012: 535.

③〔清〕魏裔介. 兼济堂文集 [M]. 魏运科，点校. 北京：中华书局，2007: 62.

④〔清〕永瑢，等. 四库全书总目 [M]. 北京：中华书局，1965: 302.

⑤ 郭沂. 第三个儒学范式初探 [M]// 滕复，徐宇宁. 弘扬和谐文化・构建和谐社会——2006 中国・衢州国际儒学论坛论文集. 杭州：浙江人民出版社，2008: 274.

历了长期磨合，终于在明代通过官方教育而付诸实践。明代的各级学校均按照科举考试的要求，以“四书”“五经”为主要的教学内容，这就使得程朱理学思想指导下的“四书”“五经”在科举考试、中央及地方各级官学中占据统治地位。程朱理学在社会意识形态中取得独尊的地位，故而支配了明代的教育思想与实践。《孟子》在“四书五经”的架构及课程体系中，获得了诸多的“实惠”，《枣林杂俎·圣集》记载：“国初立孔颜孟三氏学，设教授司教授一、学录一。学录即孔氏裔为之。正统甲子，始命宗生听学使考入棘。成化元年，许三年贡太学。”[①] 从上述记载中可以看出，明初就有专门教授孟子之学的机构，《孟子》也是一门获得独立传授资格的经学课程。所以，《孟子》在明代，既是一门专经课程，也是“四书”课程、“四书五经”课程。

二、《孟子》的学习次序

朱元璋称帝后，规定以“四书”“五经”作为科举考试的主要内容，作答则以朱熹的“章句集注”为准，于是朱熹的《四书章句集注》成为学校教育的必读教材，与儒家经书同等重要。程朱理学因朝廷的有意抬升而居于尊崇地位，与八股考试连成一体，成为显学。“理学自身的唯心主义理论体系蕴含着严重的内容矛盾和冲突，……难以回答和解释复杂的社会现实问题，并且日趋陷入空疏化和教条化的困境。”[②] 程朱理学的官学化对于理学来说有两方面的影响：其一是理学被提升为官方的“正统之学”，获得独尊的地位；其二是受“正统之学”的影响，理学自

① 〔清〕谈迁. 枣林杂俎 [M]. 罗仲辉，胡明校，点校. 北京：中华书局，2006: 197.

② 崔之清. 从传统到现代——近代中国史节点考察 [M]. 北京：生活·读书·新知三联书店，2014: 515.

身的更新与创造受到限制，比如明成祖诏令编纂的《四书大全》《五经大全》，虽是承袭理学思想而被钦定为科举考试与学校教育的标准教材，但内容却多半因袭前人的著述，并无多少学术价值。

在“正统之学”的影响下，士人们只是把理学当作科举入仕的敲门砖，对学术研究和探索并无多大兴趣，官学、私学的基本功能也大都是为应试做准备，明代学校教育的科举化特色突出：“明制，科目为盛，卿相皆由此出，学校则储才以应科目者也。”①要想进入官学获取学生身份参加科举，就必须通过科举考试。结合明代史料以及今人的研究成果来看，明代士人从十二三岁开始便参加考试，到二十岁左右“三考”（乡试、会试、殿试）能够全部合格是最理想的。②但事实上，很多人穷极一生也未能通过“三考”。

从当时士人学习“四书”“五经”等儒家经典的情况来看，对《孟子》原文的学习是安排在“小学”阶段，对《孟子》注本的学习，则是安排在“大学”阶段。从这一角度来看，《孟子》既是“小学”课程，又是“大学”课程，这与程端礼的《程氏家塾读书分年日程》安排基本一致。从整个学程安排来看，无论是地方教育、书院还是私家学习，“四书”“五经”的学习安排与科举考试的程式也大致相同。而《大学》《中庸》《论语》《孟子》的“四书”排列次序受《四书大全》与科举考试的影响，进而成为当时士人学习“四书”的一种主要安排方式。

《四书集注大全》的编排次序为《大学章句序》《四书集注大全凡例》《大学章句大全》《读大学法》《大学或问》《中庸章句序》《读中庸法》《中庸章句大全》《中庸或问》《读论语孟子法》《论语集注序说》

① 〔清〕张廷玉. 明史 [M]. 中华书局编辑部，点校. 北京：中华书局，1974: 1675.

② 〔日〕鹤成久章. 明代科举与朱子学——论体制化教学所带来的学习模式的变化 [M]// 陈来. 哲学与时代：朱子学国际学术研讨会论文集. 上海：华东师范大学出版社，2012: 95.

《论语集注大全》《孟子集注序说》《孟子集注大全》。从全书编排的次序可以归纳出“四书”的排列次序为:《大学》《中庸》《论语》《孟子》。这种排列方式主要因袭倪士毅的《四书辑释大成》。《四书集注大全凡例》载:“凡《集成》《辑释》所取诸儒之说,有相发明者采附其下,其背戾者不取。”[①] 现今所见《四书辑释大成》的编排方式即为《大学》《中庸》《论语》《孟子》。而《四书辑释大成》的原名为《重编发明》,是在陈栎《四书发明》的基础上增订而来的,[②]《四书发明》也是按此次序来编订的。陈栎与倪士毅为师生关系,陈栎又以发扬朱子之学为已任,理应认可朱熹的学习次序,但《四书辑释大成》与《四书发明》都没有按照朱熹的学习次序来编排,原因不得而知。不过,与朱熹的“四书”学习次序比较,该次序中《论语》《孟子》的位置都有下降,《中庸》的位置提升,《孟子》则排在了第四位。《四书辑释大成》及《四书集注大全》都未曾提及原因,不过从《四书章句集注》版本的流传情况来看,到了元代,《四书章句集注》的编排次序与现今通行本的次序相同,即《大学》《中庸》《论语》《孟子》,[③] 从这一点来看,《四书发明》《四书辑释大成》以及《四书集注大全》都会受到影响,因而采用该次序进行编排。

不过,《大学》《中庸》《论语》《孟子》的排列次序,在无意当中成了明代士人“四书”学习次序的主要标准,这又与明代以来的科举制度密切相关。明代的科举制度,基本上沿袭唐宋旧制,但是在取士方法上有所改变,即“专取四子书及《易》《书》《诗》《春秋》《礼记》五经命

---

① 周群,王玉琴.四书大全校注(上)[M].武汉:武汉大学出版社,2009: 9.

② 史甄陶.家学、经学和朱子学——以元代徽州学者胡一桂、胡炳文和陈栎为中心[M].上海:华东师范大学出版社,2013: 151-152.

③ 徐德明.《四书章句集注》版本考略[J].华东师范大学学报(哲学社会科学版),1998(04): 71-77.

题试士”[①]。考试第一场为“四书义”,从《大学》《中庸》《论语》《孟子》中出题。各级教育也按照该考试程式来学习“四书”。所以,“四书”的学习次序也就成了《大学》《中庸》《论语》《孟子》,这在明代地方史料当中有所记载。比如《泰泉乡礼》中记载了地方教育的基本情况:

> 施教以六行、六事、六艺而日敬敷之,一曰早学,二曰午学,三曰晚学。……或用《孝经》《三字经》,不许先用《千字文》《百家姓》《幼学诗》《神童酒诗》《吏家文移》等书。以次读《大学》《中庸》《论语》《孟子》,然后治经。[②]

可见《大学》《中庸》《论语》《孟子》的学习次序在地方教育中已经普遍流行。

普通学子们也按照这一次序来安排自己的学习日程。比如,顾宪成在《顾端文公年谱》中对其幼年的读书历程作了详细的记载:

> 六岁,始就塾;七岁,受《大学》《中庸》;八岁,师省斋俞先生,受《论语》;九岁,受《孟子》及《虞书》;十岁,受《夏书》《商书》《周书》……[③]

该则材料中显示出顾宪成在入塾之后,首先是按照《大学》《中庸》《论语》《孟子》的顺序完成了“四书”的学习,并且是在小学阶段完成的。顾宪成作为当时重要的学界领袖,其学习的方式和方法很可能会成

---

① 〔清〕张廷玉. 明史 [M]. 中华书局编辑部,点校. 北京:中华书局,1974: 1693.

② 〔明〕黄佐. 泰泉乡礼 [M]// 楼含松,主编. 中国历代家训集成 4. 杭州:浙江古籍出版社,2011: 2056-2057.

③ 〔明〕顾宪成. 顾宪成全集(下)[M]. 王学伟,编校. 上海:上海古籍出版社,2022: 1727-1728.

为人们效法的对象，因此，顾氏的学习日程在一定程度上可以反映当时学子们的学习情况。与《程氏日程》相比，顾宪成的读书顺序，并非完全从由浅入深、由易到难的角度考量，而更多的是从科举考试的要求出发。

当然，除了受科举制约的“四书”学习次序外，明末高僧智旭在《四书藕益解》序中还给出了另外一种次序：首《论语》，次《中庸》，次《大学》，后《孟子》。这种次序与《四书章句集注》和《四书集注大全》都不同，智旭给出的理由是：《论语》为孔氏书，故居首。《中庸》《大学》皆子思所作，故居次。孟子学于子思，故居后。

虽然智旭也把《孟子》排在第四位，不过他是按照各书的成书时间以及师承关系来排序的，这种次序有助于学习者学习“四书”成书的先后次序，了解“四书”之间的承续关系，可以看作是一种相对合理的“四书”学习次序。①

三、《孟子》与明代科举考试

明代的科举考试与学校教育的发展基本上是同步的，“学校以教育之，科目以登进之”，“科举必由学校，而学校起家可不由科举”，② 表明了科举与学校教育之间的关系。而明代的科举考试，基本上沿袭唐宋旧制，不过在取士方法上有所改变，是“专取四子书及《易》《书》《诗》《春秋》《礼记》五经命题试士”③。科举考试规定了士子求学研习之内容和范围，对学术传习趋向影响甚大。以儒家经典为学习内容，尤其集中

① 屈博.《孟子》在“四书”中的学习次序探析 [J]. 华东师范大学学报 (教育科学版), 2015(04): 94-98.

② 〔清〕张廷玉. 明史 [M]. 中华书局编辑部 , 点校. 北京 : 中华书局 , 1974: 1675.

③ 同上 : 1693.

于“四书”“五经”的学习，这也强化了儒家思想的正统地位。

进入“大学”阶段，一方面学习的内容会更加深奥，一方面所学内容与科举考试越发紧密。历年科举考试中的试题，往往会在无形中引导士人的学习方向。在明代的科举考试中，第一场考“四书义三道”，这三道题目的出题范围在《大学》《论语》《孟子》《中庸》这四部书中。但“四书”并非全都要考，而是在“四书”中选择三道作为试题。《孟子》几乎是每届会试都会涉及的考试内容（见表4-1）。

表4-1　明代会试中的《孟子》试题一览表

时　　间	试　　题	出　　处
洪武十八年（1385年）乙丑科会试	见其礼而（二句）	《公孙丑上》
洪武二十四年（1391年）辛未科会试	及其闻一（四句）	《尽心上》
洪武三十年（1397年）丁丑科会试	知者无不（为务）	《尽心上》
建文二年（1400年）庚辰科会试	孔子之谓（三句）	《万章下》
宣德二年（1427年）丁未科会试	天之高也（致也）	《离娄下》
正统四年（1439年）己未科会试	无为其所（节）	《尽心上》
正统七年（1442年）壬戌科会试	易其田畴（二句）	《尽心上》
正统十年（1445年）乙丑科会试	伯夷圣之（之也）	《万章下》
景泰二年（1451年）辛未科会试	夫徐行者（节）	《告子下》
景泰五年（1454年）甲戌科会试	请野九一（三节）	《滕文公上》
天顺元年（1457年）丁丑科会试	仁义礼知（者也）	《告子上》
天顺四年（1460年）庚辰科会试	或劳心或（于人）	《滕文公上》
天顺七年（1463年）癸未科会试	何谓善何（不也）	《尽心下》
成化二年（1466年）丙戌科会试	禹恶旨酒（章）	《离娄下》
成化五年（1469年）己丑科会试	仁之实事（章句）	《离娄上》

续 表

时 间	试 题	出 处
成化八年（1472 年）壬辰科会试	文王以民（乐也）	《梁惠王上》
成化十一年（1475 年）乙未科会试	周公思兼（姓宁）	《离娄下》
成化十四年（1478 年）戊戌科会试	善政不如（民心）	《尽心上》
成化十七年（1481 年）辛丑科会试	君子之所（识也）	《尽心上》
成化二十年（1484 年）甲辰科会试	物皆然心（二句）	《梁惠王上》
成化二十三年（1487 年）丁未科会试	乐天者保（句）	《梁惠王下》
弘治三年（1490 年）庚戌科会试	经正其庶（三句）	《尽心下》
弘治六年（1493 年）癸丑科会试	夫苟好善（节）	《告子下》
弘治九年（1496 年）丙辰科会试	责难于君（之恭）	《离娄上》
弘治十二年（1499 年）己未科会试	恻隐之心（知也）	《告子上》
弘治十五年（1502 年）壬戌科会试	方里而井（节）	《滕文公上》
弘治十八年（1505 年）乙丑科会试	故将大有（而王）	《公孙丑下》
正德三年（1508 年）戊辰科会试	夏后氏五（四句）	《滕文公上》
正德六年（1511 年）辛未科会试	是集义所（馁矣）	《公孙丑上》
正德九年（1514 年）甲戌科会试	于季桓子（二句）	《万章下》
正德十二年（1517 年）丁丑科会试	老者衣帛（有也）	《梁惠王上》
正德十五年（1520 年）庚辰科会试	观水有术（四句）	《尽心上》
嘉靖二年（1523 年）癸未科会试	尧舜之道（天下）	《离娄上》
嘉靖五年（1526 年）丙戌科会试	五谷者种（章）	《告子上》
嘉靖八年（1529 年）己丑科会试	孔子圣之（句）	《万章下》
嘉靖十一年（1532 年）壬辰科会试	谨庠序之（二句）	《梁惠王上》
嘉靖十四年（1535 年）乙未科会试	君子之志（二句）	《尽心上》
嘉靖十七年（1538 年）戊戌科会试	孟子道性（二句）	《滕文公上》

续　表

时　　间	试　　题	出　　处
嘉靖二十年（1541 年）辛丑科会试	始条理者（力也）	《万章下》
嘉靖二十三年（1544 年）甲辰科会试	使禹治之（节）	《滕文公下》
嘉靖二十六年（1547 年）丁未科会试	禹思天下（节）	《离娄下》
嘉靖二十九年（1550 年）庚戌科会试	既竭心思（三句）	《离娄上》
嘉靖三十二年（1553 年）癸丑科会试	无	无
嘉靖三十五年（1556 年）丙辰科会试	大而化之（二句）	《尽心下》
嘉靖三十八年（1559 年）己未科会试	禹稷当平（节）	《离娄下》
嘉靖四十一年（1562 年）壬戌科会试	文王以民（四句）	《梁惠王上》
嘉靖四十四年（1565 年）乙丑科会试	诗曰天生（节）	《告子上》
隆庆二年（1568 年）戊辰科会试	吾岂若使（二节）	《万章上》
隆庆五年（1571 年）辛未科会试	有安社稷（三节）	《尽心上》
万历二年（1574 年）甲戌科会试	用下敬上（节）	《万章下》
万历五年（1577 年）丁丑科会试	我亦欲正（节）	《滕文公下》
万历八年（1580 年）庚辰科会试	智譬则巧（节）	《万章下》
万历十一年（1583 年）癸未科会试	孔子有见（三句）	《万章下》
万历十四年（1586 年）丙戌科会试	事孰为大（二句）	《离娄上》
万历十七年（1589 年）己丑科会试	圣人之行（亰也）	《万章上》
万历二十年（1592 年）壬辰科会试	舍己从人（为善）	《公孙丑上》
万历二十三年（1595 年）乙未科会试	好善优于（句）	《告子下》
万历二十六年（1598 年）戊戌科会试	且夫枉尺（节）	《滕文公下》
万历二十九年（1601 年）辛丑科会试	是心足以（句）	《梁惠王上》
万历三十二年（1604 年）甲辰科会试	老吾老以（之幼）	《梁惠王上》
万历三十五年（1607 年）丁未科会试	孟子谓万（章）	《万章下》

续 表

时　间	试　题	出　处
万历三十八年（1610年）庚戌科会试	有大人之（事）	《滕文公上》
万历四十一年（1613年）癸丑科会试	得志与民（二句）	《滕文公下》
万历四十四年（1616年）丙辰科会试	为人臣者（接也）	《告子下》
万历四十七年（1619年）己未科会试	伊尹圣之（句）	《万章下》
天启二年（1622年）壬戌科会试	古之人所（已矣）	《梁惠王上》
天启五年（1625年）乙丑科会试	遵先王之（二句）	《离娄上》
崇祯元年（1628年）戊辰科会试	国人皆曰（用之）	《梁惠王下》
崇祯四年（1631年）辛未科会试	心之官则（二句）	《告子上》
崇祯七年（1634年）甲戌科会试	救民于水（二句）	《滕文公下》
崇祯十年（1637年）丁丑科会试	贤者在位（政刑）	《公孙丑上》
崇祯十三年（1640年）庚辰科会试	有安社稷（节）	《尽心上》
崇祯十六年（1643年）癸未科会试	大舜有大（二句）	《公孙丑上》

资料来源：〔清〕黄崇兰，辑. 明贡举考略卷一 [M]// 鲁小俊，江俊伟，校注. 贡举志五种（下）. 武汉：武汉大学出版社，2009: 939－1049. 因研究需要，有所改动。

从《孟子》试题的选题范围来看，基本上涵盖了《孟子》的全部篇章，其中《万章下》和《尽心上》中的章句被选作试题的次数最多，各10次，其次是《梁惠王上》8次，再次是《离娄上》和《滕文公上》各6次，《公孙丑上》《滕文公下》《告子上》《离娄下》各5次，《告子下》4次，《尽心下》3次，《梁惠王下》《万章上》各2次，《公孙丑下》1次。

其中，《万章下》中的“伯夷，圣之清者也”一节被选作试题的次数最多，总共出现6次，建文二年（1400年）庚辰科的“孔子之谓（三句）”，正统十年（1445年）乙丑科的“伯夷圣之（之也）”，嘉靖八年（1529年）己丑科的“孔子圣之（句）”，嘉靖二十年（1541年）辛丑科的“始条理者（力也）”，万历八年（1580年）庚辰科的“智譬则巧（节）”，万历四十七年（1619年）己未科的“伊尹圣之（句）”。《滕文公上》中的《滕文公问为国》章被选作试题的次数也较多，比如景泰五年（1454年）甲戌科的“请野九一（三节）”，弘治十五年（1502年）壬戌科的“方里而井（节）”，正德三年（1508年）戊辰科的“夏后氏五（四句）”等。

《尽心上》出题的次数最多，但章节分布较为分散。内容主要包括圣贤帝王的“善行”与“仁政”，如洪武二十四年（1391年）辛未科的“及其闻一（四句）”，洪武三十年（1397年）丁丑科的“知者无不（为务）”，正统七年（1442年）壬戌科的“易其田畴（二句）”，成化十四年（1478年）戊戌科的“善政不如（民心）”，正德十五年（1520年）庚辰科的“观水有术（四句）”，嘉靖十四年（1535年）乙未科的“君子之志（二句）”，隆庆五年（1571年）辛未科和崇祯十三年（1640年）庚辰科的“有安社稷（三节）”，等等。

从《梁惠王上》中选出的试题内容主要集中在孟子与梁惠王关于如何施政的对话上，如成化八年（1472年）壬辰科的“文王以民（乐也）”，嘉靖四十一年（1562年）壬戌科亦出此题，正德十二年（1517年）丁丑科的“老者衣帛（有也）”，嘉靖十一年（1532年）壬辰科的“谨庠序之（二句）”等，以及《齐桓晋文之事》章，如成化二十年（1484年）甲辰科的“物皆然心（二句）”，万历二十九年（1601年）辛丑科的“是心足以（句）”等。《离娄上》则主要选择孟子对仁义礼智等概念的解读，如成化五年（1469年）己丑科的“仁之实事（章句）”，弘治九年（1496年）丙辰科的“责难于君（之恭）”，万历十四年（1586年）丙戌科的“事孰为大（二句）”，天启五年（1625年）乙丑科的“遵先王之（二句）”等。

《孟子》中的“性善论”“心性说”等核心内容在明代历届会试试

题中出现的次数较少，并且出现的时间主要集中在明代中后期，如弘治十二年（1499年）己未科的“恻隐之心（知也）”，嘉靖十七年（1538年）戊戌科会试的“孟子道性（二句）”，崇祯四年（1631年）辛未科的“心之官则（二句）”等。这种现象与明中后期阳明心学的兴起有很大关系。自嘉靖后期至万历初期，许多心学弟子进入朝廷的权力中心，如徐阶、赵贞吉、耿定向等人。他们一方面扩大心学在社会上的影响，一方面从官方政策上为心学争取合法地位，积极倡导王守仁从祀学宫。万历十二年（1584年）王守仁获准从祀孔庙。① 至此王守仁的心学获得了官方的认可，科举试题中也就出现了与心学相关的考试题目。

总之，明代会试中的《孟子》试题内容，相对集中在尧、舜、禹、文王、周公、孔子等古圣先贤所行仁政之事，以及孟子对仁义礼智等伦理道德观念的论说方面。顾炎武在《日知录·题切时事》中说：“考试题目多有规切时事，亦虞帝‘予违汝弼’之遗意也。”从明代会试中《孟子》的试题的基础情况来看，基本的出题原则是按照“任贤使能”的要求选择题目，这也是科举考试制度下对教育目标的基本要求。因而，在历届会试试题中关于先王圣贤的事迹以及如何处理人伦道德关系的内容十分常见。

从作答的情况来看，明代的科举考试重经书义，采用八股文写作的方式表达对经书义的理解，作答内容所遵循的标准是朱熹的《四书章句集注》，“在乡试与会试的重大考试中，每当考官自‘四书’中选取关于仁的文句作为首场考试之用时，朱熹的主张依然盛行”②。比如，从汤显祖参加万历十一年（1583年）癸未科会试时对试题“孔子有见（三句）”的作答中，可见当时士人以朱注《孟子》为基本答题思路的情况：

① 《明神宗实录》卷一五五载：“庚寅准王守仁、陈献章、胡居仁从祀学宫。”

② 〔日〕沟口雄三. 孟子字義疏証の歷史的考察 [J]. 东洋文化研究所纪要，1969(48): 141-274.

大贤立圣人不一其仕，婉于为道而已矣。甚矣圣人行道之心急也。际可则仕，公养则仕，又岂一于见行可也乎？孟子与万章论交际及此曰，一而未始不易者，仕合之时也，高而未始不中者，圣人之行也。是故仕鲁之道明矣。吾因得例观圣人之仕焉。君子莫重乎始，进而机有所当乘，大人不欲速其功，而时有所难俟，故孔子有见行可之仕焉。圣人蕴道久矣。见可以仕而又迟之以不仕，则是终不仕也。委曲以投其端，从容以竟其业，盖早见而薄施也；有所以行，非仕求可而已也。夫见行可之于君也，自有晋接之礼，不在一交际矣。然天下卒未有能礼士者。而或有能礼际之君，观于其际，亦能敬圣人也。与周旋焉，而得其后可也。是故际可之仕，孔子有之。夫见行可之于君也，自有鼎养之禄，不在一馈养矣。然天下亦稀能养士者。或有一馈养之君，观于其养，亦能周圣人也。姑饮食之，而观其后可也。是故公养之仕，孔子有之。遇有不同，而救世之机恒伏，固不当泥于根深以待时。仕有不一，而为道之意恒随，亦不得病其希世而度务。妙哉！孔子之为道也。又何疑于鲁俗之从，多际之受乎。①

“孔子有见（三句）”出自《万章下》：“孔子有见行可之仕，有际可之仕，有公养之仕。”主要是说孔子做官的三种情况：可以行道，受到礼遇，国君养贤。朱熹对此的解释是：“因孔子仕鲁，而言其仕有此三者。故於鲁则兆足以行矣而不行然后去，而於卫之事，则又受其交际问馈而不却之一验也。尹氏曰：‘不闻孟子之义，则自好者为於陵仲子而已。圣贤辞受进退，惟义所在。’”② 朱熹强调圣贤做官的态度，不论

① 〔明〕汤显祖. 孔子有见（三句）[M]// 龚重谟. 汤显祖研究与辑佚. 海口：海南出版社，2009: 262–263.

② 〔宋〕朱熹. 四书章句集注 [M]. 北京：中华书局，2012: 320.

是进还是退，都是“义”之所在。汤显祖在作答时，抓住了“义”的根本，清人王介锡对此文评价说：“此题一落平实，便犯季桓子三段。义仍先生只于三有字着神，步虚而行，空灵莫比，故癸未孟墨，必推此文为第一。”① 由此可见朱熹之学在科举考试中的标准性与权威性。

综上所述，在科举制度下，士人对《孟子》的学习势必会受到影响。“科举考试的主导思想主要来源于明代历任帝王和朝廷大臣的科举考试观点与基本见解，明代君臣的科举考试思想始终左右或操控着科举考试的进程。”② 所以，试题的选择与安排深受明代君臣的科举考试思想影响，这种影响在很大程度上决定了士人对《孟子》学习内容的选择与取舍。比如，明代会试中的《孟子》试题，涉及仁政、人伦纲常的题目较多，而《孟子》书中具有重要意义与价值的“性善论”“心性说”等，历届会试试题中少有体现。这就会使得士人在学习《孟子》时，会有意识地将仁政、人伦纲常等内容划为学习的重点内容，其他内容次之。这是由科举考试引起的士人学习《孟子》的导向，“四书”中的其他三书亦是如此。

四、心学与《孟子》的传授

从学术发展角度看，程朱理学获得独尊的地位，其他学术思想逐渐被边缘化。这种流弊到明隆庆、万历时期开始严重起来。官方的有意扶持并没有对理学自身的发展带来多大的帮助，反而使得学风空疏，充满政治功利。心学的兴起，则使明中后期的思想文化发生很大的变化。这种变化与《孟子》有着密切的关联，同时也影响着士人对《孟子》的学

① 龚重谟. 汤显祖研究与辑佚 [M]. 海口 : 海南出版社 , 2009: 263.

② 王凯旋. 明代科举制度研究 [M]. 沈阳 : 万卷出版公司 , 2012: 31.

习与传授。

心学与《孟子》有着很深的渊源。心学的创见源自南宋的陆九渊，他以孟子心性论为基础，提出“宇宙便是吾心，吾心便是宇宙”等心学命题，奠定心学的理论基础。到了明代，王阳明对陆九渊的心学作出进一步的发展，成为心学的集大成者，在明中后期产生十分重要的影响。

在阳明心学中，“心”是宇宙万物的本原，王阳明在继承陆九渊“心即理”命题的同时，进而提出“心外无物，心外无事，心外无理，心外无义，心外无善”。在人性论上，王阳明提出了“良知”说，所依据的经典，最主要的就是《孟子》。不过王阳明并没有专门解释《孟子》的著作，但《孟子》在王阳明的思想中占有重要位置。王阳明对《孟子》的诠释与解读主要记载于《传习录》一书中。以《传习录》上卷为例，该书分为《徐爱录》《陆澄录》《薛侃录》三篇，是王阳明与弟子间的问答语录，其中有多处是王阳明与弟子关于《孟子》的探讨。

徐爱是王阳明的得意门生，被王阳明称之为“吾之颜渊”。《徐爱录》中记载了徐爱与王阳明探讨“格物”的问题。徐爱提出，朱熹将“格物”训之为《书》中的“精一”、《论语》中的“博约”、《孟子》中的“尽心知性”。王阳明对此表示反对，尤其将“格物”训为《孟子》中的“尽心知性”，是“错训格物”的做法。这里表现出王阳明与朱熹之间的思想分歧。王阳明认为“尽心知性”是“生知”，“存心养性”是“学知”，“夭寿不贰，修身以俟”是“困知”，三个方面各有不同，朱熹的“格物”，在王阳明看来，实际上是“学知”的表现，而非“生知”，朱熹的做法就有“越级”之嫌，所以王阳明才会说“要初学便去做‘生知安行’事，如何做得？”可见，王阳明与朱熹在对儒家经典的认知上是有所不同的。

《陆澄录》中记录了陆澄就《孟子》中提到的“操存舍亡”向王阳明

求教的过程。“操存舍亡”是《告子上》中引孔子的话：“孔子曰：‘操则存，舍则亡；出入无时，莫知其向。’唯心之谓与？”王阳明对此的解释明显表达出“心外无理”的观点。他认为对于学者来讲，“出”与“入”对于心本体来说，并不重要，“出入”由思考而生，而非由心所致，所以心是“天理”，一旦超出“天理”，那就是“亡”，即“心外无理”。《陆澄录》中记录的尚谦问孟子之不动心与告子异之事，亦是“心外无理”观点的延伸。《薛侃录》中记载薛侃对“持志”产生了困惑，王阳明则用“出入无时，莫知其乡”来告诫薛侃“持志”不能“无时”“无向”，否则就是下错了功夫。这也表达了心本体对人心所向的决定性作用。

总之，从王阳明与弟子的对话中可以看出其诠释《孟子》的基本特点。第一，用“心”来诠释《孟子》。王阳明说：“盖《四书》《五经》不过说这心体，这心体即所谓道。”[①] 所以，《孟子》中的诸多概念，如“性善”“求放心”等就有了“心学”理论体系的支撑。第二，用融通的方式诠释《孟子》。将“四书”视作一个整体，通过交融的方式，将《孟子》文本的内涵从不同角度展现出来。[②] 如诠释“尽心知性”时，王阳明将其与《论语》的“生而知之，学而知之，困而知之”、《中庸》的“惟天下至诚为能尽其性，知天地之化育”、《大学》的“格物致知”等结合在一起解释。王阳明对《孟子》所作的“心学”角度的诠释为当时《孟子》的学习与传授带来新的气息，在弟子后学中产生重要影响，比如罗汝芳的《近溪子孟子问答集》、李贽的《评孟子》等，都从不同方面呈现出用王阳明的心学思想传授《孟子》的痕迹。

---

① 〔明〕王阳明. 王阳明全集(卷一)[M]. 吴光，钱明，董平，等，编校. 杭州：浙江古籍出版社，2010: 16.

② 王公山. 王阳明孟子学的心学诠释及其文化透析 [M]// 邓声国，丁功谊. 庐陵文化与古代文学研究. 南昌：江西人民出版社，2012: 90.

第二节 《孟子》与明代经学教材

一、明代官方颁定的《孟子》教材

明代由官方颁定的经学教材，以朱熹的注本为范本，其他类型的教材也以受程朱之学影响的著述为主。张之洞在《书目答问二种》中讲："注疏乃钦定颁发学官者，宋元注乃沿明制通行者，四书文必用，（乡会试）五经文及经解，古注仍可采用，不知古注者，不得为经学。"[①]朱熹的《四书章句集注》是官方钦定教材，也是士子参加科举考试的必读教材。在明代，钦定教材由政府统一刊刻，各地区只准翻刻，不准另刻。[②]此种做法确保了教材的统一性和标准性。明人周弘祖撰的《古今书刻》记录了明代各公私机构所刻印的教材情况，并按照中央政府、北直隶、南直隶、浙江、江西、福建、湖广、河南、山东、山西、陕西、四川、广东、广西、云南、贵州 16 个地区编排，总计刻书 2306 种。其中《孟子》教材以"四书"合刻形式居多（见表 4-2）。

表 4-2　明代刊刻的《孟子》教材一览表

<table>
<tr><th colspan="2">机构名称</th><th>刊刻教材</th></tr>
<tr><td colspan="2">内府</td><td>《四书大全》《四书集注》</td></tr>
<tr><td colspan="2">国子监</td><td>《四书》《四书集义》《孟子节文》《四书抄释》</td></tr>
<tr><td colspan="2">南京国子监</td><td>《孟子白文》《孟子节文》《文公四书》</td></tr>
<tr><td rowspan="2">南直隶</td><td>苏州府</td><td>《四书集注》《四书讲义》《四书解说》</td></tr>
<tr><td>常州府</td><td>《四书集注》</td></tr>
</table>

① 〔清〕张之洞. 书目答问二种 [M]. 上海：中西书局，2012: 10.

② 〔清〕叶德辉. 书林清话 [M]. 张晶萍，点校. 长沙：岳麓书社，2010: 159.

续 表

<table>
<tr><th colspan="2">机构名称</th><th>刊刻教材</th></tr>
<tr><td rowspan="2">南直隶</td><td>徽州府</td><td>《四书集注》</td></tr>
<tr><td>扬州府</td><td>《四书古本》</td></tr>
<tr><td rowspan="3">浙江</td><td>杭州府</td><td>《四书集注》《四书白文》</td></tr>
<tr><td>宁波府</td><td>《标题四书》《黄先生批点四书》</td></tr>
<tr><td>温州府</td><td>《四书管见》《四书集义》</td></tr>
<tr><td rowspan="4">江西</td><td>按察司</td><td>《方山四书》</td></tr>
<tr><td>吉安府</td><td>《四书集释》</td></tr>
<tr><td>赣州府</td><td>《四书集注》</td></tr>
<tr><td>南康府</td><td>《四书集注》</td></tr>
<tr><td rowspan="5">福建</td><td>按察司</td><td>《四书集注》</td></tr>
<tr><td>五经书院</td><td>《十三经注疏》</td></tr>
<tr><td>建宁府</td><td>《四书集注》</td></tr>
<tr><td>书坊</td><td>《四书白文》《四书集注》《四书傍注》《四书大全》《四书纂疏》《四书通考》《四书通证》《四书音考》《四书句解》《四书辑释》《四书发明》《鲁斋四书》《沧州四书》《孟子注疏》《四书人物考》</td></tr>
<tr><td>邵武府</td><td>《四书白文》</td></tr>
<tr><td rowspan="6">湖广</td><td>按察司</td><td>《四书集注》</td></tr>
<tr><td>楚府</td><td>《四书集注》</td></tr>
<tr><td>汉阳府</td><td>《四书管见》</td></tr>
<tr><td>黄州府</td><td>《四书管窥》</td></tr>
<tr><td>吉（王）府</td><td>《四书集注》</td></tr>
<tr><td>常德府</td><td>《论孟古义》</td></tr>
</table>

续 表

机构名称		刊刻教材
山东	兖州府	《孔孟通纪》
	青州府	《四书白文》
陕西	西安府	《四书集注》
四川	布政司	《四书》

资料来源：〔明〕周弘祖. 古今书刻 [M]. 上海：古典文学出版社，1957: 323-444. 因研究需要，有所改动。

作为最高教育机构的国子监所选用的《孟子》教材为《四书集注》《四书大全》《孟子节文》等，从各地区的刊刻情况来看，朱熹的《四书集注》是刊刻最为广泛的教材，《四书大全》《孟子节文》次之。用《四书集注》做教材，是沿用旧制，并非明代所特有。而《孟子节文》与《孟子集注大全》则是明代所特有的两种《孟子》教材，特点有二：其一，两本教材皆由官方组织大量人力、物力、财力进行编写，力度之大，超过前代；其二，后世对《孟子节文》《孟子集注大全》的评价不高，但这两本教材却产生了深远影响。

二、作为特殊教材的《孟子节文》

《孟子节文》是明代出现的一本具有特殊意义的《孟子》教材。洪武二十七年（1394 年），朱元璋命翰林学士刘三吾等人删除《孟子》中“非臣子所宜言”的言论 80 余条，删减后编成《孟子节文》一书，颁行全国，作为学习《孟子》的标准教材。同时规定《孟子节文》中所删去的内容，“课试不以命题，科举不以取士”[①]。《孟子节

① 中国科学院图书馆，整理. 续修四库全书总目提要・经部 [M]. 北京：中华书局，1993: 921.

文》共通行 17 年，直至永乐九年（1411 年），《孟子》才得以恢复全貌。《孟子节文》的出现，既表明了朱元璋维护集权统治的教材编写目的，也体现出作为儒家经典的《孟子》在集权政治模式下的“真实命运”。[①]

《孟子节文》对《孟子》原文的删除非常之多，可以说将《孟子》中朱元璋认为不利于统治的篇章尽数删除。与今人杨伯峻的《孟子译注》对比可知，《孟子节文》共计删除《孟子》原文内容 88 章，占全书的 34%，其中删除《梁惠王上》6 章，《梁惠王下》11 章，《公孙丑上》5 章，《公孙丑下》6 章，《滕文公上》1 章，《滕文公下》6 章，《离娄上》12 章，《离娄下》9 章，《万章上》4 章，《万章下》6 章，《告子上》1 章，《告子下》4 章，《尽心上》4 章，《尽心下》13 章。[②]其中《尽心下》中的“民为贵，社稷次之，君为轻”，《离娄下》中的“君之视臣如手足”“君仁莫不仁”等内容最为朱元璋所厌烦，因此统统删除。从删除的章节比例来看，《梁惠王上》被删除的最多，总共 7 章，仅保留了《寡人之于国也》一章，删除比例高达 86%。其次是《梁惠王下》总共 16 章，仅保留《交邻国有道乎》《姑舍女所学而从我》《滕文公问事齐事楚》《滕文公问齐人将筑薛》《滕文公问竭力以事大国而不得免》等 5 章，删除比例达 69%。《万章下》共 9 章，仅保留《北宫锜问周室版爵禄》《孟子曰仕非为贫也》《一乡之善士斯友一乡之善士》等 3 章，删除比例为 67%。《滕文下》《公孙丑上》等的删除比例也在 50% 以上。

《孟子节文》所删内容多是孟子关于行仁政救民、民贵君轻说、人

---

① 赵庆伟.《孟子节文》与朱元璋的文化性格 [M]// 中国历史文献研究会，安徽省古籍整理出版办公室，编. 明清安徽典籍研究. 合肥：黄山书社，2005: 20-21.

② 关于《孟子节文》删节数的统计，可参看：朱高正. 孟子劫文 [M]// 韩国孟子学会. 孟子研究·第 2 辑，济南：齐鲁书社，1999: 369; 张佳佳.《孟子节文》研究 [D]. 北京：清华大学，2007.

民革命与反抗暴君、批评征兵征实、批判苛捐杂税、反对内战等内容的论说。[①]这些内容主要集中在《梁惠王》《公孙丑上》《离娄》《万章》等。而在《孟子节文》中保留较多的，是关于伦理道德、修身养性等内容。比如《滕文公上》中保留了孟子与滕文公谈论君臣之礼、祭祀之礼等内容，而将《滕文公问为国》一章删除。《告子上》仅将批评君王的《无或乎王之智》一章删除，孟子与告子论性，以“鱼与熊掌”为喻的仁义观等内容尽数保留。《告子下》《尽心上》《尽心下》等篇亦是依据上述标准进行删减。

《孟子节文》受朱元璋个人影响极大，其编纂的目的是最直接地维护统治利益。《孟子》书中原有的取之于民、用之于民的政治论断与主张，恰好与明代的统治理念相违背，犯了“时代错置的谬误——生乎今之世而志乎古之道”[②],因而才会出现《孟子节文》。与其他《孟子》教材最大的不同,《孟子节文》是节选，而非全书式的学习材料，这是除近代学科教材以外,《孟子》教材发展过程中独有的现象。《孟子节文》删除了《孟子》原文三分之一以上的内容，看似是减轻士人学习《孟子》的负担，实际上却割裂了《孟子》固有思想的系统性与连贯性，因而后人对《孟子节文》多持批判的态度。不过因统治者的态度,《孟子节文》还是通行了17年之久，并且作为科举考试的标准教材来使用，直到永乐年间孙芝奏复《孟子》全书,《孟子节文》的使命才被终结。《国史经籍志》《明史・艺文志》《四库全书总目提要》等目录文献中均未著录《孟子节文》，这也表明后世学者对《孟子节文》的基本态度。

---

① 容肇祖. 容肇祖集 [M]. 济南 : 齐鲁书社 , 1989: 170-183.

② 黄俊杰. 孟学诠释史中的一般方法论问题 [M]// 董洪利 , 方麟. 孟子二十讲. 北京 : 华夏出版社 , 2008: 329.

三、作为权威教材的《孟子集注大全》

《孟子集注大全》是《四书大全》中的一部，也是明代官方统一编写的《孟子》教材。其编纂目的与《四书大全》一致，针对当时“天下士所为学，言人人殊，俗异（而）政无统”[①]的情况，对学校教材做出统一规定。思想与言论的分殊会影响专制皇权，所以国家编写统一教材势在必行。在《四书大全》出现之前，朱熹的《四书章句集注》是自元代以来科举考试以及学校教育中的标准教材。明代对朱子之学极为推崇，《四书章句集注》的地位也十分突出，为进一步加强朱熹之学对科举考试与学校教育的影响，明成祖敕令胡广等人广泛收集、整理朱熹及其后学有关“四书”的成果，《大明太宗孝文皇帝实录·卷一五八》中记载，谕曰：“唱圣贤精义要道，其传注之外，诸儒议论，有发明余蕴者，尔等采其切当之言，增附于下。”最后编成《四书大全》，颁行全国，“国子监及天下府州县学，敕尽心讲究”[②]，《四书大全》就成为明代科举考试以及学校教育中的核心教材与权威教材，《孟子集注大全》也随之成为《孟子》的核心与权威教材，在士人的日常学习中被广泛使用。

《孟子集注大全》的编写体例是汇集“朱子集注诸家之说，分行小书。凡《集成》《辑释》所取诸儒之说，有相发明者采附其下，其背戾者不取”[③]。《孟子集注大全》中采用的观点均为程朱理学观点，凡不符合的均被视为异端而被排斥在外。而且《孟子集注大全》每篇之前，均有对本篇主要内容的介绍，比如《梁惠王章句上》篇首曰：“凡七章。勿轩熊氏曰：‘一章义利之辨，兼言孟子之学；二章言与民同乐；三、

① 〔清〕傅维鳞. 明书 · 选举志 [M]. 刻本. 出版地不详 : 本诚堂, 1695.

② 〔明〕朱健. 古今治平略 [M]. 刻本. 出版地不详 : 钟鋐, 1638.

③ 陈文新. 四书大全校注 (上)[M]. 武汉 : 武汉大学出版社, 2009: 9.

四、五、六章皆言仁政；七章兼言王霸之辨。'”[①]在篇首处明晰概括各篇章内容，也是《孟子集注大全》在形式上的一个特点。

《孟子集注大全》把宋代理学视作诠释儒家思想的正统，引用的前人言论，有郑玄、韩愈、孔颖达、周敦颐、张载、二程、邵雍、吕大临、谢良佐、真德秀、倪士毅等，其中绝大多数是宋代理学的代表及后继者。以《梁惠王章句上》为例，对孟子言“王何必曰利？亦有仁义而已矣”一句的注释，首先引朱熹《孟子集注》中的“仁者，心之德、爱之理。义者，心之制、事之宜也”为基础，随后引程子言“处物为义”、扬雄言“义以宜之”、韩愈言“行而宜之之谓义”等来佐证朱熹说法的合理性。之后引诸家对朱熹之说的评论，如谢枋得言“孟子仁人心一语，直说仁之本体，此朱子于《论》注先言爱，而《孟》注先言心，直得孔孟之要旨”；诸葛氏言“《孟子》此章以仁之体言，故《集注》先言心之德”；吴氏程言“孟子仁义，是先体后用，就专言处说仁，故《集注》释之互异”等。[②]其他章节也大体按照此顺序进行注释。

《孟子集注大全》引用的资料虽然较前人更加丰富，但解释变得混乱，可以说只是对诸家之说的罗列，而且更多的是在原有典籍基础上进行增删，并无个人创见和阐发，仅是对历代注释的汇编。当然，《孟子集注大全》作为官方统一编写的教材，确立了朱子之学的统治地位，其目的不在于创新，而是以统一教材的方式使程朱理学成为国家的正统思想。虽然其学术价值不大，但社会价值与教育价值却十分重要。《孟子集注大全》是科举考试的指定教材，这就将士人的学习内容限定在一个统一的范围内，满足了统治阶级对思想统一的要求，同时也束缚了士人的思想，阻碍思想的创造与更新，因而受到后世的质疑与

① 陈文新. 四书大全校注（下）[M]. 武汉：武汉大学出版社，2009: 762.

② 同上：763.

批判。虽然《孟子集注大全》的学术价值不高，但作为一本教材还是有着十分重要的意义。不只是因为《孟子集注大全》是由中央政府统一编写并推广传播的教材，还因为其对于士人日常的学习与考试来说，能提供诸多便利和帮助。《孟子集注大全》在明代学校教育中发挥着十分重要的作用，各府州县学均将其视作学习《孟子》的标准教材。直到清前期，《孟子集注大全》仍是各级各类学校的主要教材，“它与八股科举制度相结合，在封建社会后期的学术思想界以至全社会，都产生了深远的影响”[①]。

四、承袭朱注的《孟子》教材

除了《孟子节文》《孟子集注大全》这两种官方指定的教材外，明代还出现了其他数量可观的《孟子》类文献，这些文献多是由当时的进士等社会上层群体所编著的，成为人们学习、研究《孟子》的重要教材。

《明史·艺文志》中辑录的以单独形式出现的《孟子》类文献只有两种：一是陈士元的《孟子杂记》；二是管志道的《孟义订测》。《明史·艺文志》将《孟子杂记》与《孟义订测》收录其中，说明二书在当时产生了重要的影响。陈士元的《孟子杂记》将考证孟子生平事迹与阐释孟子思想相结合，故曰“杂记”。虽然对《孟子》思想的阐释并无多少新见，但在逸文、方言等考证方面，具有一定的价值。[②]《四库全书总目提要》也称其“谨严有体”“不为泛滥之危言”。管志道的《孟义订测》分“订释”“测义”两类，“订释”以朱熹的《孟子集注》为对

① 王毓铨. 中国通史 (15)[M]. 上海 : 上海人民出版社 , 2015: 346.

② 董洪利. 孟子研究 [M]. 南京 : 江苏古籍出版社 , 1997: 288.

象，其中不乏反驳朱熹之言论，但只是针对“理”的含义有不同的界定；“测义”皆是“自出臆说”，虽然《四库全书总目提要》称其为“狂禅一派”，但实际上管志道在《孟义订测》中体现出的是“义理相参，教体不滥”的儒释道三教合一的思想特点。[①]可以说管志道的《孟义订测》是对明代隆庆后期出现的三教合一思潮所作出的回应，因而具有明显的时代特色与价值。《孟子杂记》与《孟义订测》在后世同样受到重视，《四库全书》将二书收录其中，足见二书确是明代《孟子》类文献的重要代表，因而得以流传后世。

《明史·艺文志》中的其他《孟子》类文献均是以“四书”合编的形式出现的，比如王觉的《五经四书明音》、陶宗仪的《四书备遗》、刘醇的《四书解疑》、胡广等的《四书大全》、周洪谟的《四书辨疑录》、蔡清的《四书蒙引》、吕柟的《四书因问》、季本的《四书私存》、薛甲的《四书正义》、梁格的《集四书古义补》、苏濂的《四书通考补遗》、朱润的《四书通解》、廖纪的《四书管窥》、唐枢的《四书问录》、杨时乔的《四书古今文注发》、郑维岳的《四书知新日录》、史记事的《四书疑问》、郝敬的《四书摄提》、姚舜牧的《四书疑问》、林茂槐的《四书正体》、陶廷奎的《四书正学衍说》、刘元卿的《四书宗解》、陈仁锡的《四书语录》、张溥的《四书纂注大全》等。从《明史·艺文志》中文献收录的情况来看，“四书”类文献远远超过了以单独形式出现的《孟子》类文献，这表明在明代，《孟子》依旧主要是作为“四书”之一而被学习与传授的。当然，以单独形式出现的《孟子》类文献不止《孟子杂记》和《孟义订测》两种。

《经义考》补充了除陈士元的《孟子杂记》和管志道的《孟义订测》以外的 17 种《孟子》类文献。其中《明史·艺文志》中没有收录的

① 张永刚. 明末清初党争视阈下的钱谦益文学研究 [M]. 南京：凤凰出版社，2012: 46-47.

《孟子节文》，被《经义考》辑录，这也显示出不同时代学者对《孟子节文》的态度。

综合上述文献记载，可以看出明代《孟子》类文献的一些基本特点。

第一，程朱理学因明代统治者的提倡而定于一尊，《四书五经大全》的颁布则进一步强化了以程朱理学为标准的学术研究取向。受此影响，明代《孟子》类文献上承朱熹注本，下效《四书五经大全》，撰述虽多，但也不出二者的窠臼。如以单独形式出现的《孟子》类文献主要有杨守陈的《孟子私抄》、李承恩的《孟子记》、姚牧舜的《孟子疑问》、吕柟的《孟子因问》、林士元的《孟子衍义》、陈一经的《孟子大全纂》、管志道的《孟义订测》等，主要围绕着程朱理学来探讨《孟子》，并且较关注孟子的性善论、仁政说等内容。

明代中后期，受疑古思潮以及实学思潮的影响，考据学开始显现，出现一系列以考据为主的《孟子》类文献，比如陈士元的《孟子杂记》、谭贞默的《孟子编年略》、郝敬的《孟子说解》(前附《孟子遗事》)等。虽然考据还不是明代中后期《孟子》研究的主要趋势，但考据类文献的出现还是为当时士人学习、研究《孟子》提供了新的思路——不再局限于朱子之学和《四书五经大全》。

第二，从明代《孟子》类文献著者群体特征来看，籍贯在江浙地区的学者占据主导，而且主要以进士、举人群体为主。比如《孟子集注大全》的主要编者胡广是建文二年（1400 年）状元，《孟子编类》的作者童品是弘治九年（1496 年）进士，《孟子因问》的作者吕柟为正德三年（1508 年）状元，《孟子衍义》的作者林士元是正德九年（1514 年）进士，《孟子编年略》的作者谭贞默是崇祯元年（1628 年）进士，《绘孟》的作者戴君恩是万历四十一年（1613 年）进士，《孟子贯义》的作者陈懿典是万历二十年（1592 年）进士，等等。明代《孟子》类文献著者以南方进士、举人群体为主的现象，与当时的地域文化有着紧密的关联。明代文化的地域差异极为明显，根据《列朝诗集小传》记载，明初就盛传“翰林多吉水，朝士半江西”。江南地区科举的兴盛，促使江南士子在功名上超过北方士子。北方士子对江南时文体制的极力模仿，这就使得江南八股文在当时的社会上颇负盛名。进士群体为官僚人才的主要来源，由于南北文化发展水准的差异，南方士子在科举中取得了绝对的优势。据统计，洪武四年（1371 年）至万历四十四年（1616 年），状元、榜眼、探花和会元的数量共计 244 人，其中籍贯在南方的有 215 人，占 88%；籍贯在北方的有 29 人，仅占 12%。[①]

第三节 《孟子》与清代经学课程

一、“十三经”课程的形成

关于“十三经”的形成，顾炎武有过详细论述：“自汉以来，儒者相传，但言‘五经’。而唐时立之学官，则云‘九经’者，‘三礼’‘三传’分而习之，故为九也。其刻石国子学，则云‘九经’并《孝经》《论语》《尔雅》。宋时程、朱诸大儒出，始取《礼记》中之《大学》《中庸》，及进《孟子》以配《论语》，谓之‘四书’。本朝因之，而‘十三经’之名始立。”[②] 从“十三经”的形成过程来看，《孟子》是最后加入的，“从《孟子》成书到《孟子》被列入经书行列，再到有‘十三经’名称，大约经历了一千五百年的时间”[③]。这一时期，“十三经”经历

① 据陈建《皇明通纪》记载统计所得。参见：陈宝良. 悄悄散去的幕纱——明代文化历程新说 [M]. 西安：陕西人民教育出版社，1988: 16.

② 〔清〕顾炎武. 日知录校注 [M]. 合肥：安徽大学出版社，2007: 996.

③ 来新夏. 书之传承——时间里的图书史 [M]. 天津：天津教育出版社，2013: 109.

了不断演进的过程，从“二经”“三经”“四经”“五经”“六经”“七经”“九经”“十经”“十一经”“十二经”，再到“十三经”。[①] 经目的内容构成也经历了筛选、争论、定型的过程。“十三经”课程的形成，首先要对“十三经”教材进行规范和统一，清代“石十三经”的颁刻很好地解决了这一问题。

石经是“专门针对经学的石刻文本，是相应时代的标准文本而非一般文本，由文字异同来认识今古文和经义之异同”[②]。所以，石经是历代解决经学文本统一性问题的主要方式，如熹平石经、正始石经、开成石经、后蜀石经、嘉祐石经、御书石经等。[③] 同时，石经还是历代士人学子学习参照的标准教材，“石经在经书的流传过程中起到了重要的校勘范本作用，石经是官方和学者联手确立的一个经书善本”[④]。《孟子》第一次刻为石经是宋仁宗诏刻的嘉祐石经，这也与《孟子》“升经”成为专经课程的时间相符。此后，《孟子》一直都是石经的主要内容。据载，乾隆五十六年（1791 年）谕：

> 自汉唐宋以来，皆有石经之刻，……但历年久远，率多残缺，即间有片石流传，如开成、绍兴年间所刊，今尚存贮西安、杭州等府学者，亦均非全经完本。我朝文治光昌，崇儒重道，朕临御五十余年，稽古表章，孜孜不倦。……而《十三经》虽有武英殿刊本，未经勒石。因思从前蒋衡所进手书《十三经》，曾命内廷翰林详覆舛讹，藏弆懋勤殿有年，允宜刊之石版，列于太学，用垂永

① 周大璞. 古代汉语教学辞典 [M]. 长沙：岳麓书社，1991: 391-393.
② 虞万里. 七朝石经研究新论 [M]. 上海：上海书店出版社，2019: 4.
③ 张岱年. 孔子百科辞典 [M]. 上海：上海辞书出版社，2010: 196.
④ 张三夕. 中国古典文献学 [M]. 3 版. 武汉：华中师范大学出版社，2018: 43.

久。……以副朕尊经崇文之至意。[①]

乾隆五十九年（1794年）清石经（亦称“乾隆石经”）刊刻完成，包含“十三经”，共计六十三万字，外加《谕旨告成表文》一碑，共计一百九十碑。清石经是历代儒家经典刻碑中最完整的一部，[②]成为“十三经”教材的范本，“十三经”课程也成为清代学校教育中的基础课程。

清代学校教育延续明代的做法，从最基础的启蒙教育开始便将科举考试的相关内容与要求纳入学校教育当中，正如莫与俦所说：“国家以经艺取士，群天下之人于‘六经’‘四子’中，童而习其文，长而试其义，学臣师长为董勤，岁科乡会为之甄拔，所以使之服习圣贤之遗训，以定夫趋向之所从，矫其戾而正其偏，范其轶而策其退。”[③]国子监的教学内容以“四书”、“五经”、《性理大全》、《通鉴纲目》为主，兼通“十三经”、“二十一史”以及诏、诰、表、策论、判等。地方各级官学的教学内容与国子监大体相同。可见，在清代的各级教育中，以“四书”“五经”为基础的教育体系已相当成熟。“四书”与“五经”是最基础的专经课程。《性理大全》《通鉴纲目》等则是与“四书”“五经”相配合的必修课程，不过因科举考试的要求，还有一门课程是必修的，即读写八股文。[④]此外，还应兼修“十三经”、历代史书等。这样一来，“十三经”既是经学教材，同时也成为一门课程，即“十三经”课程。

① 《中华大典》工作委员会，《中华大典》编纂委员会. 中华大典·教育典·教育制度分典[M]. 上海：上海古籍出版社，2012: 1038.

② 徐雁，黄镇伟，张芳. 中国古代物质文化史·书籍[M]. 北京：开明出版社，2018: 55-56.

③ 〔清〕莫与俦. 示诸生教一[M]// 李国钧. 清代前期教育论著选（下册）. 北京：人民教育出版社，1990: 344.

④ 吴洪成. 中国学校教材史[M]. 重庆：西南师范大学出版社，1998: 170.

《孟子》在清代的教育体系中既是“四书五经”课程，也是“十三经”课程，二者并不冲突，并且其专经课程的地位因清代帝王对孟子其人其书的尊崇与提倡又得到进一步的提升。比如，康熙皇帝曾亲书碑文，颂扬孟子：

> 惟子舆氏，距诐放淫；以承先圣，以正人心。述舜称尧，私淑孔子。……我读其书，曰仁曰义；遗泽未湮，闻风可企。岳岳亚圣，岩岩泰山；功迈禹稷，德参孔颜。①

据《邹县志・世职篇》记载，雍正年间，雍正皇帝曾于乾清门召见孟子后裔孟衍泰，并说：“尔等圣贤之后，当效法祖先，存至诚道理，方不愧圣贤后裔。”乾隆皇帝数次南巡和东巡，曾派遣光禄寺卿、刑部侍郎、礼部侍郎等高级官吏至邹县祭祀孟子。孟子在清代受到尊崇，使孟子“亚圣”的地位更加巩固，在科举导向的学校教育中，《孟子》作为专经课程、权威课程的地位也更加稳固。

二、《孟子》与清代科举考试

清代的科举考试承袭明制，“取四子书及《易》《书》《诗》《春秋》《礼记》五经命题，谓之制义”②。在考试制度的设计与安排方面，与明代相比，清代更加具体、完善。清代科举制度与研习儒家经典的官学体制互相配合，明确规定士子求学研习的内容和范围，以此来规范士人的学术旨趣和行为方式。儒家经典对于政论分析来说是非常重要的，在科

---

① 邵泽水. 孟府孟庙碑文楹联集萃 [M]. 北京 : 中国社会出版社 , 2011: 230.

② 〔清〕赵尔巽 , 等. 清史稿 [M]. 中华书局编辑部 , 点校. 北京 : 中华书局 , 1977: 3147.

举考试过程中士子们除了要表现对朝廷的忠诚外，还要显现对于程朱理学的无上推崇，而协调二者最有力的论说，往往来自《孟子》。清代科举考试在《孟子》试题选择上也充分体现出作为“正统之学”的程朱理学与帝制意识形态之间的有效连接。清代会试中的《孟子》试题，虽然试题范围与明代大体一致，但考试的侧重点与明代已经有很大的不同，尤其是在明代会试试题中较少出现的“心性论”“人性论”等内容，在清代会试试题中出现的次数与比例大幅增加（见表 4-3）。

表 4-3　清代会试中的《孟子》试题一览表

时　间	试　题	出　处
顺治三年（1646 年）丙戌科会试	王道之始也	《梁惠王上》
顺治四年（1647 年）丁亥科补行会试	行天下之（由之）	《滕文公下》
顺治六年（1649 年）己丑科会试	无	无
顺治九年（1652 年）壬辰科会试	经正则庶（句）	《尽心下》
顺治十二年（1655 年）乙未科会试	仁言不如（章）	《尽心上》
顺治十五年（1658 年）戊戌科会试	君子所性（二节）	《尽心上》
顺治十六年（1659 年）己亥科会试	为人臣者（接也）	《告子下》
顺治十八年（1661 年）辛丑科会试	易其田畴（二节）	《尽心上》
康熙三年（1664 年）甲辰科会试	无	无
康熙六年（1667 年）丁未科会试	无	无
康熙九年（1670 年）庚戌科会试	有天爵者（二节）	《告子上》
康熙十二年（1673 年）癸丑科会试	尽其心者（节）	《尽心上》
康熙十五年（1676 年）丙辰科会试	人有恒言（章）	《离娄上》
康熙十八年（1679 年）己未科会试	无为其所（章）	《尽心上》
康熙二十一年（1682 年）壬戌科会试	圣人治天（四句）	《尽心上》

续 表

时　间	试　题	出　处
康熙二十四年（1685年）乙丑科会试	圣人百世（章）	《尽心下》
康熙二十七年（1688年）戊辰科会试	天下之言（章）	《离娄下》
康熙三十年（1691年）辛未科会试	非其义也（诸人）	《万章上》
康熙三十三年（1694年）甲戌科会试	孔子登东（章）	《尽心上》
康熙三十六年（1697年）丁丑科会试	禹闻善言（二段）	《公孙丑上》
康熙三十九年（1700年）庚辰科会试	圣人之于（子也）	《公孙丑上》
康熙四十二年（1703年）癸未科会试	原泉混混（节）	《离娄下》
康熙四十五年（1706年）丙戌科会试	设为庠序（节）	《滕文公上》
康熙四十八年（1709年）己丑科会试	孔子之谓（二节）	《万章下》
康熙五十一年（1712年）壬辰科会试	由尧舜至（三节）	《尽心下》
康熙五十二年（1713年）癸巳万寿恩科会试	我善养吾（与道）	《公孙丑上》
康熙五十四年（1715年）乙未科会试	口之于味（我口）	《尽心下》
康熙五十七年（1718年）戊戌科会试	昔者子贡（圣矣）	《公孙丑上》
康熙六十年（1721年）辛丑科会试	自生民以（二句）	《公孙丑上》
雍正元年（1723年）癸卯恩科乡（会）试	若禹皋陶（句）	《尽心下》
雍正二年（1724年）甲辰科补行正科会试	菽粟如水（二句）	《尽心上》
雍正五年（1727年）丁未科会试	孔子圣之（句）	《万章下》
雍正八年（1730年）庚戌科会试	见其礼而（节）	《公孙丑上》
雍正十一年（1733年）癸丑科会试	禹恶旨酒（二节）	《离娄下》
乾隆元年（1736年）丙辰科会试	欲为君尽（五句）	《离娄上》
乾隆二年（1737年）丁巳恩科会试	人皆有不（政矣）	《公孙丑上》
乾隆四年（1739年）己未科会试	君子所性（于心）	《尽心上》
乾隆七年（1742年）壬戌科会试	所过者化（二句）	《尽心上》

续 表

时　间	试　题	出　处
乾隆十年（1745 年）乙丑科会试	于季桓子（三段）	《万章下》
乾隆十三年（1748 年）戊辰科会试	鲁君之宋（二句）	《尽心上》
乾隆十六年（1751 年）辛未科会试	舜之居深（章）	《尽心上》
乾隆十七年（1752 年）壬申恩科会试	孟子之滕（廋也）	《尽心下》
乾隆十九年（1754 年）甲戌科会试	且夫枉尺（以利）	《滕文公下》
乾隆二十二年（1757 年）丁丑科会试	无	无
乾隆二十五年（1760 年）庚辰科会试	无	无
乾隆二十六年（1761 年）辛巳恩科会试	无	无
乾隆二十八年（1763 年）癸未科会试	淳于髡曰（去之）	《告子下》
乾隆三十一年（1766 年）丙戌科会试	诐辞知其（四句）	《公孙丑上》
乾隆三十四年（1769 年）己丑科会试	人之有德（二句）	《尽心上》
乾隆三十六年（1771 年）辛卯恩科科会试	今曰性善（二句）	《告子上》
乾隆三十七年（1772 年）壬辰科会试	人能充无（不言）	《尽心下》
乾隆四十年（1775 年）乙未科会试	敢问何谓（言也）	《公孙丑上》
乾隆四十三年（1778 年）戊戌科会试	且子食志（食志）	《滕文公下》
乾隆四十五年（1780 年）庚子恩科会试	尽信书则（句）	《尽心下》
乾隆四十六年（1781 年）辛丑科会试	待文王而（民也）	《尽心上》
乾隆四十九年（1784 年）甲辰科会试	吾为之范（获十）	《滕文公下》
乾隆五十二年（1787 年）丁未科会试	道在迩而（章）	《离娄上》
乾隆五十四年（1789 年）己酉预行正科会试	苟为不熟（二句）	《告子上》
乾隆五十五（1790 年）年庚戌恩科会试	使数人要（于朝）	《公孙丑下》
乾隆五十八年（1793 年）癸丑科会试	无	无
乾隆六十年（1795 年）乙卯恩科会试	齐人曰所（知也）	《公孙丑下》

续 表

时 间	试 题	出 处
嘉庆元年（1796 年）丙辰恩科会试	无	无
嘉庆四年（1799 年）己未科会试	孟子曰尽（天矣）	《尽心上》
嘉庆六年（1801 年）辛酉恩科会试	民之为道（为也）	《滕文公上》
嘉庆七年（1802 年）壬戌科会试	居天下之（三句）	《滕文公下》
嘉庆十年（1805 年）乙丑科会试	夫志至焉（其气）	《公孙丑上》
嘉庆十三年（1808 年）戊辰科会试	人伦明于（二句）	《滕文公上》
嘉庆十四年（1809 年）己巳万寿恩科会试	得天下有（民矣）	《离娄上》
嘉庆十六年（1811 年）辛未科会试	存其心养（天也）	《尽心上》
嘉庆十九年（1814 年）甲戌科会试	行有不得（归之）	《离娄上》
嘉庆二十二年（1817 年）丁丑科会试	仁人之安（二句）	《离娄上》
嘉庆二十四年（1819 年）己卯恩科会试	无	无
嘉庆二十五年（1820 年）庚辰科会试	以善服人（天下）	《离娄下》
道光二年（1822 年）壬午恩科会试	无	无
道光三年（1823 年）癸未科会试	无	无
道光六年（1826 年）丙戌科会试	是集义所（馁也）	《公孙丑上》
道光九年（1829 年）己丑科会试	夏曰校亲（于下）	《滕文公上》
道光十二年（1832 年）壬辰恩科会试	乐天者保（三句）	《梁惠王下》
道光十三年（1833 年）癸巳科会试	权然后知（一节）	《梁惠王上》
道光十五年（1835 年）乙未科会试	吾身不能（弃也）	《离娄上》
道光十六年（1836 年）丙申科会试	天下在达（德一）	《公孙丑下》
道光十八年（1838 年）戊戌科会试	诵其诗（友也）	《万章下》
道光二十年（1840 年）庚子科会试	用下敬上（尊贤）	《万章下》
道光二十一年（1841 年）辛丑恩科会试	诗云王赫（五句）	《梁惠王下》

续 表

时　　间	试　　题	出　　处
道光二十四年（1844 年）甲辰科会试	而以为未（二句）	《告子上》
道光二十五年（1845 年）乙巳恩科会试	至于治国（玉哉）	《梁惠王下》
道光二十七年（1847 年）丁未科会试	孟子曰予（已也）	《滕文公下》
道光三十年（1850 年）庚戌科会试	五十而慕（之矣）	《万章上》
咸丰二年（1852 年）壬子科会试	昼尔于茅（四句）	《滕文公上》
咸丰三年（1853 年）癸丑科会试	孟子道性（二句）	《滕文公上》
咸丰六年（1856 年）丙辰科会试	莫如为仁	《公孙丑上》
咸丰九年（1859 年）己未科会试	焉能使予不遇哉	《梁惠王下》
咸丰十年（1860 年）庚申科会试	定于一	《梁惠王上》
同治元年（1862 年）壬戌科会试	乐民之乐（至）忧以天下	《梁惠王下》
同治二年（1863 年）癸亥恩科会试	于是始兴发（至）之乐	《梁惠王下》
同治四年（1865 年）乙丑科会试	不违农时（二句）	《梁惠王上》
同治七年（1868 年）戊辰科会试	以予观于夫子（二句）	《公孙丑上》
同治十年（1871 年）辛未科会试	天下之善士（二句）	《万章下》
同治十三年（1874 年）甲戌科会试	孟子曰君仁莫不仁（二句）	《离娄上》
光绪二年（1876 年）丙子恩科会试	惟义所在	《离娄下》
光绪三年（1877 年）丁丑科会试	见贤焉然后用之	《梁惠王下》
光绪六年（1880 年）庚辰科会试	又尚论古之人颂其诗读其书不知其人可乎是以论其世也	《万章下》

资料来源：〔清〕黄崇兰，辑．国朝贡举考略（四卷）[M]// 鲁小俊，江俊伟，校注．贡举志五种（下）．武汉：武汉大学出版社，2009: 1057-1388. 因研究需要，有所改动。

第一，从试题的选择范围来看，会试中的《孟子》试题基本上涵盖了《孟子》的全部篇章，与明代不同的是侧重点有所变化。明代的《孟子》试题侧重于《万章下》和《尽心上》，而清代则侧重于《尽心上》和《公孙丑上》。其中，《尽心上》出题最多，为16次，其次为《公孙丑上》，为13次，之后是《离娄上》8次，《尽心下》8次，《梁惠王下》7次，《万章下》7次，《滕文公上》6次，《滕文公下》6次，《离娄下》5次，《梁惠王上》4次，《告子上》4次，《公孙丑下》3次，《万章上》2次，《告子下》2次。

《尽心上》中的《尽其心者，知其性也》章被选作试题3次，分别为康熙十二年（1673年）癸丑科会试的“尽其心者（节）”，嘉庆四年（1799年）己未科会试的“孟子曰尽（天矣）”，嘉庆十六年（1811年）辛未科会试的“存其心养（天也）”。《易其田畴，薄其税敛，民可使富也》章亦被选作3次，为顺治十八年（1661年）辛丑科会试“易其田畴（二节）”，康熙二十一年（1682年）壬戌科会试的“圣人治天（四句）”，雍正二年（1724年）甲辰科补行正科会试的“菽粟如水（二句）”。《孔子登东山而小鲁》章被选作2次，其他如《仁言不如仁声之入人深》《舜之居深山之中》《无为其所不为》《人之有德慧术知者》《广土众民，君子欲之》等均出现1次。

《公孙丑上》被选试题的篇章相对比较集中，主要以《夫子加齐之卿相》章为主，共出现10次，分别为康熙三十九年（1700年）庚辰科会试的“圣人之于（子也）”，康熙五十二年（1713年）癸巳万寿恩科会试的“我善养吾（与道）”，康熙五十七年（1718年）戊戌科会试的“昔者子贡（圣矣）”，康熙六十年（1721年）辛丑科会试的“自生民以（二句）”，雍正八年（1730年）庚戌科会试的“见其礼而（节）”，乾隆三十一年（1766年）丙戌科会试的“诐辞知其（四句）”，乾隆四十年（1775年）乙未科会试的“敢问何谓（言也）”，嘉庆十年（1805年）乙丑科会试的“夫志至焉（其气）”，道光六年（1826 年）丙戌科会试的“是集义所（馁也）”，同治七年（1868 年）戊辰科会试“以予观于夫子（二句）”。其中，“自生民以来，未有夫子也”一段出现的频率较高，如“圣人之于（子也）”“自生民以（二句）”“以予观于夫子”等试题均与此段相关。

在《滕文公上》中，《滕文公问为国》章被选作试题的次数最多，共 5 次，分别为康熙四十五年（1706 年）丙戌科会试的“设为庠序（节）”，嘉庆六年（1801 年）辛酉恩科会试的“民之为道（为也）”，嘉庆十三年（1808 年）戊辰科会试的“人伦明于（二句）”，道光九年（1829 年）己丑科会试的“夏曰校亲（于下）”，咸丰二年（1852 年）壬子科会试的“昼尔于茅（四句）”。《离娄上》《尽心下》《梁惠王下》《滕文公下》等篇，所选试题相对来说比较分散，内容基本以孟子的“仁政说”与“人性论”为主。

第二，从试题的时间分布来看，清代前中期的会试试题，主要选择《尽心上》《尽心下》《公孙丑上》《离娄下》等篇中的内容，尤其是《尽心上》《尽心下》，顺治、康熙、雍正、乾隆等朝都曾连续几届会试从中出题，比如顺治九年至十五年（1652—1658）的三次会试、康熙十八年至二十四年（1679—1685）的三次会试等。这也决定了《孟子》在清前中期的学习与传授具有一定的连续性。清中后期的会试试题，主要从《滕文公上》《梁惠王上》《梁惠王下》等篇中出题，如咸丰、同治、光绪等朝较多关注《梁惠王上》中孟子与梁惠王谈论如何施政的问题。

第三，与明代相比，清代会试中《孟子》试题的内容已经较为宽泛，除了孟子的“仁政思想”仍是重点内容外，“性善论”“心性说”等内容，也较多地成为科举考试的试题，如“尽其心者，知其性也”（《尽心上》）、“我善养吾浩然之气”（《公孙丑上》）、“人皆有不忍人之心”

（《公孙丑上》）、“性无善无不善也”（《告子上》）、“孟子道性善”（《滕文公上》）等都曾以试题的形式出现。

由此可以看出，清代科举考试的内容，已经涵盖了孟子的全部思想，而不再像明代会试试题那样对《孟子》的思想有所取舍，对《孟子》来说，这无疑具有重要意义。士人对《孟子》的学习，也就可以从整体上贯通，与“四书”中的其他三书结合起来，这更有利于《孟子》思想的发展与传播。

三、实学与《孟子》的传授

在清代，科举考试对《孟子》的学习与传授具有重要的导向作用。不过，以经世致用为核心的实学思潮经过明末清初思想家们的大力提倡，在清代得到更为广泛的传播，不同流派对儒家经典的重新诠释，使得当时士人对《孟子》的学习与传授也出现了新的导向。

随着西方传教士与商人陆续来到中国，“西学东渐”的思潮开始出现。受此冲击，传统的理学思想逐渐暴露出弊端，以黄宗羲、顾炎武、王夫之等为代表的思想家，对理学造成的种种弊端进行了理性反思和深层批判，形成了一股社会变革思潮，逐渐呈现出匡时济世、经世致用的特点，并由性理之学转向了考据之学，其目的是通过经世致用的思想挽救社会危机与民族危机。受此影响，清代士人对《孟子》的学习与传授也发生了重大转变，他们不再仅仅把《孟子》作为科举考试的重要内容，用程朱理学的观念加以限制，而是从经世致用的角度出发，将《孟子》作为重要的教学内容加以传授。

第一，黄宗羲批判宋明理学空谈性命的治学方法，倡导经世致用的求实学风。黄宗羲的思想，上承刘宗周，同时受王阳明心学的影响。其代表作《孟子师说》集中体现他对孟子思想的认识，通过批判元明以来空谈心性、固守朱子之学的空疏学风，还原《孟子》本来的面目。在心性说方面，黄宗羲承袭并发挥刘宗周关于“慎独”的思想。黄宗羲认为：“夫在天为气者，在人为心；在天为理者，在人为性。理气如是，则心性亦如是，决无异也。”[①] 黄宗羲反对将人性分为天命之性和气质之性，主张心性合一，在对《我善养吾浩然之气》章的解释中，黄宗羲就表达了“理不可见，见之于气；性不可见，见之于心。心即气也”的心性合一主张。在政论方面，黄宗羲指出三代之治的本质，就是以仁义之心，推行仁义之政，这恰好与孟子的仁政说相符合。对于孟子所讲的“何必曰利，亦有仁义而已矣”，黄宗羲解释道：“天地以生物为心，仁也；其流行次序万变而不紊者，义也。仁是乾元，义是坤元，乾坤毁，则无以为天地矣。故国之所以治，天下之所以平，舍仁义便无他道。”[②] 黄宗羲用《易经》中的概念来解释“仁”与“义”，上升到更抽象、更具有哲理意义的“仁义”论，并用其来解释井田制、田赋制、民贵君轻等仁政思想的合理性。比如，黄宗羲列举了三代帝王所施行的仁政措施：“为之井田”“为之学校”“为之兵车”“为之封建”“为之丧葬”“为之祭祀”“为之礼”“为之乐”等。同时黄宗羲还讲“事功”与“仁义”不分，“自后世儒者，事功与仁义分途，于是当变乱之时，力量不足以支持，听其陆沉鱼烂，全身远害，是乃遗亲后君者也”[③]。黄宗羲认为的“事功”，是超越一己私利的天下大事，是志存高远的儒者所应具备的基本素质，表现出一种强烈的经世致用思想。

总之，黄宗羲对《孟子》的诠释，代表着一种社会启蒙的思想潮流——批判程朱理学的空疏学风，倡导经世致用的学习氛围。同时也代

---

① 〔清〕黄宗羲. 文庄罗整庵先生钦顺 [M]//〔清〕黄宗羲. 明儒学案. 沈芝盈，点校. 北京：中华书局，2008: 1107.

②③ 〔清〕黄宗羲. 孟子师说 [M]//〔清〕黄宗羲. 黄宗羲全集（第 1 册）. 杭州：浙江古籍出版社，1985: 49.

表当时士人学习《孟子》的思路与方法。不只是《孟子》，黄宗羲创立的浙东学派，在史学、经学等的研究上，同样以“实学、实事、实功”的经世致用思想，为清代考据学的兴盛以及晚清经世之学的复归奠定了基础。

第二，在反思和批判理学的潮流中，颜李学派是最突出的一支。颜李学派倡导“事功”，力倡“经世致用”之学以对抗宋明儒者的性理之学，批评宋明理学的空疏学风，主张恢复孔子的礼、乐、射、御、书、数等实学，形成“实文、实行、实体、实用”的实学思想体系。颜元在反对宋明理学时，高标孔孟，在他看来，程朱理学不仅没有得到孔孟真传，而且与孔孟思想背道而驰，“必破一分程朱，始入一分孔孟”[①]。颜元的思想是在恢复孔孟思想本身基础上的创新。颜元认为《孟子》书中本身就蕴含着实用的思想，康熙四十三年（1704 年）二月，颜元教导学生说：“孟子‘必有事焉’句是圣贤宗旨。心有事则心存，身有事则身修，至于家之齐，国之治，天下之平，皆有事也。无事则道统、治统俱坏。故乾坤之祸，莫甚于释氏之空无，宋人之主静。”[②]颜元通过《孟子》书中的“必有事焉”一句，引出其所倡导的实学的本质是“见理于事”，而宋人所讲的“无事之理”，是空谈的“虚学”，是危害社会的祸水。实际上，颜元是借孟子之口来批判程朱理学。

颜元从社会现实的角度出发，推崇《孟子》中的仁政学说，他说：“孟子气象甚广大，规略甚旷远。只谈学常从事父从兄上着力，谈治必在田里树畜上着手，便平实，便王道，前无五霸，后无宋儒矣。”[③]孟子所谓的井田制、封建制，均是施行仁政、王道的基本措施。基于回归孔孟儒学

① 〔清〕颜元. 颜元集 [M]. 王星贤，张芥尘，郭征，点校. 北京：中华书局，1987: 774.

② 同上：631.

③ 同上：244.

的经世致用思想，颜元在开门授徒时，注重以实育人。他晚年主持漳南书院，对学生进行德、智、体的教育。其弟子李塨沿着这一理路，进一步提倡“事物之教”“六艺之学”，崇尚艺能，讲求功用，推动了实学的发展。

第三，清代中后期的考据学虽然继承和发展黄宗羲、顾炎武等严谨求实的治学方法和风格，却丢弃了经世致用的精神，逐渐沉溺于典籍的烦琐考证，罔顾现实社会与国计民生的重大问题。这与清政府实行的文化专制政策有关。于是一批研究古文经学的学者开始转向研究与现实政治关系密切的今文经学。这些学者因推崇《公羊传》和今文经学而被称为“公羊学派”。该学派以刘逢禄、宋翔凤等为发端，经龚自珍、魏源得到发扬，康有为等也深受影响。

宋翔凤著有《孟子赵注补正》一书，该书用考据的方式对赵岐的《孟子章句》进行补正，博考群经传注中的名物制度、古事古言，纠正谬误，厘定词句等，以今文经学的治学特点，来进一步诠释《孟子》的思想。

龚自珍与魏源则代表了“开眼看世界”的中国先进知识分子对传统文化的重新审视。龚自珍用《梁惠王上》中“无恒产而有恒心者，惟士为能”的思想，来规范士大夫阶层的道德品质，他说：“虽然，此士大夫所以自律则然，非君上所以律士大夫之言也。得财则勤于服役，失财则怫然愠，此诚厮仆之所为，不可以概我士大夫。然而卒无以大异乎此者，殆势然也。”① 这是说为官者要一心为国为民，不应过多考虑个人俸禄生活之享受，这是为官者的自律使然。龚自珍在这里通过对《孟子》的诠释，强调“心力”与“自律”② 的道德形成方式，并提出了一种官吏需要养成的观念，具有近代民主思想色彩。魏源更加强调以天下为己任，讲求经世之学，提出“师夷长技以制夷”。对于《孟子》，魏源首先

① 〔清〕龚自珍. 明良论一 [M]//〔清〕龚自珍. 龚自珍全集. 王佩诤，点校. 北京：中华书局，1959: 29.
② 高瑞泉. 从历史中发现价值 [M]. 北京：中国大百科全书出版社，2006: 73.

承袭清代考据学的传统，对《孟子》的作者、游历情况进行考证，著有《孟子小记》《孟子年表考》等。其次，魏源认为孟子的思想是简易而实用的，他说："自以为学孟子为易简直捷而适于用，学曾子为笃实严密而切于体，于圣门为好仁、恶不仁之分，虽万世无弊可也。"① 这表明魏源对《孟子》的基本态度与当时士人希望借重新考虑儒学的社会功用与价值，以推动社会变革的想法是相一致的。

综上所述，清代士人对《孟子》的学习与传授，深受清代学术思潮变化的影响。其变化是针对程朱理学统治之下《孟子》等儒家经典空疏无用的学习风气，一批士人力图通过用经世致用的思想重新解释儒家经典，以达到治国安邦的目的。这样，《孟子》也就不单单是一本在学校教育与科举考试中所使用的教材，而且是维持社会发展稳定的理论指导书籍，《孟子》的现实意义与价值也变得更加明晰。

第四节 《孟子》与清代经学教材

一、清代官方颁定的《孟子》教材

清代学校教材的选择与出版延续明代旧制，由政府统一制定，各级学校、地方政府、地方书局、私人出版等遵照执行。政府编制的教材通过统一有效的方式流通与传播，对教育的发展起到最直接的促进作用。在清代，作为专经课程的《孟子》，在政府统一指定的教材中基本上是以"四书"合编与"十三经"合编的形式出现的，其中《四书大全》《四书章句集注》等经典教材依旧延续使用，帝王所编教材、满文教材、满汉合文教材等在清代的《孟子》教材中也占有一定的比例，

① 〔清〕魏源. 魏源全集(第13册)[M]. 长沙：岳麓书社，2011: 119.

反映出在清朝统治下，《孟子》等传统典籍在教育领域发生的变化，这种变化不仅体现在教材编写形式上，在教材内容上也同样具有明显的时代特色（见表 4-4）。

表 4-4 清代内府刊刻的《孟子》教材一览表

书　名	卷　数	版　本
《五经四书大全》	一百五十七卷附录十七卷	明内府刻清康熙十二年（1673 年）重修本
《日讲四书解义》	二十六卷	清康熙十六年（1677 年）内府刻本
《日讲四书解义》	二十六卷	清康熙十六年（1677 年）内府刻满文本
《十三经注疏》	三百四十八卷	明万历北京国子监刻，清康熙二十五年（1686 年）重修本
《钦定篆文六经四书》	六十三卷	清康熙内府刻本
《四书章句集注》	二十八卷	清康熙内府影元刻本
《五经四书读本》	七十七卷	清雍正年国子监刻本
《驳吕留良四书讲义》	八卷	清雍正年内府刻本
《十三经注疏》附考证	三百四十八卷	清乾隆四年至十二年（1739—1747）武英殿刻本
《钦定四书文》	不分卷	清乾隆五年（1740 年）武英殿刻本
《御制翻译四书》	六卷	清乾隆六年（1741 年）武英殿刻满文本
《御制翻译四书》	六卷	清乾隆二十年（1755 年）武英殿刻满汉合璧本
《御制翻译四书》	六卷	清乾隆二十六年（1761 年）武英殿刻满汉合璧本
《四书章句集注》	二十一卷	清内府刻本
《四书章句集注》	二十四卷	清内府刻袖珍本
《四书讲章》	不分卷	清内府刻满文本

资料来源：翁连溪. 清代内府刻书研究(下)[M]. 北京 : 故宫出版社 , 2013: 附录 364-470. 因研究需要，有所改动。

从表 4–4 来看，“四书”教材刊刻最多，以《四书五经大全》《四书章句集注》为主，并且有多种版本流传，足见《四书五经大全》与《四书章句集注》在当时的地位与影响。当然，这也与清代承袭前代旧制，以“四书”为科举考试的主要内容，以朱注“四书”为作答标准的传统有关。清代帝王对程朱理学以及对“四书”的推崇，促使他们在自身的学习与理解后再编写相关教材，也是这一时期教材发展的特色。比如康熙十六年（1677 年），康熙亲撰《日讲四书解义》，该书被视为金科玉律，成为官方教材的代表。《日讲四书解义》是一部专为康熙帝研阅讲授“四书”的讲稿，其编写目的是“阐发义理，裨益政治，同诸经史进讲，经历寒暑，罔敢间辍，兹已告竣，思与海内臣民共臻至治，特命校刊，用垂永久”[①]。所讲内容不出程朱理学的范围，强调内圣外王之道和穷心正理、修己治人之法等。又如乾隆皇帝命方苞选编明清“四书”制艺数百篇，名为《钦定四书文》，既确定了科举考试的答题标准，也解决了当时文选本“汗牛充栋”的情况。在清代，“钦定”“御制”等形式的教材往往会被颁发至各省官学、书院中，成为学子们日常使用的基本教材。

对“十三经”教材的完善也是清代对经学教育发展作出的重要贡献。“十二经”教材主要有两种：·是康熙二十五年（1686 年）重刻明代国子监本；一是乾隆四年（1739 年）由阮元主持编纂的《十三经注疏》。乾隆五十六年（1791 年）开始刊刻“十三经”，至乾隆五十九年（1794 年）完成，历时三年。至此，“十三经”有了标准化的文本。紧随其后的是“十三经”标准化教材的出现，即阮元编纂的《十三经注疏》。实际上，在此之前已有许多“十三经”教材，如南宋绍熙年间的《十三经注疏》，明嘉靖时期有闽本，万历年间有监本（据闽本重刻），崇祯时期有毛氏汲古阁本（据监本重刻）。不过，明代出现的《十三经

① 中国第一历史档案馆，整理. 康熙起居注 [M]. 北京：中华书局，1984: 340.

注疏》，经长时间的辗转翻刻，讹误百出。到了清嘉庆时期，阮元主持编纂《十三经注疏》，聘请包括段玉裁、顾广圻、李锐、徐养源、臧庸在内的诸多著名学者一同参与，形成了当时最好的版本。皮锡瑞称其是“经学之渊海”。① 焦循在《雕菰楼集》中表示该书是：“校以众本，审订独精，于说经者，馈以法程。”夏炯在《夏仲子集》中说：“仪征阮氏就宋刊本为校勘记，诸经注疏，从此易读，其功非浅鲜矣。”总之，阮元的《十三经注疏》对宋以来流传下来的“十三经”进行了详细考订、校勘、注疏，为“十三经”中的每门课程都提供了质量上乘的教材，这对经学教育来说无疑具有重要意义。而对于《孟子》来说，在“十三经”课程中所用的教材是“赵岐注、孙奭疏”，该书与“四书”课程中所用的《孟子集注》一并成为学习《孟子》的经典教材。

从时间上来看，清代内府刻“四书”“四书五经”“十三经”等教材的时间主要集中在康熙、雍正、乾隆三个时期，尤其是乾隆时期，所刻教材最多。清内府图书发行的数量和种类，从乾隆开始增多，种类也比较多样，以《御制翻译四书》为例，就有满文、满汉合文等不同的版本。之后的嘉庆、道光、咸丰、同治、光绪等时期，则多遵循康、雍、乾时期所定旧制，重新翻印经书。例如，道光初年曾令修书处等查补已有刻书版，重新发卖；同治年间命各省设立书局，重新刊印“十三经”等书，并颁发各府州县学；光绪初年令各省书局，重刊历朝钦定诸书，并颁发各级学校。② 中央的修书机构、地方的书局等依照已有颁书的样式重新刊刻流通的书籍，促进了经典教材的流通与传播，这也使得清代的文化、教育在相当长的一段时间内能较为稳定地发展。

---

① 〔清〕皮锡瑞. 经学历史 [M]. 周予同, 注. 北京：中华书局, 2011: 241.

② 关于清代官纂图书的考述，详见：杨玉良. 清代中央官纂图书发行浅析 [J]. 故宫博物院院刊, 1993(04): 88-92+87.

《孟子》教材多是以“四书”“四书五经”“十三经”形式出现，以单独形式出现的《孟子》教材则在各地区的官刻、私家教材中有所体现。《四库全书总目提要》收录了大量乾隆朝及以前的文献典籍，这为人们了解清代前中期士人所用《孟子》教材情况提供了依据。

从数量上来看，《四库全书总目提要》辑录的《孟子》类文献共104种，其编入《四库全书》的有41种，存目63种。在被编入《四库全书》的41种《孟子》类文献中，宋代有13种，元代有10种，明代有6种，清代有12种。存目的63种文献中，宋代有6种，元代有1种，明代有24种，清代有31种。总计宋代共19种，元代共11种，明代共30种，清代共41种。由此可见，宋、元、明时期形成的《孟子》类文献，在清代得到传承，尤其是一系列的经典文献，如《孟子注疏》《孟子集注》《孟子集注大全》等。

从类型上来看，“四书”合编式的《孟子》类文献最多，《四库全书》中有28种，存目55种。以单独形式出现的《孟子》类文献有19种，其中《四库全书》中有12种，存目7种。同时还有“论孟”合编式的文献，《四库全书》与存目中各收录1种。“四书”合编式的《孟子》类文献从元代开始就已经成为主流，这也是因科举考试对“四书”的要求而形成的文献编纂趋势。

从地方采进本[①]的进献情况来看，以浙江巡抚进献的最多，共19种。其次是江苏巡抚进献14种，之后是直隶总督进献9种，两江总督进献7种，江西巡抚进献4种，山西巡抚进献2种，福建、湖南、安徽、河南、陕西、山东巡抚各进献1种。[②]

① 所谓地方采进本，包括各地主政官员组织采进的图书和各地藏书家进献的图书。参见：江庆柏. 四库全书地方采进本的地域性问题 [J]. 图书馆杂志，2007(08): 63-68.

② 江庆柏. 四库全书地方采进本的地域性问题 [J]. 图书馆杂志，2007(08): 63-68.

除了各省督抚进献外，《四库全书》的编纂，还征集了大批私家藏书，这说明清代的私家藏书极为丰富。藏书风气的兴盛，对于古籍的保存以及学术文化的传承起到重要作用。比如，浙江汪启淑在《四库全书》的编纂过程中共呈送524种书籍，其中收入《四库全书》的约占1/8，《孟子》类文献共进献5种。[①] 又如江苏的周厚堉，共计进献366种书籍，[②] 其中也包括数种《孟子》类书籍。私家藏书中保留下来的《孟子》类文献，是士人学习、研究《孟子》的重要文献，对于以科举考试为最终目的的士人来说，这些文献也会成为他们学习、钻研《孟子》的辅助教材。

《四库全书》收录的清代文献仅限于清中前期，《孟子》类文献辑录有黄宗羲的《孟子师说》、李光地的《读孟子札记》、崔纪的《读孟子札记》。可见，这三本书在当时具有重要影响。

黄宗羲的《孟子师说》是清代较早专门研究《孟子》的文献。之所以取名为“师说”，是因为要承袭、论述其师刘宗周的学说宗旨。黄宗羲在《孟子师说》卷首《题辞》中说：“先师子刘子于《大学》有《统义》，于《中庸》有《慎独义》，于《论语》有《学案》，皆其微言所寄。独《孟子》无成书。羲读刘子遗书，潜心有年，粗识先师宗旨所在，窃取其意，因成《孟子师说》七卷，以补所未备。”黄宗羲在书中多用孟子的“良知”之旨，来阐发“先师”刘宗周的“慎独”之说。《孟子师说》记载的并不是刘宗周亲口所讲的内容，而是黄宗羲根据刘宗周遗书中的宗旨，结合自己阅读《孟子》时的体会而形成的。即便如此，《孟子师说》的师承脉络仍很清晰，因此对同门弟子来说，该书无疑是传承师门思想的重要教材。李光地的《读孟子札记》是其随所见即札记之文，阐发

① 黄伟. 藏书家汪启淑略论 [J]. 新世纪图书馆, 2013(06): 92-96.

② 〔清〕萨载. 江苏巡抚萨载奏周厚堉呈献家藏书籍折 [M]// 中国第一历史档案馆, 整理. 纂修四库全书档案 (上). 上海 : 上海古籍出版社, 1997: 148.

《孟子》各章要旨，大体解释与朱熹相同，每章举经首句标明某章，然后解释本章之旨。李光地既是政治家，又是当时有名的学者，他的《读孟子札记》在一定程度也反映出其在学习与教授《孟子》时的心得体会。而崔纪在雍正、乾隆年间，曾两次出任国子监祭酒，多次充乡试、会试考官，提督各省学政等，是当时教育界的重要人物。其所撰的《读孟子札记》，以《大学》为论说的基础，《四库全书总目提要》言："其言性情即明德，言知言养气即明之之事，告齐、梁诸君以忧乐同民，即恕与絜矩之意。"崔纪用"节节比附"的做法，将《孟子》中的思想与《大学》相对，既是其特色，又是其弊端。不论如何，崔纪的《读孟子札记》能够被收入《四书全书总目提要》，说明该书在当时有着重要影响。

清中后期所出现的《孟子》类文献，数目繁多。刘瑾辉在《清代〈孟子〉学研究》一书中指出，清代纯《孟子》学著述共约400种，若将"四书"类中的《孟子》学一并计算，约有1 500至2 000种。[①]如此众多的文献，显示出清代对《孟子》以及"四书"学习、研究的盛况。清代中后期所出现的《孟子》类文献，在《清史稿·艺文志》中有所辑录。整体来看，考据类的文献占据明显的位置，尤其是"史部·传记类"中提到的《孟子时事年表》《孟子编年》《孟子事实录》《孟子弟子门人考》《孟子年谱》《孟子生卒年月考》《孟子游历考》等。在"经部·四书类"当中，则有戴震的《孟子字义疏证》、周广业的《孟子四考》、焦循的《孟子正义》、施彦士的《读孟子质疑》、连鹤寿的《孟子班爵禄正经界两章疏证》、俞樾的《孟子缵义》、沈梦兰的《孟子学》等，是具有兼义理与考据性质的文献教材。

这一时期的学者还把注意力转移到汉注研究上，[②]通过文献考证，

① 刘瑾辉. 清代《孟子》学研究 [M]. 北京 : 社会科学文献出版社 , 2007: 39−40.

② 董洪利. 孟子研究 [M]. 南京 : 江苏古籍出版社 , 1997: 297−298.

辑佚出大量汉唐时期留下的《孟子》类文献。如马国翰《玉函山房辑佚书》，就辑佚了汉代程曾的《孟子章句》、高诱的《孟子章句》、刘熙的《孟子注》、郑玄的《孟子注》、晋代綦毋邃的《孟子注》、唐代陆善经的《孟子注》、张镒的《孟子音义》、丁公著的《孟子手音》等。这些文献的辑佚，为人们了解、学习汉唐时期的《孟子》传授情况提供了依据。

二、作为考据教材的《孟子字义疏证》

戴震是乾嘉学派的重要学者之一，他的学术思想主要受浙西学风的影响，强调实事求是，通过对文字、名物的严谨考订来诠释儒家典籍的真实意蕴。《孟子字义疏证》是戴震最重要的一部著作。该书于乾隆四十二年（1777 年）完成，初名为《绪言》，后改为《孟子私淑录》，最后定为《孟子字义疏证》。戴震说："仆生平著述最大者，为《孟子字义疏证》一书，此正人心之要。今人无论正邪，尽以意见误名之曰理，而祸斯民，故《疏证》不得不作。"① 可见，戴震写《孟子字义疏证》，其目的是寻求《孟子》的本真含义，他认为"理"是"祸民"，是后人"以其言汩乱《孟子》之言"，② 因而作《孟子字义疏证》，对"乱《孟子》之言"进行批判与重构。

《孟子字义疏证》以问答的形式进行编纂，从全书的结构来看，由序和上、中、下三卷组成。上卷为《理》，中卷分为《天道》《性》《才》，下卷分为《道》《仁义礼智》《诚》《权》。该书的特点是分列诸目，可以使读者一目了然。《孟子字义疏证》从考察《孟子》的字义入手，对每一个核心问题都作了详细解读。比如对"理"与"欲"关系的论述，《理》中戴

---

① 〔清〕戴震. 戴震全集 (第 1 册)[M]. 北京 : 清华大学出版社 , 1991: 228.

② 〔清〕戴震. 孟子字义疏证 [M]. 何文光 , 整理. 北京 : 中华书局 , 1982: 2.

震对宋儒提出的“不出于理则出于欲，不出于欲则出于理”的说法进行回应，他认为孟子在《尽心下》中所讲“养心莫善于寡欲”已经表明“明乎欲不可无也，寡之而已”，宋儒言“理”与“欲”，是“徒以为正邪之辨而已矣，不出于邪而出于正，则谓以理应事矣。理与事分为二而与意见合为一，是以害事”。[①] 同时戴震还认为：“天理者，节其欲而不穷人欲也。是故欲不可穷，非不可有；有而节之，使无过情，无不及情，可谓之非天理乎！”[②] 这表现出戴震对“理”与“欲”的“一本论”的判定，即人与生俱来的欲望与判定能力皆源于自然，并非由“理”统摄。[③]

在《性》中，戴震将孟子的“性善”解作“心之所同然也，谓理也，义也。圣人先得我心之所同然耳”[④]，“恻隐”“羞恶”“辞让”“是非”之心皆是“人伦日用”中的道德观念，既肯定了人的价值，也是对孟子以“心”论“性”的回应。戴震反对宋儒将人性分为“天命之性”与“气质之性”的做法，曰：“人以有礼义，异于禽兽，实人之知觉大远乎物则然，此孟子所谓性善。……程子、朱子见于生知安行者罕睹，谓气质不得概之曰善，荀、扬之见固如是也。特以如此则悖于孟子，故截气质为一性，言君子不谓之性；截理义为一性，别而归之天，以附合孟子。”[⑤] 戴震对孟子“性善论”的理解，在形式上体现为以“心”统摄“性”与“善”的自然法则；在实质上体现为以礼义的道德标准来实现“性善”。

戴震采用“字义”形式对《孟子》进行诠释，可谓是创新之举。戴震以“字义”考据之法求真求实，强调对《孟子》等经典文献的学习要回归经典本身，即“以‘六经’、孔孟之旨，还之‘六经’、孔孟”[⑥]，

---

① 〔清〕戴震. 孟子字义疏证 [M]. 何文光，整理. 北京：中华书局，1982: 8-9.

② 同上：11.

③ 黄俊杰. 中国孟学诠释史论 [M]. 北京：社会科学文献出版社，2004: 295-296.

④ 〔清〕戴震. 孟子字义疏证 [M]. 何文光，整理. 北京：中华书局，1982: 28.

⑤ 同上：35.

⑥ 〔清〕戴震. 戴震文集 [M]. 北京：中华书局，1980: 215-250.

而汉儒、宋儒对经典的诠释均有缺陷，戴震在《与方希原书》中写道：“圣人之道在‘六经’，汉儒得其制数，失其义理；宋儒得其义理，失之制数。”因而学习与研究经典的方式也要改变。戴震提出一条学习经典的基本路径——“由字以通其词，由词以通其道”。戴震在《与时仲明论学书》中也说：“经之至者道也，所以明道者，其词也。所以成词者，字也。由字以通其词，由词以通其道，必有渐。”即戴震提出通过对字、词的考据，以还原经典本身所蕴含的“义理”。

关于《孟子字义疏证》一书的流传，清人江藩在《国朝汉学师承记》中作过相关记载：“戴氏所作《孟子字义疏证》，当时读者不能通其义，惟榜以为功不在禹下。撰《东原氏行状》，载《与彭进士尺木书》。”[①] 可见,《孟子字义疏证》在当时并未受到重视。虽然戴震的弟子段玉裁在《戴东原先生年谱》中最大限度地发扬了《孟子字义疏证》的价值，但直到晚清，经章太炎、梁启超、胡适、钱穆等学人的推崇与提倡,《孟子字义疏证》才被人们关注。有学者研究指出：“《疏证》虽然蒙着孔孟的外衣，但就其精神实质来说，实已达到早期启蒙哲学中唯物主义和民主主义的最高水平。”[②] 可见,《孟子字义疏证》的时代价值在晚清以降中西思想的碰撞与交融中才得以凸显。

《孟子字义疏证》全书以问答形式解读《孟子》思想，与《孟子》原书的特点相一致，是一种“语录体”的著述，不同的是《孟子》是孟子与弟子的问答，而《孟子字义疏证》是戴震的自问自答。以自问自答的舌辩方式进行论述，对学习者来说也饶有趣味。士人在学习《孟子字义疏证》的过程中也能够通过自问自答的方式直接进入戴震的思想情境，这样的方式为深入理解戴震的“孟子思想”提供便利。

① 〔清〕江藩. 国朝汉学师承记 [M]. 钟哲，整理. 北京：中华书局，1983: 98-99.

② 王茂. 戴震哲学思想研究 [M]. 合肥：安徽人民出版社，1980: 123.

三、作为注疏教材的《孟子正义》

焦循的《孟子正义》，是清代《孟子》注释中最详备的一种，也是《孟子》研究的集大成之作，学者董洪利认为《孟子正义》在“疏”中“多所发明，无论典章名物的训诂，还是思想义理的解说，都有不少超越前人的创说”[①]。梁启超也称《孟子正义》是：“新疏家模范作品，价值是永永不朽的。”[②]可见《孟子正义》在历代诸多《孟子》注本中的地位与影响。

关于《孟子正义》的成书动机和目的，焦征在《孟子正义》卷首中表示，兄长焦循在壬戌会试后潜心研究《易》，在精通《易》理的基础上，认为“深得伏羲、文王、周公、孔子之旨者莫如孟子，生孟子后而能深知其学者莫如赵氏。惜伪疏踳驳乖谬，文义鄙俚，未能发明其万一，思作《正义》一书”。焦循用《易》来理解《孟子》，其目的是对旧有《孟子》注本中出现的体例舛驳、征引疏漏、语多衍奥等问题进行细致整理与总结。

《孟子正义》完成于乾嘉时期，其考证的特点十分明显。焦循在对历代文献资料的征引与整合、解读《孟子》精义等方面作出了重要贡献。刘瑾辉将《孟子正义》一书的特点归结为三点：一是广征博引，无有不考；二是精辟独到；三是会通古今。[③]“广征博引”“会通古今”是指《孟子正义》以赵岐的《孟子章句》为主，参考历代多家之说，有难解之处，则列出异说，酌加己注。《孟子正义》征引的文献数量、种类都超越了以往任何一家《孟子》注本。《孟子正义》中征引文献的总数

---

① 董洪利. 孟子研究 [M]. 南京 : 江苏古籍出版社 , 1997: 347.

② 梁启超. 中国近三百年学术史 [M]. 北京 : 东方出版社 , 1996: 220.

③ 刘瑾辉. 焦循《孟子正义》的疏证特色 [J]. 徐州师范大学学报 (哲学社会科学版), 2007(03): 70-75.

为450种，其中大约有先秦文献33种，两汉文献99种，魏晋南北朝文献77种，隋唐五代文献48种，两宋文献46种，元明文献21种，清代文献125种。[①]虽然征引众多，但详略得当，不依据旧有的注疏体式。详细而完备的征引与论说更凸显出《孟子正义》的价值，尤其能对后人学习《孟子》，了解历代《孟子》的研究状况有诸多的启发和帮助。从这一角度来看，《孟子正义》的教材作用与功能也十分明显。

从内容上看，《孟子正义》虽然以考据训诂的方式注疏《孟子》，但焦循对《孟子》中的义理也作了精到的诠释。比如，《告子上》中《性犹杞柳》章，焦循将孟子"性善"诠释为："人有所知，异于草木，且人有所知而能变通，异乎禽兽，故顺其能变者而变通之，即能仁义也。杞柳为桮棬，在形体不在性，性不可变也。人为仁义，在性不在形体，性能变也。"[②]焦循在《易通释》里提到的"变通"，是其在研究《易》的过程中形成的概念——"易者既交之后，易而变通"。焦循将《易》的思想融入《孟子》的解读当中，可以说是一种理论上的创新，也使得孟子的"性善论"更加具有普遍的教育意义。当然，焦循的这一做法，也并非原创，而是继承了戴震的思想，钱穆对此有过评价："里堂言性善，以人之有智慧言之，又以人之能进化言之，其说亦本于东原。"[③]焦循在《国史儒林文苑传议》中说："生平所得，尤在《孟子字义疏证》一书，所以发明理道情性之训，分析圣贤、老释之界，至精极妙。"他又在《雕菰楼集》中说："循读东原戴氏之书，最心服《孟子字义疏证》。说者分别汉学宋学，以义理归之宋。宋之义理诚详于汉，然训诂明乃能识羲文周孔之义理。宋之义理，仍当以孔之义理衡之，未容以宋之义理即定孔子之义理

① 葛莱. 焦循《孟子正义》研究[D]. 扬州：扬州大学，2012.

② 〔清〕焦循. 孟子正义[M]. 沈文倬，点校. 北京：中华书局，1987: 734-735.

③ 钱穆. 中国近三百年学术史[M]. 北京：商务印书馆，1997: 508.

也。”焦循肯定了《孟子字义疏证》在诠释《孟子》义理上的合理性，认为戴震以孔子等圣贤义理思想作为衡量其他思想的标准，其做法是合理的。焦循在《孟子正义》中直接引用《孟子字义疏证》的次数达 28 次，平均每卷都有被引用的文字。① 可见，焦循对戴震思想的肯定与继承，也使得《孟子正义》一书同样具有经世致用思想和批判精神。

《孟子正义》是按照《孟子》原文的顺序逐字逐句进行注疏的，在典章制度、名物训诂等方面考证十分详尽，对于想要学习《孟子》的人来说，无疑是一本好的教材。与传统《孟子》教材相比，《孟子正义》在内容上更加丰富，是对汉以来注疏传统的全面总结和升华。焦循的初衷也是要将《孟子正义》作为学习《孟子》的教材来使用。焦循认为《十三经注疏》中收录的孙奭疏的《孟子》并不是一本好教材，焦循引清人赵佑的《四书温故录》云：“《十三经注疏》孔颖达、贾公彦最为不可及，邢昺次之，以《孟子疏》为最下。”② 赵佑给出的理由是：“孙氏正本止就经文及注为之音释，且仅二卷，本未有疏，其所释非第字之本音本义而已。”③ 也就是说孙奭疏《孟子》不能称之为“疏”，仅为两卷，注音为主，释义较少。焦循也赞同此种说法，并指出其著《孟子正义》的本意：“循传家教，弱冠即好《孟子》书，立志为‘正义’，以学他经，辍而不为，兹越三十许年。”④ 焦循从小就立志要为《孟子》“正义”，通过不懈努力完成对《孟子》的注疏与诠释。《孟子正义》于嘉庆二十四年（1819 年）成书，初刻于道光五年（1825 年），后收入《皇清经解》《四库全书》等丛书当中。可见《孟子正义》在流传过程中成为学习《孟子》的重要教材。

① 徐道彬. 皖派学术与传承 [M]. 合肥：黄山书社，2012: 471.

②③〔清〕焦循. 孟子正义 [M]. 沈文倬，点校. 北京：中华书局，1987: 1049.

④ 同上：1052.

第五章 从经学课程到学科知识

《孟子》作为中国古代学校教育中的核心课程，经历了从辅经课程到兼经课程，再到专经课程（“四书”课程、“四书五经”课程、“十三经”课程）的发展过程，每一个阶段都体现了《孟子》教育地位上升的趋势。到了晚清，《孟子》与其他专经课程一样，受到西学的冲击，经学课程无法适应现实社会的需求，其经学地位开始动摇，并随着西学在学校教育中比重的增加而不断被边缘化。到了民国时期，经学教育退出历史舞台，《孟子》不再是核心课程，而是依照知识体系的划分，进入相应的学科，如哲学、文学、历史学等，成为普通知识与学科教材的组成部分。

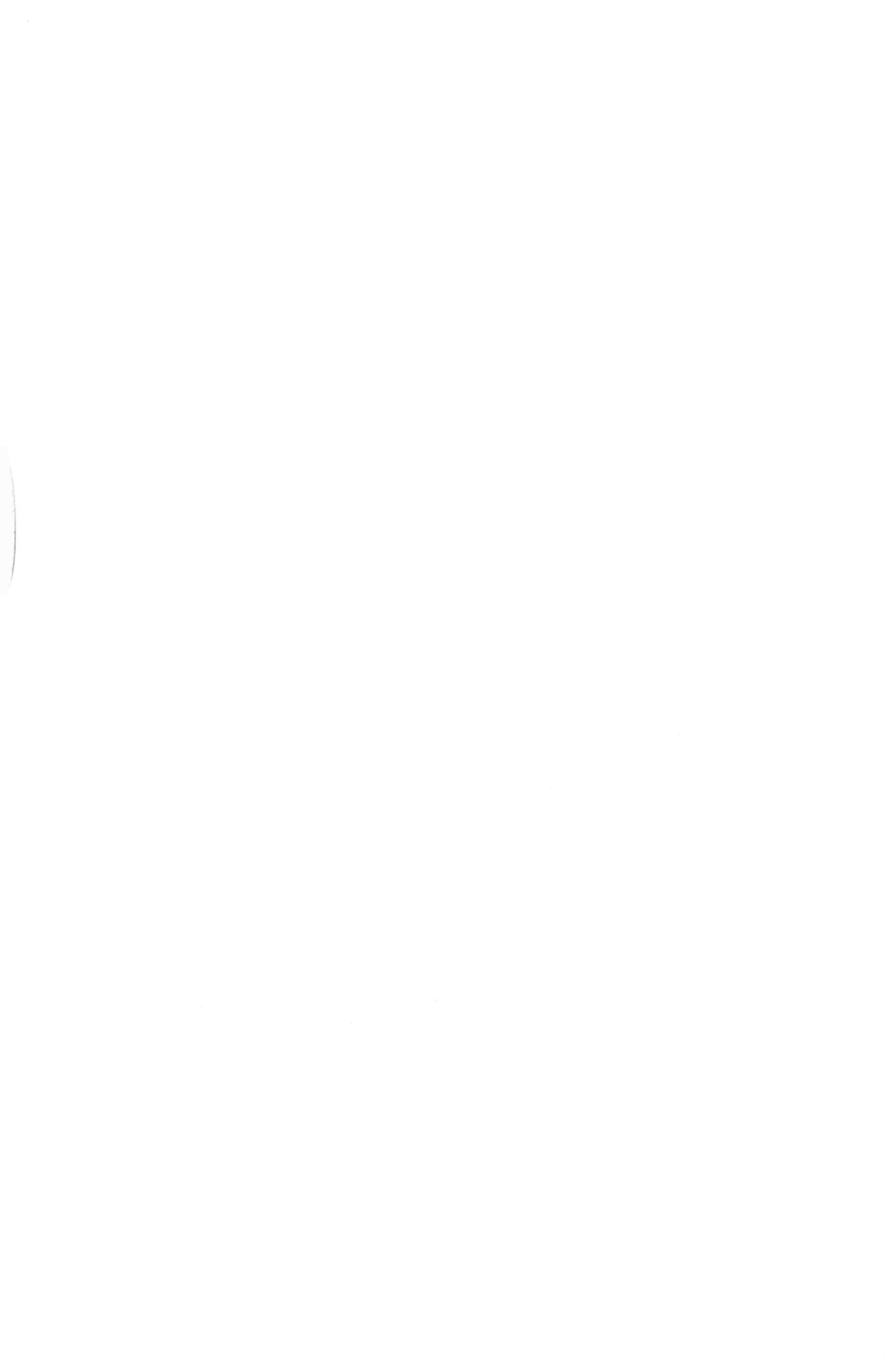

第一节 《孟子》经学课程的衰落

一、晚清学制与《孟子》的分科

晚清时期，中国传统社会受到外界力量的冲击，政治、经济、教育等领域都发生了重大变革。教育变革引发教育体制的变化，使得中国传统学校的教学内容出现了新的变化趋势。“教育改革是古代经学走向衰落的重要直接原因。”①经学课程逐渐减少，西学课程逐渐增多，课程内容的更新是晚清教育改革过程中的重要举措，与西方近代发展趋势与特点相关的各种课程开始进入中国传统的课程体系，对传统经学教育产生了重要影响。经学地位逐渐衰弱，《论语》《孟子》等古代学校教育中核心课程的权威与垄断地位开始式微。在洋务派早期开办的一系列方言、军事、实业学堂中，经学课程所占比例不断减少，“在洋务学堂的课程设置中，读经居于无足轻重的位置”②。当然，在全国范围内，官私学校仍旧以“四书”“五经”为主要教学内容，洋务学堂只是新式学校的局部示范。更大规模的学校改革是在新学制的作用下得到落实与推广的。

1898 年，光绪帝下令，将各省府州现有之大小书院，一律改为兼习中西之学校，限期两个月。1902 年朝廷颁布《钦定学堂章程》（“壬寅学制”），开启学校改革的序幕，1904 年颁布的《奏定学堂章程》（“癸卯学制”）对“壬寅学制”作出进一步修改。这两份章程中关于教育内容的规定基本是按照经学教育与实学教育相结合的原则，但也反映出经学课程地位下降，实学课程种类增多，“读经课程由原先唯

① 田汉云. 中国近代经学史 [M]. 西安 : 三秦出版社 , 1996: 7.

② 同上 : 15.

一主课降为多种课程之一。实学课程门类多，课时亦多，对读经课程构成有力冲击”[①]。书院改学堂、读经课程地位的下降，预示着传统教育的衰落与新式教育的崛起。不过，作为传统教育主体的儒家经典不可能很快退出历史舞台，在“中学为体，西学为用”思想的指导下，儒家经典课程在晚清学制改革过程中仍然占有重要的位置。

从 1902 年《钦定京师大学堂章程》的分科安排中可以看出，经学已经被划分到不同的学科中。在大学分科门目中属于“文学科”，在预备科课程门目中属于“政科”，在师范馆中属于“经学科”。《孟子》与其他传统经学课程一起被分入上述科目当中，并且不同阶段所学的内容也有差异。比如“预备科”当中的“政科”，第一年的经学课程开设《书》《诗》《论语》《孝经》《孟子》；第二年开设“三礼”“尔雅”；第三年开设《春秋三传》《周易》。[②]这样一来，原有的“四书五经”课程体系在现有的学制中被重新安排，按照知识的难易程度来划分每门课程所适合的学习阶段。

这一时期，仕学馆招收的学生为“已入仕途之人”，即经过科举考试选拔之人，所以经学教育不是重点，而是要求“趋中政法”，所学内容也以“政法”为主，比如设置理财学、交涉学、法律学、政治学等科目，带有明显的培养政法人才的目的。师范馆中的科目，其学习要求以伦理科为第一，以经学科为第二，以教育学为第三。其中经学科在一至四年级均须学习，所学内容为“经学家家法”，侧重于对历代经学家教学方法的学习。可见，在仕学馆、师范馆等带有专业培养性质的学校中，经学教育所占的比重已经减少。

① 田汉云. 中国近代经学史 [M]. 西安：三秦出版社，1996: 15.

② 璩鑫圭，唐良炎. 中国近代教育史资料汇编——学制演变 [M]. 上海：上海教育出版社，1991: 238-239.

总之，在《钦定京师大学堂章程》当中，经学被划分到专门的学科体系中，并且在不同学堂中所占的比重各有不同。这表明经学教育原有的“权威性”逐渐削弱，而经学的“知识性”则逐渐增强。经学教育由“权威”向“普通”的转变，是近代教育体制下经学教育发展的主要趋势，也是经学逐渐融入西方学科教育体系的重要表现。

在其他各类学堂章程中，《论语》《孟子》等传统经学课程被分别划归到“修身科”与“读经科”当中。“修身科”的出现，是中国传统经学教育在伦理道德观念与教育功能拓展等方面迈出的重要一步，它为“经学教育带来规范化、普及化的好处”①。“修身科”的概念源自日本，本是公民教育的主要学科之一，是一切其他学科的辅助科目。“壬寅学制”借鉴日本“修身科”的相关内容，并将传统经学课程的内容分别安排在各级学堂的课程体系当中，比如小学堂中的“修身科”要学习《曲礼》《小学》，中学堂则要学习《论语》《孝经》。“读经科”是传统经学教育的延续，其中《孟子》被划分入蒙学堂的“读经科”中，在入学后第二年学习。各类学堂的“读经科”，其课程的设置与传统的“四书五经”教育基本一致，“四书”是启蒙阶段的重要课程，其他经书按照难易程度的不同被划分到相应的阶段学习。不过，“壬寅学制”并未正式施行，而后付诸实践的“癸卯学制”则对晚清教育改革起到重要的推动作用。

1904 年颁布的“癸卯学制”在课程设置上继续将“修身科”“读经科”列为必修科目，传统的经学教育仍占有较大的比重。在《奏定学堂章程》中，中小学堂依旧设置“修身科”与“读经科”。《孟子》仍然是“读经讲经”科，被安排在初等小学阶段学习，选用的教材为

---

① 毕苑. 经学教育的淡出与近代知识体系的转移：以修身和国语教科书为中心的分析 [J]. 人文杂志，2007(02): 141−149.

朱熹的《孟子集注》。到了高等小学阶段，“修身科”也要学习《孟子》等“四书”的内容，并且较前一阶段学习的深度有所加大。可见，《孟子》在不同的教育阶段所起到的作用是各不相同的。小学阶段，学习朱熹的《孟子集注》，从知识传授的角度来看，年龄较低的学生要对《孟子》的理解具有一定的规范性，这也是受历代科举考试规定以朱熹的《四书集注》为作答标准的影响。高等小学阶段，《孟子》以“修身科”的身份出现，一是加大《孟子》学习的深度，二是加强学生的思想道德培养。

《奏定学堂章程》规定，凡中小学堂均以修身居首，读经讲经继之，以示保存国粹之意。关于“修身科”的教授，“《论语》首篇《入孝出弟》一章可作中小学堂修身科之开宗讲义”。理由是“凡由象勺以至弱冠学童脑筋之中，无不涵有孝弟谨信一切粹美优胜之德，莹而未滓，洁而无尘。不于斯时保养其固有之”。因此要在学习其他学科之前，先固其道德的根本，防止学生误入歧途。从读经讲经的教授过程来看，《孝经》《论语》《尔雅》三书在初等、高等学堂中可以全读，其他各经则“但讲其大义（即用十三经大义课本），使知篇名、章旨而已”。中学堂应讲《易》、《书》、《诗》、“春秋三传”、“三礼”、《中庸》、《孟子》，“学者勿骇其浩博也。盖必须亟编删节之本，以饷我艺林之后起也”。[①] 由此可见，除了《孝经》《论语》《尔雅》三书要求通读外，《孟子》及其他经学课程学习的已不再是全本，而是节本。而大学堂阶段的学习以学术研究为主，《孟子》作为传统经学教育的重要组成部分，也成为学习的重点内容。

1904 年的《奏定大学堂章程》与之前的《钦定大学堂章程》不同，其中，大学的分科由七科增加为八科，增设了经学科，并且大学以经学

① 孙雄. 论中小学堂修身读经二科教授之法 [J]. 广益丛报，1906(107): 1-4.

为群学之首，突出经学的核心地位，加重经学课程的分量，学校教育的经学化趋向得到了巩固和确立。学习经学的目的是“务宜将经义推之于实用，此乃群经总义”①，也就是经学教育以“通经致用”为基本出发点。“经学科”下设有“孟子学门”，“孟子学门”的课程安排与其他经学课程一样配有补助课程，比如“孟子学门”的主课为“孟子学研究法”，配备的补助课程有“尔雅学”“说文学”“钦定四库全书提要”“御批历代通鉴辑览”“中国古今历代法制考”“中外教育史”“外国学科史”“中外地理学”“世界史”与外国语文（英、法、俄、德、日，选习其一）。② 从“孟子学门”的课程安排中可以看出，《奏定大学堂章程》对课程的设置已经较为完善，为主课所配备的辅助课程，既兼顾到传统经学教育对“小学”的要求，如“尔雅学”“说文学”的设置，也顾及晚清社会对人才培养的要求，将一般教育与学术研究结合在一起，为《孟子》等经学课程融入近代西方教育观念下的知识系统寻找到了合适的位置。

1905 年废除科举之后，全国开始兴办新式学堂，教育救国成为当时清政府改革的中心之一，中国教育方向由此发生根本转变，即弃文习理、习工，这对“癸卯学制”规定的课程体系又产生了重要影响。学部在原有课程安排的基础上，对“读经科”的内容作了进一步的调整，其中对《大学》《中庸》《孟子》等的调整较为明显。

在 1909 年颁布的《奏请变通初等小学堂章程折》中，《大学》与《中庸》因“理解高深”，《孟子》因“篇幅太长，恐难记忆”而被“缓授”，③《孟子》与《大学》《中庸》一起被并入高等小学堂的教

① 田汉云. 中国近代经学史 [M]. 西安 : 三秦出版社 , 1996: 17.

② 璩鑫圭 , 唐良炎 . 中国近代教育史资料汇编——学制演变 [M]. 上海 : 上海教育出版社 , 1991: 344.

③ 同上 : 543.

学体系当中，小学堂只专门教授《孝经》《论语》《礼记》。1910 年 12 月学部奏准改订两等小学堂课程，将《奏请变通初等小学堂章程折》中的规定又做了进一步的修正，明确初等小学堂前两年不开设“读经讲经”课程，但在第三年开设《孝经》《论语》。实际上，此时的《孝经》《论语》已经在初等教育体系当中逐渐走向边缘化。高等小学堂开设“读经讲经”课程，《孟子》与《大学》《中庸》《诗经》《礼记》等成为主要的教学内容。1911 年颁布的《奏变通中学堂课程分为文科、实科折》中所设的“读经讲经科”与“修身科”，比之初等小学堂与高等小学堂，在学习深度上要更进一步，主要以《春秋左氏传》《周礼》《易经》等为学习内容。可见，中国古代教育中的“四书”“五经”，在近代教育体制中被拆分、并入不同的年级，并且所学比重也在不断减少，这样的设置是基于经学内容本身的难易程度对儿童所产生的影响。比如，1911 年 4 月各省教育总会联合会议决案《请变更初等教育方法案》，提出废除初等小学“讲经读经科”，理由是经书的文义高深，字句深奥，成人理解尚且困难，更何况儿童，《孝经》《论语》虽然相对来说比较浅显，但对儿童来说还是较难，“性理政治之名词，不利于直观教授”[①]。

综上所述，鸦片战争之后，中国社会发生了重大变化，对于新式人才的培养与需求成为教育改革的重要参考。从上述各类学堂的课程设置来看，基本涉及了西方学术分类标准下的文、理、法、商、工、农、医等各个学科。原本以“四书”“五经”为核心的教育内容，经过西方课程体系的“溶解”，转变成为传统知识，分类并入哲学、历史、文学、政治学、法学、商学、经济学等学科体系当中。“从‘四部之学’（经、

① 李桂林，戚名琇，钱曼倩. 中国近代教育史资料汇编——普通教育 [M]. 上海：上海教育出版社，1995: 76-77.

史、子、集）向‘七科之学’（文、理、法、农、工、商、医）转变，从‘通人之学’向‘专门之学’的转变，是中国传统学术形态向现代学术形态转变的重要标志之一。”[①]这既是经学教育的“被动”接受，也是中西之学长久碰撞下经学自身转变的一种尝试。不过从指导思想以及课程的具体设置来看，晚清学制并没有完全脱离“中学为体，西学为用”的思维定式，而是将经学教育融入新的学制当中，为经学教育寻找一席之地，中小学堂“读经讲经科”与大学堂“经科”的设置，都体现出强化“中学”价值，夯实“中学根柢”的目的。

二、晚清学堂与《孟子》教材

吴洪成在《中国学校教材史》一书中指出，鸦片战争时期，中国历史由古代进入近代。随着历史的变动，中国开始了教材近代化的进程。不可否认，此时传统的经史子集在学校教材中仍占据绝对的统治地位。[②]的确，在中国教育近代化的早期阶段，受“中学为体，西学为用”教育思想影响，以“四书”“五经”等为代表的儒家经典仍旧是学校教育中的主要教材。张百熙、容庆、张之洞等人在《重订学堂章程折》中指出，至于立学宗旨，无论何等学堂，均以忠孝为本，以中国经史之学为基。俾学生心术壹归于纯正，而后以西学瀹其智识，练其艺能，务期他日成材，各适实用。以仰副国家造就通才，慎防流弊之意。“中学”是立学的根基，“西学”是“智识”与“艺能”，基于此种认识，在晚清学校中的学生将来无论从事何种职业，在校期间均需诵

① 左玉河. 从“四部之学”到“七科之学”——晚清学术分科问题的综合考察 [M]// 中国社会科学院近代史研究所. 中国社会科学近代史研究所青年学生论坛 (2000 年卷). 北京 : 社会科学文献出版社 , 2001: 626.

② 吴洪成. 中国学校教材史 [M]. 重庆 : 西南师范大学出版社 , 1998: 181.

读经典，晚清各类学制中的“读经讲经科”就是经典教材主要的传授方式。而学校教育中所选择的经典教材，也基本上延续了清代专经课程所使用的教材。

京师大学堂对各类学堂中“经学门”的教材使用做了相关规定。从选择的教材来看，朱熹的《四书章句集注》依旧是经学教育的核心教材，“五经”“十三经”则继续担任基础教材的角色。《十三经注疏》《御纂七经》《皇清经解》《皇清经解续编》等因其代表清代经学研究的主要成果，成了经学教育的参考教材。而京师大学堂对不同教材版本的选择，说明晚清在教材审定方面已经有所举措，各学堂也都按照此法来选择教材并进行教学。

对于“孟子学门”来说，《四书章句集注》《十三经注疏》等教材已经涵盖了《孟子集注》《孟子注疏》等。不过，晚清各地方官书局刊刻的教材中，与“孟子学门”相关的教材种类比较广泛，不局限于京师大学堂规定的教材范围（见表 5-1）。

表 5-1　晚清地方官书局书目中的《孟子》教材一览表

书局名称	刊刻书名
浙江书局（1）	《十三经古注》（四十九本，其中《孟子》二本）
	《读本四书》（六本，其中《孟子》二本）
	《四书反身录》（〔明〕李颙著，四本）
	《四书约旨》（二十本，代售）
浙江书局（2）（晚于前一书目）	《十三经古注》（二百九十一卷，四十九册），其中含《孟子注》（〔汉〕赵岐著，十四卷，二册）
	《四书集注》（〔宋〕朱熹著，十九卷，七册），其中含《孟子集注》（七卷，三册）
	《四书反身录》（〔明〕李颙著，八卷，四册）

续 表

书局名称	刊刻书名
湖北官书处（1）	《四书集注》（〔宋〕朱熹著，六本）
	《钦定四书文》（方苞奉敕编，十六本）
湖北官书处（2）（晚于前一书目）	《四书集注》（〔宋〕朱熹著，六册）
	《经学初程》（〔清〕廖平、〔清〕吴之英著，一册）
	《湖北丛书》（三十一种，一百册），其中含《四书逸笺》《孟子杂记》
江南书局	《四书十一经》（五十八册）
	《大本四书五经》（四十册）
	《小本四书五经》（十八册）
	《四书集注》（六册）
江苏书局	《四书读本》（六册）
淮南书局	《四书集注》（七册）
	《四书》（六册）
	《四书说苑》（四册）
山东书局	《十三经注疏》（广东局仿武英殿版，一千卷，一百二十册）
	《十三经注疏》（江西局仿阮刻，一千卷，一百八十卷）
	《十三经注疏》（湖南局仿阮刻，一百六十册）
	《十三经读本》（李光明书庄刻，六十九册）
	《四书十一经读本》（江南局，五十八册）
	《十三经古注》（四十九册）
	《四书集注》（〔宋〕朱熹著，六册）
	《四书备旨》（八册）
	《孟子赵注补正》（〔清〕宋翔凤著，一册）

续 表

书局名称	刊刻书名
山东书局	《孟子刘熙注》(〔清〕宋翔凤著，一册)
	《苏氏孟子》(二册)
	《四书说苑》(四册)
	《四书反身录》(〔明〕李颙著，四册)
	《孟子要略》(〔清〕曾国藩著，一册)
	《经学历史》(〔清〕皮锡瑞著，一册)
	《经学通论》(〔清〕皮锡瑞著，五册)
	《经学文钞》(〔清〕梁鼎芬、曹元弼辑，三十册)
尚志堂	《十三经读本》(六十九册)
	《四书集注》(〔宋〕朱熹著，六册)
	《孟子要略》(〔清〕曾国藩著，一册)
山西官书局	《十三经读本》(六十六册)
	《四书》(六册)
广雅书局	《孟子赵注补正》(〔清〕宋翔凤著，六卷，一册)
	《孟子刘熙注》(〔清〕宋翔凤著，一册)
	《四书杂注》(六册)
	《孟子要略》(一册)
	《十三经注疏》(一百二十册)

资料来源：汪家熔，辑注. 中国出版史料：近代部分·补卷(上册)[M]. 武汉：湖北教育出版社，2011: 295-443. 因研究需要，有所改动。

从各书局的刊刻书目来看，《孟子》教材多以“四书”“十三经”的形式出现。《孟子》作为儒家经典的代表，在这一时期仍是为参加科举考试而学习的士人的重要教材。朱熹所注的“四书”和程朱一派所解的“五经”成为儒家经典之首，为广大士子普遍使用。而以单独形式出现的《孟子》类教材有：《孟子杂记》《孟子赵注补正》《孟子刘熙注》《苏氏孟子》《孟子要略》等。《孟子杂记》为明人陈士元所著，《苏氏孟子》为宋代苏洵所著，二书为清以前就已广为流传的《孟子》教材。《孟子赵注补正》与《孟子刘熙注》皆为清人宋翔凤所著。《孟子要略》一书原为朱熹所撰，是其围绕《孟子》七篇作出的阐释，论说的中心围绕着仁义、性善、义利、王道等几个方面，后亡佚。清人刘传莹根据金履祥的《孟子集注考证》辑录出《孟子要略》五卷，刘传莹临终前托付曾国藩代为刊刻。曾国藩在道光二十九年（1849 年）将《孟子要略》五卷排定付刻。所以《孟子要略》虽是清人考证辑录而成，但主体内容还是对朱熹思想的继承与发展。

随着西方科学技术知识的涌入，晚清传统学校课程和教材的内容与体系也在发生变化，并与西学建立了比较复杂的联系：

> 夫以诸子之学，而与西来之学，其相因缘而并兴者，是盖有故焉。一则诸子之书，其所含之义理，于西人心理、伦理、名学、社会、历史、政法，一切声光化电之学，无所不包，任举其一端，而皆有冥合之处，互观参考，而所得良多。故治西学者，无不兼治诸子之学。一则我国自汉以来，以儒教定一尊，传之千余年，一旦而一新种族挟一新宗教以入吾国，其始未尝不大怪之，及久而察其所奉之教，行之其国，未尝不治，且其治或大过于吾国，于是而恍然于儒教之外复有他教，六经之外复有诸子，而一尊之说破矣。①

① 邓实. 古学复兴论 [M]// 任访秋，主编. 中国近代文学大系·第 3 集·第 13 卷·散文集四. 上海：上海书店出版社，1993: 361-362.

对于传统经学课程来说，教材形式与内容的更新是适应教育变革的最佳途径，因而新式的经学教材开始出现。比如皮锡瑞的《经学历史》，是其晚年在湖南高等学堂讲授经学课程的讲义，成书于 1905 年，刊行于 1906 年，该书在经学通史的编纂方面有许多开创之处。《经学通论》也是皮锡瑞晚年为适应新式教育而编纂的经学教材，该书分《易经》《书经》《诗经》《三礼》《春秋》五种，为经学入门教材。[①]

在经学知识近代化的过程中，刘师培的《经学教科书》最有代表性。《经学教科书》是一部未完成之作，只有第一册总论和第二册《易经》，按作者的意图，《易经》之后，“次《书经》，次《诗经》，次《春秋经》，次《礼经》，次《论语》《孟子》，《学》《庸》附焉，次《孝经》，《尔雅》附焉”[②]。其优点是简明扼要，每课只有四五百字，却能说清重要内容重要思想。以《孟子》为例，第十四课“两汉《论语》之传授附《孟子》《学》《庸》”，刘师培将两汉时期的《孟子》概说为：“《孟子》当文帝时，曾立博士之官。注《孟子》者，始自扬雄。后汉之时，程曾、高诱、刘熙俱注《孟子》，惟赵岐作《孟子章句》并作《题词》，至今仍存。然未尝尊《孟子》为一经也”[③]。对于学者来说，《经学教科书》的行文可能略显简单，但是对于学生来说，其所表述的内容却清晰明了、易于接受。

在晚清教材体系当中，经学教材仍占有重要的位置，并且渗透到各级各类的教育当中。比如，左宗棠曾在福州设立正谊书局（后改为正谊书院），刊印儒家典籍，将儒家典籍作为书院的教材，并影印“四书”“五经”以及《小学》善本，颁于各府厅州县。这表明社会形态的

① 吴仰湘. 皮锡瑞的经学成就与经学思想 [M]. 长沙 : 湖南大学出版社 , 2013: 9.

② 刘师培. 经学教科书 [M]. 北京 : 北京联合出版公司 , 2015: 4.

③ 同上 : 62.

变化反映到以教材为载体的教育内容上应是一个渐进的过程，教材的改革更直接地依赖整个社会思想意识形态及价值观念的转变。[①] 教材的改革随着社会意识形态的转变而发生变化，晚清教材的改革是在寻求“中学”与“西学”之间的平衡，比如“戊戌时期，康有为、梁启超、谭嗣同等人，在阐释孟子思想时不仅仅表现为引用西方自然科学的某些名词、概念，更表现为对西方自然科学知识的重视，将‘重知’精神拓展为对西方自然科学和社会科学知识的重视和引介”[②]。从实际效果来看，这种平衡并未达到预期效果，更大规模的改革将随着民国新教育体制的形成而出现新的发展趋势。

三、晚清学人与《孟子》的传授

清朝后期，随着西方教育思潮的涌入，对教育内容与教育方式的“近代化”思考成为“四书”学习次序再次变化的重要原因。沈恩孚在《龙门书院读书日记》中写道：“今人狃于科举之学，志在速化，四子书外，以五经为限，先《学》《庸》而后《论》《孟》，舍《尔雅》而治《诗》《书》，习《戴记》而遗《仪礼》《周官》，尊《左氏》而凡废《公》《穀》，不达圣人之所雅言而轻于学，宜经术之荒也。”[③] 沈恩孚表达了对科举之弊的批判，以及对从明代所延续下来的考试、读书的次序的不认同。他认为，先学《大学》《中庸》，而后再学《论语》《孟子》的学习次序，是对学术的轻视，对圣人的不敬，而且这种次序也不符合基本的学习规律与认识规律，所以沈恩孚提出了一种新的学习次序：“《论语》

① 吴洪成. 中国学校教材史 [M]. 重庆 : 西南师范大学出版社 , 1998: 182.

② 杨华. 经世与转型 : 晚清孟子学的近代化 [J]. 澳门理工学报 (人文社会科学版), 2023(01): 94–104.

③ 沈恩孚. 沈信卿先生文集 [M]. 薛冰 , 整理. 南京 : 凤凰出版社 , 2015: 573.

文简而明，初学易解，尝谓童子入塾，略辨字义，即当令诵《论语》，次《孝经》，次《孟子》，次《尔雅》，次《诗》，次《书》，次三礼，次《春秋三传》，次《易》。”[①] 这里《论语》因“文简而明”“童子易解”等被列为要学习的首要书目，之后是《孝经》，再之后是《孟子》。《孝经》在隋唐时期就已经和《论语》一并成为科举考试中的“兼经”科目，之后因“四书”占统治地位，《孝经》的影响渐弱。这里再次将《论语》《孝经》并提，恢复了《论语》《孝经》作为基础教材的地位。该次序中并未提及《大学》《中庸》，而是将其回归到“三礼”中的《礼记》，一并学习，可见，到了清末，“四书”的权威地位开始发生了动摇，“四书”体系开始出现分化，尤其是将“四书”按照难易程度划分到不同年级阶段来学习的做法，这在清末颁布的一系列学堂章程中均有体现。[②]

在晚清学校教育中，依然以历代流传下来的经典文本为传授《孟子》的主要教材。除了京师大学堂以及各地方官书局所刊印的《孟子》教材外，张之洞在《书目答问》中对《孟子》等经学教材的选择与学习问题，作过更为详细的论述。张之洞在《书目答问》中表示，自己撰写本书是为了回答“诸生好学者来问应读何书，书以何本为善”的问题。“五经”“四书”“十三经”为“正经正注”，是“诵读定本，程试功令，说经根柢”，士人在学习过程中应以其为根本。《孟子》是“四书”之一，也是“十三经”之一，同样也是必读教材。张之洞对《孟子》教材的选择，可以分为几类：第一类是“十三经”中的《孟子》教材，以赵岐注、孙奭疏为范本，版本主要选择明代国子监、清代武英殿、永怀堂、星子干氏等本；第二类为《四书章句集注》，因其

① 沈恩孚. 龙门书院读书日记 [M]// 沈恩孚. 沈信卿先生文集. 薛冰，整理. 南京：凤凰出版社，2015: 573.

② 屈博.《孟子》在“四书”中的学习次序探析 [J]. 华东师范大学学报 (教育科学版), 2015(04): 94-98.

地位显赫与流传广泛，所以适用的版本较多，如明经厂大字本、扬州鲍刻本、南昌万刻本、武昌局本、国朝刻本、孔继涵刻《微波榭遗书》本等；第三类则为在清代考据学影响下出现的《孟子》教材，如宋翔凤的《孟子赵注补正》与《孟子刘熙注》、焦循的《孟子正义》、钱东垣的《孟子解谊》、钱侗的《孟子正义》、周广业的《孟子四考》、阎若璩的《孟子生卒年月考》、任兆麟的《孟子时事略》等。可见，张之洞选择的《孟子》教材，具有明显的学习适用性的特征，赵岐注、孙奭疏的《孟子》与朱熹的《四书章句集注》是宋以来学校教育的核心教材，为士子所必读；《孟子赵注补正》《孟子正义》等则是清代考据学研究的典范，考据本身就具有辅助学习的作用，所以这些书可以用作辅助学习《孟子》的教材。总之，张之洞的《书目答问》，为后人学习经典文献提供了诸多的帮助，康有为曾说："精要且详，莫如《书目答问》，版本最佳。"①

有学者指出："晚清学人不再将《孟子》仅仅视作考证经学典籍中字、词、音、义的引证资料，而对之展开相对独立的思想研究，孟子学显现出脱离经学而独立发展的趋势。魏源除了有考据类著述《孟子年谱》，还有《论语孟子类编》和《孟子小记》论及孟子思想的文章，潘四农有《读孟子》，罗泽南有《读孟子札记》，陈澧《东塾读书记》有专卷论孟子思想。"②

关于晚清《孟子》的学习，清人江藩所著的《经解入门》为当时举子士人学习《孟子》等经典文献提供了参照。该书于"光绪中上海石印，十九年癸巳复刻于广西书局"③一经出版便备受关注，"备各省举

① 〔清〕康有为. 康有为全集 (第二册)[M]. 上海 : 上海古籍出版社 , 1990: 62.

② 杨华. 经世与转型 : 晚清孟子学的近代化 [J]. 澳门理工学报 (人文社会科学版), 2023(01): 94-104.

③ 闵示昌. 江子屏先生年谱 [M]. 刻本. 江都 : 闵氏 , 1927.

子携入贡院之用”[①]，足见该书在当时的重要影响。在《经解入门》的《平日读经课程》中，作者指出经学的学习，首先要读《十三经注疏》，但是《十三经注疏》内容烦琐，如何入手？曰：“先读《毛诗》，次及‘三礼’，次及他经。……《诗》《礼》兼明，他经方可着手。”[②]这是因为《诗》与《礼》，与其他经相比，最切近人事，义理的意味较轻，又因这四经都是郑玄作注，所以训诂也比其他的经要详细。而“三礼”中，先《仪礼》，次《礼记》，次《周礼》，这是按从易到难的顺序安排的。之后是《书》和《春秋》，“《书》道政事，《春秋》道名分”[③]。“三传”可以并立，无先后顺序。其后是《周易》，著者最多，但见仁见智，所以安排在“五经”的最后。至于《论语》《孝经》《尔雅》《孟子》，并没有言明顺序，不过对于《论语》《孟子》来说，学者想要通其义，先博后约，“学者先须多见多闻，再言心得”[④]。《论语》《孟子》虽然较其他经来说，篇幅较小，但是想要通达，还是要有一定的基础。总之，“十三经”的学习顺序，是“自近及远，则显通微，如此为便较有实获”[⑤]。

另外，晚清的“中体西用”思想促使中国传统社会开始变革维新。对于“中学”来说，《论语》《孟子》仍是根本，“窃惟诸经之义其有迂曲难通、纷歧莫定者，当以《论语》《孟子》折衷之，《论》《孟》文约意显，又群经之权衡矣”[⑥]。对于“西学”来说，《孟子》中的“仁政说”“民本论”等内容恰与西方民主思想相符合，所以，以康有为为代表的志士仁人，将《孟子》的思想与西方政治体制相联系，形成了新的

① 顾颉刚．顾颉刚学术文化随笔 [M]．北京：中国青年出版社，1998: 321-322.

②③ 〔清〕江藩．经解入门 [M]．周春健，校注．上海：华东师范大学出版社，2010: 142.

④ 同上：144.

⑤ 同上：143.

⑥ 德平．《劝学篇》评注 [M]．北京：光明日报出版社，2021: 46.

《孟子》学习与传授方式。

康有为的《孟子微》撰于1901年，反映出康有为戊戌变法后的思想观点。康有为是戊戌变法的领袖，也是新思想的代表，在“中体西用”思潮的影响下，传统儒家经典《孟子》在康有为手中得到了全新的解释，形成了不同于传统经学思想的《孟子微》一书。其编纂的目的是从《孟子》中寻找社会变革的合理依据。康有为的《孟子微》与传统的《孟子》注疏本不同，并未按照《孟子》七篇的顺序来编排，而是将《孟子》七篇改为以类相从的《总论》《性命》《心身》《仁义》《礼智》《孝弟》《仁不仁》《王霸》《仁政》《同民》《政制》《外交》《战》《贵耻》《师友》《辨说》《论古》《辟异》十八篇，并将主要内容聚焦于“人性论”“进化史观”“民贵君轻”等近代民主思想观念上。康有为认为这样编排的好处是“学者开卷可以知《孟子》大道之全”①。

康有为在诠释《孟子》时，基于政治、经济、文化、社会发展的角度，大量征引西学用以补充印证《孟子》，以使《孟子》中的微言大义“近代化”。比如，康有为在解释《公孙丑上》中的“人皆有不忍人之心”时说：“言性善者，平世之法，令人人皆有平等自立，故其法进化向上为多，《孟子》之说是也。……人人有是四端，故人人可平等自立。”②孟子认为人性之善要通过“恻隐”“羞恶”“辞让”“是非”等四心来体现，康有为将西方政治理念中的平等、自由与孟子的人性善联系起来，以寻求人人平等、天赋人权的理想社会。又如康有为认为《离娄上》中提出的“仁与不仁”的道德评判标准是“该括天下之大道，一切治教之得失、进退、是非皆以此决之”，是“判黑白之途，别

① 〔清〕康有为. 孟子微 [M]. 楼宇烈，整理. 北京：中华书局，1987: 7.

② 同上：9.

善恶之界，分上下之达，辨是非之门；鉴于今古祸福之由，验乎兴衰存亡之理”①。“仁与不仁”既可以概括古今中外的政治得失，也能体现公平、正义、司法独立等西方政治理念。再如，康有为还认为孟子的思想中包含西方政治体制中“立宪体”的相关要素。《梁惠王下》中孟子与齐宣王探讨国君、左右之人、诸大夫、国人之间如何对一件事情达成共识，康有为将左右之人比之为“行政官及元老顾问”，将诸大夫比之为“上议院”，将国人比之为“下议院”，其做法是“一切政法，以下议院为与民共之，以国者国人公共之物，当与民公任之也”②。孟子以王道作为政治构建的基础，而“立宪体”强调民权、民主，康有为以此理念诠释《孟子》，实际上是为了促进传统儒家思想与近代社会的融合。③康有为也正是基于现实社会的考量，从《孟子》一书中探索社会进步与改革的基本原理，将“中学”与“西学”结合在一起，以追求社会的进步与发展。

梁启超早年深受其师康有为的影响，在《读〈孟子〉界说》中，梁启超也通过对《孟子》的新诠释，借以奠定维新改制的思想理论基础。他认为孟子提出的“民为贵，社稷次之，君为轻”的民本思想与“以不忍人之心，行不忍人之政”的仁政思想，都与现代政治体制的构建十分契合，“孟子的民本与西方国家的民主政治有相通之处，因此阐发孟子的‘民为贵’可以推动民主制度的建构。西方近代以来进入了民主社会，但是中国当时依然处于专制社会，因此应该通过政治改制，实现孟子的仁政和民本”④。这一时期，梁启超从政治改革的角度对《孟子》进

---

① 〔清〕康有为. 孟子微 [M]. 楼宇烈，整理. 北京：中华书局，1987: 12.

② 同上：20.

③ 黄俊杰. 孟子 [M]. 北京：生活·读书·新知三联书店，2013: 211.

④ 张少恩. 坚守与善变之间——梁启超的孟子研究 [M]// 赵卫东，许东. 中国古典学（第 2 辑）. 济南：山东大学出版社，2021: 222.

行新的解读，代表了一种当时士人对《孟子》学习的态度和方式。

第二节 《孟子》成为学科知识

在民国初年的教育改革中，传统经学教育被否定，小学废止读经科，大学取消经科，中国教育摆脱了“中体西用”观念的束缚，“为真正意义上的中西文化教育融合铺平了道路”[①]。作为中国古代教育核心课程内容的“四书”“五经”“十三经”，已经被不同的学科课程取代，内容也归并到相应的学科教学当中。虽然袁世凯在1915年颁布的《特定教育纲领》中要求中小学恢复读经，但随着袁氏政权的覆灭以及1920年修正的《国民学校令》的颁布，要求在中小学读经的条文被删除。不过各省市乡村之私塾中所授的课程仍是“四书”“五经”。1929年，教育部发布训令，规定：“查改良私塾课程，禁授四书五经，并积极注重中小学教育，切属切要之图，应由本部通令各教育行政机关依照办理。”[②]至此，自上而下的废除读经措施得到全面贯彻实施。废除读经的做法，使得《孟子》等传统专经课程丧失了其原本具有的“启蒙”作用。“转型之后，《孟子》从‘四部之学’迈向‘七科之学’，《孟子》告别经学，进入文史哲体系之中，而哲学学科是孟子学的主要栖身之所。”[③]大学中废除经学科，则进一步否定了经学教育在学科观念下存在的合理性。这些变革使得近代中国教育在学科设置方面开始脱离传统经学教育的束缚，建立起新的学科体系和知识体

① 杨国荣. 现代化过程的人文向度 [M]. 上海 : 上海古籍出版社 , 2006: 47.

② 邓菊英 , 李诚. 北京近代小学教育史料 (上)[M]. 北京 : 北京出版社 , 1995: 786.

③ 张少恩. 从“以西释中”到“化西为中”: 近代以来孟子学研究的方法演进与范式转型 [J]. 中国哲学史 , 2022(06): 123−128.

系，学校教育中的课程与教学体系从“经学化”转变为“学科化”。

一、民国小学教育中的《孟子》

随着西式教育观念的传播，废除小学堂读经的主张逐渐流行起来。当时学人对经学教育的批判与质疑主要针对小学阶段“读经讲经科”的设置问题，比如何劲的《说两等小学读经讲经之害》、蒋维乔的《论读经非幼稚所宜》、顾实的《论小学堂读经之谬》、缪文功的《论修身教授不可专用儒家之言》、庄俞的《论学部之改良小学章程》、陆费逵的《小学堂章程改正私仪》等，这些文章达成的共识是经学的内容太过深奥，不适合小学阶段的学生学习，这些批判与质疑也奠定了民国初年学制改革的基调。民国初年临时教育通令的颁布，使得经学最终退出了学制系统，成为学科的一部分。

1912 年的《普通教育暂行办法》规定“小学读经科一律废止”，开了经学退出教育历史舞台的先河。1912 年 11 月颁布的《小学校令》和《小学校教则及课程表》指出，国文要旨，在使儿童学习普通语言文字，养成发表思想之能力，兼及启发其智德。该规定表明小学国文教学，要以普通语言文字为基础，传统经学教育的内容已经不再适合小学阶段的学习。

一门学科从建立到成熟，最重要的标志是形成比较完备的学科体系。就普通教育而言，构成这一体系的最重要内容是课程标准和与之相适应的成套教材。在学科体系影响下，《孟子》从传统蒙学教材、经学教材中脱离出来，为了适应当时小学课程标准的要求，《孟子》的内容被有选择地编入一系列国文、国语教材中，成为课程知识的组成部分。民国初年的《普通教育暂行办法》规定小学废除“读经科”，并规定“凡各科教材，务合乎共和国宗旨，清学部颁行之教材，一律禁用”。

之后“合乎共和国宗旨”的教材陆续编出，小学教育中不再有专门的经学教材。

不过，经学内容作为传统知识的重要组成部分，还是会在小学教材中出现。比如，1912 年发布的《小学校教则及课程表》对“历史科”教授的范围做出规定：“本国历史宜略授黄帝开国之功绩，历代伟人之言行，亚东文化之渊源，民国之建设，与近百年来中外之关系。”“历代伟人之言行”就包括了孔子、孟子等古代先贤的言论与事迹，这些可以作为历史知识传授给小学生。在小学的历史教材中也有涉及诸多与孟子相关的知识，如，孟子的生平事迹以及《孟子》一书的基本内容等。《共和国教科书 · 新历史》与《新制中华历史教授书》中对《孟子》的学习要旨进行了规定，主要强调孟子“民贵君轻”的思想，这也与民国时期的教育宗旨强调民权的思想有着密切的联系。

《孟子》中的寓言故事，也被选入小学教材当中。喻守真编的《孟子童话》将《孟子》中的寓言用白话表述成各种故事，如《五十步笑百步》《以羊易牛》《与民同乐》《老实的爸爸》《托病不见》《劳心和劳力》《李子和鹅》《正直的小门生》《东郭乞食》《狠心的父母和弟弟》《放生的鱼》《弈秋教棋》《冯妇打虎》等。选取的目的是：选择最有趣味而含有大道理的，以文艺的描写，使小朋友们认识孟子是怎样一个人。[①]《孟子》一书的内容，通过白话故事的形式融入低年级儿童的学习，使得原本的经学教育的内容转换成为基本的道德知识，既消除了经学意味，又便于儿童理解，可以满足低年级儿童的学习需求。

1922 年，教育部颁布新学制，要求国民学校的国文教材一律改用“国语”，至此“国语科”诞生。次年制定的《新学制课程标准纲要》，规

① 喻守真. 孟子童话 [M]. 上海：中华书局，1934: 1.

定小学国语的教学目的是：练习运用通常的语言文字；并涵养感情德性；启发想象思想；引起读书兴趣；建立进修国文的良好基础；培养能达己意的表达能力。可见，新学制对小学生的国语学习提出的要求是掌握基本的语言文字与表达能力，学习的内容包括语言、读文、文字、作文等。读文涉及对教材内容的选择，要求注重欣赏、表演，取材以儿童文学（包含文学化的实用教材）为主。小学国语教材在内容的选择和安排上要遵循儿童发展的基本要求，前文提到的《孟子童话》就体现出这样的特点。

二、民国中学教育中的《孟子》

1912年颁布的《中学校令》，规定中学课程除国文、历史、地理、外国语等基础课程外，还包括“修身科”。“修身科”的要求是“养成道德上之思想情操，并勉以躬行实践，完具国民之品格”①，这显然与清末的“修身科”已经有了本质的不同。“国文科”的要求则为“通解普通语言文字……首宜授以近世文，渐及今古文，并文字源流，文法要略，及文学史之大概，使作使用简易之文，兼课习字”②。“古文”既包括了传统经学教育中的内容，也包括诗、词、歌、赋等。虽然《中学校令》中并未明确提出要废止读经，但经学的内容已经被分置在不同的科目如历史、文学等课程当中。

1923年，政府颁布了新学制，其中《初级中学国语课程纲要》规定了中学国语课程教学的目标：使学生有自由发表思想的能力；使学生能看平易的古书；引起学生研究中国文学的兴趣。与小学国语课程相比，中学国语课程增加了对古书的阅读与学习，但比重有限，教学的内容主要以读书（传记、小说、诗歌，兼及杂文，取材偏重近代名著）、

①② 璩鑫圭，唐良炎．中国近代教育史资料汇编——学制演变[M]．上海：上海教育出版社，1991：669.

作文、习字等为主。而《高级中学公共必修的国语课程纲要》中规定的高中国语课程教学的目标是：培养欣赏中国文学名著的能力；提高使用古书的能力；继续发展语体文的技术；继续练习用文言作文。列举的必读书目包括"四书"（节本）及诸子文粹、古史家文粹等。高级中学对学生的学习要求有了明显的提高，古文阅读与欣赏被列入日常的学习当中，传统经学教育中的"四书""五经"等也以古文阅读材料的形式成为国语科教学内容的一部分。

1929 年颁布的《初级中学国文暂行课程标准》规定国文课程的教学目标是：养成运用语体文及语言顺畅地叙说事理及表达情意的技能；养成了解平易的文言文书报的能力；养成阅读书报的习惯和欣赏文艺的兴趣。与 1922 年的《初级中学国语课程纲要》相比，该课程标准更明确了中学生在国文阅读、写作以及表达等方面应具备的技能。教材选用应遵循的标准是"合于学生身心发育的程序""叙事明晰，说理透辟，描写真实"等，这与课程实施的标准基本一致。同年颁布的《高级中学普通科国文暂行课程标准》则对学生在中国文学名著的阅读与运用等方面的能力作出进一步的要求：继续养成学生运用语体文正确周密隽巧地叙说事理及表达情意的技能，并依学生的资性及兴趣，酌量兼使有运用文言作文的能力；继续培养学生读解古书的能力；继续培养学生欣赏中国文学名著的能力。选用教材的标准与初级中学大致相同，包括叙事明晰、说理透辟、描写真切、可供欣赏等。之后，国民政府又颁布了一系列关于中小学课程标准的补充、修正案，如 1932 年颁布的《初级中学国文课程标准》与《高级中学国文课程标准》、1936 年颁布的《初级中学国文课程标准》与《高级中学国文课程标准》，以及 1940 年颁布的《修正初级中学国文课程标准》与《修正高级中学国文课程标准》，这些课程标准基本上是在 1929 年课程标准的基础上做的补充与修正。

上述一系列课程纲要与标准中提到初、高级中学生要增强古书的阅读与使用能力，必读书目当中包含了“四书”等传统经学教育的内容，这表明经学已融入国文、国语教学的范畴当中，学生也要将其作为国文、国语知识的一部分来学习。在这些教材当中，《孟子》各章被分解成若干知识内容，在不同阶段、不同类型的教材中得以呈现（见表5-2）。

表5-2 民国初级中学教材中《孟子》选文一览表

教材名	《孟子》选文	编著者	出版机构	出版年份
《共和国教科书国文读本》	第四册：《孟子舜发于畎亩章》《孟子谓戴不胜章》《孟子梁惠王篇节录》《孟子鱼我所欲也章》《孟子许行章》	许国英	商务印书馆	1913年
《现代初中教科书·国文》	第一册：《齐人有一妻一妾章》 第二册：《孟子谓戴不胜章》 第三册：《孟子两章》 第四册：《舜发于畎亩章》 第五册：《陈代章》 第六册：《鱼我所欲章》	庄适	商务印书馆	1924年初版
《初级古文读本》	第三册：《陈仲子》	沈星一	中华书局	1924年
《新中华教科书·国语与国文》	第一册：《取义》 第四册：《陈仲子》《许行》 第五册：《不为与不能》 第六册：《人皆有不忍人之心》	朱文叔	中华书局	1928年 1929年 1929年 1929年
《初中国文》	第六册：《舜发于畎亩》	朱剑芒	世界书局	1929年
《新学制初级中学教科书·国语》	第一册：《孟子许行章》 第二册：《孟子原泉章》 第三册：《孟子舜发于畎亩章》《孟子谓戴不胜章》 第四册：《孟子鱼我所欲也章》《孟子陈仲子章》《孟子伯夷伊尹柳下惠孔子章》 第五册：《孟子富岁等三章》	周予同等	商务印书馆	1923年初版

续 表

教材名	《孟子》选文	编著者	出版机构	出版年份
《初级中学混合国语教科书》	第一册：《孟子谓戴不胜章》	赵景深	北新书局	1930 年初版，1931 年第三版
《基本教科书·国文》	第一册：《孟子舜发于畎亩章》 第二册：《人皆有不忍人之心》 第四册：《陈仲子》《许行》	傅东华、陈望道	商务印书馆	1931 年 1932 年 1933 年
《初级中学北新文选》	第三册：《孟子谓戴不胜章》《舜发于畎亩章》	姜亮夫、赵景深	北新书局	1931 年初版，1932 年再版
《初级中学国语教科书》	第四册：《陈仲子章》	戴叔清	文艺书局	1933 年
《复兴初级中学教科书·国文》	第四册：《人皆有不忍人之心》 第五册：《陈仲子》《许行》	傅东华	商务印书馆	1933 年
《初中国文教本》	第三册：《鱼我所欲也》	张弓	大东书局	1933 年
《创造国文读本》	第四册：《孟子谓戴不胜章》《孟子鱼我所欲也章》	徐蔚南	世界书局	1933 年
《初中国文读本》	第一册：《揠苗》 第五册：《取义》 第六册：《不为与不能》	朱文叔	中华书局	1933 年 1934 年 1934 年
《试验初中国文读本》	第四册：《郑子产》《盆成括》	张圣瑜等	大华书局	1934 年
《初中标准国文》	第三册：《孟子舜发于畎亩章》 第五册：《孟子齐人乞墦章》	江苏省教育厅修订中学国文科教学进度表委员会	中学生书局	1934 年
《初级中学国文教科书》	第二册：《舜发于畎亩章》	孙怒潮	中华书局	1934 年
《初级中学国文读本》	第一册：《寓言四则》（移民移粟、宋人揠苗、攘鸡、齐人）	张鸿来、卢怀琦	北平厂甸师大附中国文丛刊社	1934 年再版

续 表

教材名	《孟子》选文	编著者	出版机构	出版年份
《初级中学教科书国文》	第一册:《孟子两章》(揠苗、奕秋) 第二册:《孟子对滕文公问》 第三册:《鱼我所欲也章》《庄暴章》 第四册:《人皆有不忍人之心章》 第五册:《舜发于畎亩之中》 第六册:《梁惠王二章》(寡人之于国也章、晋国天下莫强焉章)	叶楚伧	正中书局	1934 年
《初级中学教科书·国文》	第四册:《人皆有不忍人之心章》 第六册:《梁惠王二章》(寡人之于国也章、晋国天下莫强焉章)	正中初中国文教科书编辑委员会	正中书局	1935 年
《初中国文教本》	第二册:《鱼我所欲也章》 第三册:《舜发于畎亩之中章》	陈介白	贝满女子中学校	1936 年初版 1937 年再版
《初中国文》	第六册:《夷之厚葬其亲》	中等教育研究会	华北书局	1938 年
《蒋氏初中新国文》	第四册:《舍生取义》 第六册:《孟子四章》(梁惠王、滕文公)	蒋伯潜	世界书局	1938 年
《初中国文》	第四册:《不为与不能》 第五册:《熊掌我所欲也章》	教育总署编审会	新民印书馆	1939 年
《初级中学国文甲编》	第二册:《人皆有不忍人之心》 第三册:《不为与不能》 第五册:《鱼我所欲也章》《许行章》	教育部教科书编辑委员会	国定中小学教科书七家联合供应处	1946 年
《初级中学国文甲编》	第二册:《人皆有不忍人之心》 第三册:《不为与不能》 第五册:《鱼我所欲也章》《许行章》	国立编译馆	中华书局	1947 年

注：本表根据《中国近代教材数据库》《中国近代教育资源数据库》《中国国家图书馆·近代图书数字资源》《CADAL 中美百万册数字图书馆》等数据库中的民国教材电子数据资源编制而成。

初级中学国文教材中《孟子》选文的内容，主要集中在《梁惠王上》《公孙丑上》《滕文公上》《滕文公下》《告子上》《告子下》等。其中，《告子下》中的《舜发于畎亩》章被选的次数最多，其次是《告子下》中的《鱼我所欲也》章，再次是《公孙丑上》中的《人皆有不忍人之心》章。《舜发于畎亩》章，通过舜、傅说、胶鬲、管夷吾、孙叔敖、百里奚等先贤人物生平事迹，揭示“生于忧患，死于安乐”的人生道理。此章对培养学生在艰难的情况下，磨炼自己的意志，以及培养忧患意识，具有重要的教育意义。王蓉荪在《震旦大学院杂志》的《国文课选》专栏中，对此章作过评论。他认为：“盖世事险阻，顺者少，而逆者多。学问艰深，难者众，而易者寡。志力薄弱之士，鲜有不颓然丧气。……是故非豪迈、超群、坚忍不拔之士，鲜有能济者。”①高登昆对《舜发于畎亩》章也有类似的论述。②基于此，几乎每本初级中学国文教材都会选入此章。

《鱼我所欲也》章指出生命固然重要，但“义”的价值更高，人在必要之时应当“舍生取义”，不顾礼义而贪图富贵的行为是不足取的。在《人皆有不忍人之心》章中，孟子认为人性本善，并且举小孩将掉到井中的事例，来说明每个人都有与生俱来的“恻隐之心”，由此引出仁、义、礼、智四端。宋启范等在《读孟子〈人皆有不忍人之心〉章书后》中指出：“孟子所以谓人皆有不忍人之心者，盖以人之心皆得夫天地生物之心以为心。天地有好生之德，人亦有好生之德。故曰人皆有不忍人之心也。”③这两章的内容对于培养学生的价值观具有重要的意义，同时也符合民国时期的教育宗旨。

---

① 王蓉荪. 孔子少贱多能论 [J]. 震旦大学院杂志，1918(15): 31-33.

② 高登昆. 孟子谓生于忧患死于安乐其说然否 [J]. 震旦大学院杂志，1919(18): 36-38.

③ 宋启范，宋启宸. 读孟子《人皆有不忍人之心》章书后 [J]. 钱业月报，1927(02): 186-187.

初级中学国文教材还重视传授《孟子》的论辩技巧，对学生进行整体的、辩证的、逻辑上的思辨能力训练。比如《滕文公》中的《许行》章、《陈代》章、《陈仲子》章、《孟子谓戴不胜》章等，这些章的共同特点是用类比推理的逻辑方法进行说理，文章浅显生动，中心主旨突出，论证有力，结构严密。对学生来说，这既有利于思维品质的培养，也有利于作文技巧的训练。从上述各课程标准中可以看出，作文系统已开始作为教材的一个结构要素被编进教材。比如《陈仲子》章，"孟子讥刺陈仲子的话都从'实际'问题出发，从此可以悟到做议论文的一个原则，就是你的立论须要顾到实际，不可太近于理想"①。又如《许行》章体现孟子"劳心者治人，劳力者治于人"的思想，孟子与陈相的对话体现了孟子高超的论辩技巧，对于学生学写论文有很大的帮助。不过对于此章，当时人们也有不同的看法，比如蔡百熙认为，《许行》章中所体现的"劳心者治人，劳力者治于人"的观点，与当时倡导的民主、平等、无阶级观念不相符，而与"无政府主义相仿"，因此在讲授的过程中应尤为注意。②

教材从《孟子》中选择的寓言故事，如《齐人有一妻一妾》章、《揠苗》章、《攘鸡》章等，对于学生来说富有形象性和可读性，同时又针砭时弊，发人深省。比如《齐人有一妻一妾》章，既幽默，又有反讽，对学生的教育意义颇大，民国刊物《论语》中就载有此段的选文。③当时还有人将《齐人有一妻一妾》章编排成为新剧，又名"空心大老官"，④通过戏剧的形式将此章的价值理念呈现出来，能让学生更容易理会其中的意义。

---

① 傅东华. 复兴初级中学教科书国文 (第五册)[M]. 上海 : 商务印书馆 , 1933: 297.

② 蔡百熙. 孟子许行章讲义 [J]. 桃坞 , 1922(02): 15-23.

③ 吕绍光. 幽默文选 [J]. 论语 , 1933(16): 40.

④ 含寒. 新剧 : 孟子齐人章 (又名空心大老官)[J]. 余兴 , 1916(22): 89-91.

关于初中阶段如何教授《孟子》，当时教育界的名流有不同的看法。汪典存主张小学高级必参用文言文，初中则应毕读《孟子》。吴研因反驳说："就初中毕读《孟子》论。我们因为初中确可选读《孟子》的菁华，但是决不可从头至尾毕读。《孟子》上有许多理论，固可供青年修养之用，但也有许多已不合时代潮流，读了反足以腐脑，而或好为大言不愿劳力。以文章论，《孟子》之文固很流畅，足以增进青年读作能力，但也有许多简短琐屑无甚结构，且不重要的章节，要是不加选择而毕读，那也是徒费工夫，大背经济原则。"① 吴研因从《孟子》思想的适宜性以及文章本身的阅读性出发，认为应该选读《孟子》，而非全读。这种观点在当时得到了普遍的认可，这从高中教材《孟子》的选文特点中可以看出（见表 5-3）。

表 5-3　民国高级中学教材中《孟子》选文一览表

教材名	《孟子》选文	编著者	出版机构	出版年份
《高中国文选本》	第一册：《孟子伊尹割烹章》	罗根泽、高远公	立达书局	1933 年
《杜韩两氏高中国文》	第五册：《与告子等论性》	杜天縻、韩楚原	世界书局	1933 年
《高中标准国文》	第五册：《孟子神农之言章》	江苏省教育厅修订中学国文科教学进度表委员会	中学生书局	1934 年
《高中当代国文》	第五册：《许行章》《告子论性》	薛无兢	中学生书局	1934 年

① 吴研因. 辟小学参用文言与初中毕读《孟子》及指斥语体文诸说 [J]. 中华教育界, 1934(02): 95-97.

续　表

教材名	《孟子》选文	编著者	出版机构	出版年份
《高级中学　国文》	第二册:《北宫锜章》《性无善无不善章》 第三册:《选录五章》(梁惠王上等) 第五册:《孟子·万章问·尧舜禅让禹传子章》《孟子·梁惠王上·齐桓晋文章》《孟子·滕文公上·有为神农之言章》《孟子·滕文公下·夫子好辩章》	叶楚伧	正中书局	1935—1936 年
《复兴高级中学国文课本》	第一册:《〈孟子〉题辞》 第六册:《性善章》《许行章》	何炳松、孙俍工	商务印书馆	1935 年
《新编高中国文》	第一册:《许行章》《伯夷柳下惠孔子章》	宋文翰、张文治	中华书局	1937 年
《蒋氏高中新国文》	第一册:《孟子齐桓晋文之事章》《孟子养气章》《孟子好辩章》	蒋伯潜	世界书局	1937 年
《高中国文》	第一册:《许行章》《伯夷柳下惠孔子章》	教育总署编审会	新民印书馆	1939 年

注：本表依据《中国近代教材数据库》《中国近代教育资源数据库》《中国国家图书馆·近代图书数字资源》《CADAL 中美百万册数字图书馆》等数据库中的民国教材电子数据资源编制而成。

高级中学国文教材中的《孟子》选文，与初级中学的学习内容具有一定的承接性，且有所加深，比如《尽心上》中的《告子论性》章被选次数较多，该章的主要内容是孟子与告子探讨“性无善无不善”的问题，相对于《人皆有不忍人之心》等章，此章的内容已经比较深入了。而《梁惠王上》中《齐桓晋文之事》章，《万章上》中的《尧舜禅让禹传子》章以及《万章下》中的《北宫锜》章等，则主要集中于仁政问题的探讨。由此可见，较初级中学，高级中学国文教材在《孟子》的选文上，不仅难度有所加深，而且内容也从关注人本身转移到关注国家。

关于《孟子》的教授与学习之法，1914 年《京师教育报》载有日本人樋口勘次郎讲述、佟永元翻译的《孟子之教授法》[①]一文，可以看作是当时学校教授《孟子》的基本方法。该文以《齐桓晋文之事》章为例，将教授《孟子》的过程分为以下几步。

第一步是目的指示，指出该章的基本观点。“孟子奚不知桓文之事，亦以霸业卑不足道耳。其意若谓桓文之事，无足语者，如求王道，则可言也。直捷打破宣王之俗见，出其意料所不及。然并不拒绝其问，姑拈出一王字来，示以有可闻之事，引起其最强之活动，使之自发此兴。”“王”字即是孟子所要指示的目的，学生也应注意。第二步是预备。“德何如则可以王矣”，孟子的提问使得宣王对王道的理解产生了困惑，实际上孟子是在探寻宣王之德，此段的用意是“呼出生徒过去之经验，使更新知识之类化”。第三步是提示。“是心足以王矣，百姓皆以王为爱也。臣固知王之不忍也”，通过情感的相通引出“王道”的必要条件。第四步是比较。“抑王兴甲兵，危士臣，构怨于诸侯，然后快于心与？”通过与霸道的比较，明晰王道的重要。第五是概括。“今王发政施仁，使天下仕者皆欲立于王之朝。……其若是，孰能御之”与“保民而王，莫之能御也”相呼应，亦是对仁政、王道的概括。第六步是应用。宣王对孟子的论说十分信服，明确表示“愿夫子辅吾志，明以教我”的求教态度，表示出“一种自进力行之意思，有求闻实行仁政方法之实心”。最后是孟子的施教，“有恒产者有恒心”“五亩之宅，树之以桑”等皆为孟子的仁政之术。由此可见，《孟子之教授法》一文，将《孟子》的论辩过程明确为若干步骤，每一步骤之间紧密相连，表现出的特点是：“于知识之教育

① 〔日〕樋口勘次郎. 孟子之教授法 [J]. 京师教育报，1914(02): 1-15.

则极明晰，于感情之教育则极痛切，于意志之教育则极确实。”①

从教材组织形式来看，民国中学语文教材选用的多是一些具有文选性质的读本，重在系统知识的传授，以单元的形式呈现教材内容，并且按学习进度分册编排。民国时期教材的组织与编排把知识与技能结合在一起，遵循由浅入深、由具体到抽象的一般规律，同时也要符合学科本身的要求。如，当时直隶省第四中学校的董光照在《孟子文法》一文中，从文学的角度对《孟子》的用字、造句、运笔、谋篇等进行深入剖析，“俾学者有所遵循，则由是以进窥义蕴圣贤教人之旨”②。

从民国中学教材中所选的《孟子》篇章可以看出《孟子》作为教学内容的几个特点：第一，以民权、民主等思想内容为主；第二，具有较强的文学性，因而大多以文学作品的形式出现；第三，从读写的角度来看，《孟子》中的论辩章节是学习议论文写作的典型案例。可见，与传统教育相比，民国时期《孟子》的教育作用发生了重大变化。在传统教育中，《孟子》因符合统治阶层的需要，符合传统教育的目标，被选为学校教育中的核心教材，发挥着伦理导向和凝聚社会的作用。而民国时期经科被废除，《孟子》作为儒家经典教材的使命终结，取而代之的是学科教材，这些教材按照课程标准的要求，对《孟子》进行了筛选，将陈旧、脱离社会生活的内容剔除，保留适合价值观培养、审美情趣养成的内容。从民国时期中学教材中的《孟子》选文来看，选文具有几个特点：第一，以学生为中心，反映社会生活，将知识内容与生活的各个方面结合在一起，如《揠苗助长》《弈秋教棋》《寡人之于国也》等；第二，有助于学生增强爱国热情、培养学生良好的道德品质与精神，如

① 〔日〕樋口勘次郎. 孟子之教授法 [J]. 京师教育报 , 1914(02): 1-15.

② 董光照. 孟子文法 [J]. 新学海 , 1920(01): 47-69.

《人皆有不忍人之心》《舜发于畎亩》《鱼我所欲也》等；第三，广泛地反映中华民族文化精神与底蕴，如《不为与不能》《夷之厚葬其亲》等；第四，选文的难易适度，利于学生开阔视野，激发学生的学习兴趣。总之，民国时期《孟子》的教育作用，已从单一的培养伦理道德，转变成为培养学生人文精神、运用语言文字的能力、提高道德修养与审美情趣、形成健全人格。

三、民国大学教育中的《孟子》

在高等教育中，1912 年颁布的《大学令》取消经学科的设置，将《奏定京师大学堂章程》中原定的经学、政法、文学、医、格致、农、工、商八门学科改为文、理、法、商、医、农、工七科。1913 年教育部公布的《大学规程》延续了“七科”的设置方式，将经学科并入文科，《易》《论语》《孟子》等被列入哲学系，《孟子》成为哲学学科门类下的一门基础课程。

当然，在其他门类（如文学、历史等）也将《孟子》作为课程与教学内容的一部分。虽然《大学规程》取消经学科的设置，但是经学作为一门文科课程在大学的教学中还是被保留下来。比如当时的国立中山大学中国语言文学系、国立武汉大学中文系、云南大学文史系、齐鲁大学国学研究所等，都曾开设过经学课程。① 不过，此经学课程已非彼经学课程，其地位与性质也已经完全改变。

关于大学废止经学科的理由，蔡元培在 1912 年临时教育会议上说：“大学校废经科，而以经科分入文科之哲学、史学、文学三门，是破除

① 车行健. 现代中国大学中的经学课程 [M]// 刘东. 国学文摘（第 1 辑）. 北京：高等教育出版社，2011: 310.

自大旧习之一端。”[①] 又说：“我以为十四经中，如《易》《论语》《孟子》等，已入哲学系；《诗》《尔雅》已入文学系；《尚书》《三礼》《大戴礼》《春秋》三传，已入史学系；无再设经科的必要，废止之。”[②] 依据蔡元培的解释，一是表明大学废止经学科是对传统教育的革新，是“破除旧习”，提倡新式教育的做法。二是从知识分化的角度，他认为传统的“四书”“十三经”体系并未形成专门的知识分化，而近代学科的分类可以将经学课程分门别类地归入相应学科当中，这也有利于知识的传授，所以经学科无再设置的必要。可见，蔡元培废止经学科的决定具有教育上的合理性与正当性，废止经学科既是传统教育在近代化过程中的一次重要变革，也体现出既有时代背景下传统教育的最终归宿。

大学中经学科的废除，使得《孟子》等传统经典被分门别类地归入其他学科当中。首先，在大学的入学考试中，《孟子》等内容会作为入学考试的试题出现。比如，1924 年北京中国大学的国文试题，作文第一题为“孟子谓舜由仁义行非行仁义说”，[③] 考查《孟子》中的仁义思想。1926 年国立北京师范大学国文试题，第一题为：“孟子初见梁惠王非其‘何以利吾国’之问（注一）及为惠王。陈王政，则以‘七十者衣帛食肉，黎民不饥不寒’为言。（注二）二义有无矛盾？试申论之！”[④] 考查的是《孟子》中的义利、王道思想。

其次，在大学专业课程设置中，《孟子》等也是作为专门课程来教授和学习的。比如，1935 年，国立中山大学文学院的一则布告中写道：“中文系陈鼎忠教授所授‘基本国文一’，以论孟为主；本期授《孟子》，

① 蔡元培. 全国临时教育会议开会词 [M]// 高平叔. 蔡元培教育论著选. 北京：人民教育出版社，2011: 17.

② 蔡元培. 我在教育界的经验 [M]// 高平叔. 蔡元培教育论著选. 北京：人民教育出版社，2011: 741.

③ 北京中国大学入学试题 [J]. 全国专门以上学校投考指南，1925(03): 53.

④ 国立北京师范大学入学试题 [J]. 全国专门以上学校投考指南，1927(05): 22.

下期授《论语》。”①

再次，《孟子》的主要思想内容在相应的学科教材中也有所体现。比如，《大学丛书》是当时商务印书馆为大学编印的教材，其中《孟子》被编入文学系、哲学系等院系的教材当中。比如，哲学系开设的“中国哲学史”课程，所用的教材为胡适的《中国哲学史大纲》、冯友兰的《中国哲学史》。胡适将《孟子》列入“第十篇　荀子以前的儒家”中来讲授，与《大学》《中庸》等为一篇。冯友兰则设专章探讨《孟子》。“中国儒学史”课程所用的教材为吕思勉的《理学纲要》；文学系开设的“目录学”课程，所用的教材是日本丹羽正义著、江侠庵译的《先秦经籍考》，在这些课程当中，《孟子》也都是重要的教学内容。至于中国传统教育中所使用的《孟子》教材，如《孟子章句》《孟子集注》《孟子集注大全》等，则成了学术研究的对象。

梁启超从哲学、教育学、政治学、社会学的角度对《孟子》作出很高的评价：

> 孟子在文化史上有特别贡献者二端：一、高唱性善主义，教人以自动的扩大人格，在哲学上及教育学上成为一种有永久价值之学说。二、排斥功利主义，其用意虽在矫当时之弊，然在政治学社会学上最少亦代表一面真理。②

梁启超将《孟子》按照知识门类划归到西方学科体系当中，《孟子》的思想在哲学、教育学、政治学、社会学中均具有重要的价值。关于如何学《孟子》，梁启超认为《孟子》一书，可以分为两个目的：一是修

---

① 中山大学文学院．中山大学文学院布告 [N]．国立中山大学日报，1935-09-12(8).

② 梁启超．读书指南 [M]．合肥：安徽人民出版社，2013: 56.

养受用，二是学术研究。修养方面，可以从几个方面入手：

> 第一，宜观其砥砺廉隅，崇尚名节，进退辞受取与之间竣立防闲……第二，宜观其气象博大，独来独往，光明俊伟，绝无藏闪……第三，宜观其意志坚强，百折不回……第四，宜观其修养下手工夫简易直捷。[①]

梁启超认为，对于青年人来说，《孟子》是最合适的修养之书。在学术研究方面，可以“随兴所注，分项精求”，比如孟子哲学，可以对“性”“心”“情”等仔细推敲，再与《荀子》《春秋繁露》等书做对比。又如孟子政治学，可以从民本主义、统一主义、非功利主义等方面出发，“观其主张之一贯”。[②]总之，梁启超对《孟子》学习方法的总结，从近代西方教育理念出发，从人生修养、学术研究、学科分类等几个方面，将《孟子》中的知识、思想、价值融入近代社会发展当中，这无疑为儒家经典《孟子》从传统走向近代提供了思想与方法上的支撑。

① 梁启超. 读书指南 [M]. 合肥 : 安徽人民出版社 , 2013: 58.

② 同上 : 59.

结语

司马迁曾评价孟子“迂远而阔于事情”，他认为孟子的思想学说过于理想化，与社会现实相去甚远，因而没有得到施行的机会。虽然孟子自身的思想逻辑存在一定的缺陷，例如仁政理论与现实缺乏紧密的联系等，但更为重要的是，孟子提出的思想理论无法满足统治者的现实需求，即富国强兵、政治统一等，所以未被统治者采纳。由此看来，司马迁用“迂阔”来评价《孟子》，确有其合理性。不过，正是这样一本“迂阔”之书，自宋代之后一跃成为经典，成为学校中的核心课程与教材，在中国古代教育中发挥了十分重要的作用。这又说明《孟子》一书并不“迂阔”，而具有深层次的教育意义与价值。不同的时代背景孕育出不同的教育价值取向，《孟子》在不同的教育价值取向中也体现出不同的角色与作用。因此，《孟子》教本的教育价值，既源于其自身价值得到普遍认可，也是通过国家力量的主导、学术精英的提倡，从而构建于教育体系中。

一、《孟子》在“历史选择”中成为经典教材

在“五经”“四书”“四书五经”“十三经”等儒家经典课程与教材体系

逐步形成的过程中，并不只有数量上的变化，还有文献典籍的选择和课程体系的扩展。这种选择与扩展并不是任意为之，而是有意识的行为，是其中政治家、思想家、教育家等多重力量共同完成对经典课程与文本的选择。

比如孔子“删定六经”就有着深刻的用意。孔子先选择《诗》《书》《礼》《乐》四种文献作为教学内容，是对周人重视这四种文献的经验传统的继承。《左传》中就记载了晋国大夫赵衰对《诗》《书》《礼》《乐》的评价；《诗》《书》是仁义思想的根源，《礼》《乐》是道德教化的准则，这些在孔子的思想体系中也有所体现。孔子晚年修《易》与《春秋》，《易》中含有“仁与义”的“立人之道”（《易·说卦》），《春秋》则含有“王心”“王道”思想，亦与“仁义”相关，因而孔子将六种典籍合一，形成“六经”，以“仁义”思想统之。《史记·儒林列传序》中有载：“六学者，王教之典籍，先圣所以明天道、正人伦，致至治之成法也。”可见，孔子对“六经”的选择，既遵循周人的经验传统，又融入他对“仁义”思想的思考，形成内容体系相对完整的“六经”文本，同时也奠定了儒家经典课程的基础。“五经”与“六经”是一脉相承的，《乐》的缺失，或因亡佚，或因其内容“合于礼”“备于诗”。实际上“五经”与“六经”的教育功能是一致的，而汉武帝置五经博士，更加明确了“五经”作为学校教育内容的正统地位。而后出现的“七经”“九经”“十二经”“十三经”等经典体系，则是在“五经”的基础上不断累加的，累加的经典文本同样是在多重因素的主导下选择的。

前人留下的文献典籍只有在经过“筛选”之后才能够成为经典，当然，这种筛选当然都具备一定的标准。现代教育学研究普遍认为，课程的筛选主要有三个维度：人的发展、社会需要、学科特点。[1]这三个维

---

① 刘丽群. 教科书内容的选择与形成——知识准入课程中的国家介入 [M]. 长沙：湖南师范大学出版社，2013: 14.

度同样适用于理解中国古代学校课程的选择过程。比如“五经”课程的形成，受到前人经验（通过已有经验教育年轻一代）、思想家的提倡、政府力量的推动、课程体系的特点等因素的影响；同时，“五经”课程所选文献典籍在思想观念的表达上具有相同或相近之处。《孟子》被选为经典，同样经历了“历史选择”过程。对于《孟子》来说，这一过程是曲折漫长的。可以说，《孟子》从一开始就具有“经”的本质，但在“五经”教育占主导地位的汉唐时期，《孟子》未能成为经，而与《孟子》同为“子书”的《论语》《孝经》则成功入经，与“五经”合称为“七经”。《论语》《孝经》被选为经，一方面是因为这两种典籍在当时具有广泛的社会基础，其流传之广甚至超过了“五经”，正如王国维在《汉魏博士考》中所说：“当时《论语》《孝经》之传，实广于‘五经’。”① 另一方面，蜀郡太守文翁大力提倡《论语》《孝经》与“五经”结合使用，将“五经”的以“仁义”为教，拓展提升至人伦孝道的家庭伦理层面，进而推广全国。与《论语》《孝经》相比，《孟子》的流传虽然具有一定的社会基础，但在影响力上不及《论语》《孝经》，同时“子书”的身份也限制了《孟子》的发展。直到宋代，《孟子》经历一系列的波折，才最终完成“升格”，成为真正的经典。《孟子》在“历史选择”的过程中成为经典教本，主要受三方面因素的影响。

第一，《孟子》自身的逻辑与价值适应人的发展与社会发展的需求。“内圣外王”既是儒家的人格理想，也是儒家的政治理想，“内圣”涉及心性修养问题，“外王”涉及道德政治问题，《孟子》在这两方面均有重要贡献。尤其是《孟子》对心性问题的探讨，“四端说”“性善说”“存心养性”“尽心知性”“浩然正气”等，经过汉学的训诂和宋学的诠释，逐渐成为中国社会人性道德的传统。因而《孟子》满足了中国传统社

---

① 王国维. 观堂集林(第一册)[M]. 北京：中华书局，1959: 182.

会对人才培养的要求，即以伦理道德修养身心，以君子人格实现自我价值，孟子提倡的“明人伦”的教育目的在道德维护方面也起着重要作用。而孟子对“外王”的发挥，对政治统治理念的影响普遍而持久，《孟子》又适应了社会政治发展的需要，因而得到统治阶层的重视。

第二，学术精英在其思想理论构建中凸显《孟子》的价值。中唐以后，《孟子》的地位出现了重要变化。赵匡、杨绾、皮日休等人不断上疏，希望将《孟子》提升为经。虽然未能实现，却表明《孟子》的价值与影响已非“子书”之称所能涵盖，而重视“义理”与“道统”的儒学革新运动又将《孟子》推到了时代发展的前台。“中国思想文化大系中存在着一种主轴性思想意识。这种意识从其轴心时代起就坚挺地支撑着思想文化史一贯地整体向前发展。儒家的道统便是这个主轴，而学术统绪又是这一道统的更为内在而活跃的驱动力。”① 韩愈的“道统说”指出了一条由尧、舜、禹、文王、周公、孔子、孟子构成的儒学正统思想发展的基本线路，这既应对了佛学思想的挑战，也是对《孟子》儒家正统地位的肯定，以及对《孟子》思想价值的认可。张载、二程、朱熹等宋代理学家直接从《孟子》思想中继承儒家道统，为《孟子》升经提供理论支撑。可见学术精英的提倡在《孟子》升经的过程中起着重要作用。从根本上来看，学术精英对《孟子》的推崇与提倡，一方面适应了儒学复兴的需要，另一方面则是适应当时统治思想的转型。在儒、佛、道的思想竞争中，“儒学将异端学说转化为思想材料，初步完成了政治哲学形态的转型。宋代理学将‘天理’（亦即‘自然之理’）作为最高范畴和终极依据，这标志着统治思想哲学基础转型的彻底完成”②。《孟子》能够为恢复儒家道统传承、重建儒学心性理论提供思想来源，也能够将

① 陆建猷. 四书集注与南宋四书学 [M]. 西安 : 陕西人民出版社 , 2002: 61.

② 张分田. 民本思想与中国古代统治思想 (上)[M]. 天津 : 南开大学出版社 , 2009: 236.

"三纲五常"、君民关系等政治观紧密结合在一起，为统治者服务，因而《孟子》逐渐得到推崇，从众多子书中凸显出来。《孟子》地位的提升，使得其不断被引用与注释，这也是《孟子》不断被赋予时代价值的过程。

第三，政府力量的推动与考试制度的影响促使《孟子》成为经学课程。以王安石为代表的政治家最直接地推动《孟子》成为经学课程，这是由政治与教育之间的特殊关系决定的。"中国古代教育在享有自身生存权和发展权的同时，就与政治结下了不解之缘，这成为中国教育传统形成的原始起点，并在以后的发展过程中使自己的本质不断地被遮蔽。"①《孟子》作为经学课程，必然要满足政治发展与社会发展的需求，包括汉代的"五经"课程以及《孟子》升经之后形成的"四书"课程。"四书五经"课程与"十三经"课程，其课程内容的选择、组织、结构及逻辑排列等，都无法脱离政治上的引导。"在中国古代，重人事是政治思维的显著特点，重人文是思想文化的重要特征，因而人性论成为各种政治理论的哲理性基础。"②《孟子》主要涉及仁政、王道思想，是对伦理政治的社会阐发，随着宋代理学家的重新阐释而融入政治统治理念，"孔孟之道"则成为后世政治统治与社会发展的根基。因此，《孟子》在宋以后不断受到官方提倡，孟子其人受到尊崇，《孟子》其书在科举考试与学校教育中均是士人学习的核心内容。中国古代教育一直是以儒家经典作为考试取士的核心内容与标准，从这一意义上来看，"中国古代的考试制度可以说是以儒家经典作为选拔人才标准的一种制度"③。这也就决定了中国古代学校课程是以儒家经典为主体的。而《孟

① 丁钢. 历史与现实之间：中国教育传统的理论探索 [M]. 北京：教育科学出版社，2002: 21.

② 张分田，张鸿，商爱玲. 中国政治思想通史 · 隋唐卷 [M]. 北京：中国人民大学出版社，2014: 175.

③ 王炳照. 中国教育史专题研究 [M]. 北京：北京师范大学出版社，2009: 205.

子》在并入“四书”后成为科举考试的主要内容和学校教育的核心课程，“考什么”决定“学什么”，这也是《孟子》成为经典课程的重要原因之一。

总之，在时光流转与历史积淀中最终保留下来的经典，往往能够代表中华传统文化的精神气质与思想内涵，传统文化的延续与社会秩序的构建，往往也需要借助经典的力量才能实现。《孟子》被选为经典，表明其在意识形态、道德教化等方面已经成为社会共识的“典范”，《孟子》通过教育的方式得以普及和推广，引导着中国古代主流文化与社会风俗的发展走向。

二、《孟子》在“自觉构建”中成为权威课程

《孟子》被选为经典的过程，恰好见证了中国古代教育的重要转型，即从重“五经”到重“四书”。中国古代社会的发展进程，“前半期是以‘五经’为统领；后半期则是以‘四书’为圭臬。这一重大变化，直接导致了中国的整个思维和性格的大变化”[①]。在“五经”课程占主导地位的汉唐时期，《孟子》的思想价值虽然得到认可，但并未受到广泛重视，尤其是与日后一起成为“四书”的《论语》《大学》《中庸》相比，《孟子》在此期间似乎受到了“冷落”。而在“四书”课程占主导的宋元明清时期，《孟子》的价值才在思想、教育等层面得以凸显，《孟子》也成为学校教育的核心课程与教材。可见，“四书”的形成是《孟子》价值凸显的关键。

“四书”是宋代理学家在对儒家思想的自觉构建中形成的一套被社会成员普遍接受和认同的文化、教育模式。“自然构建”具有反思、创

① 宋云海. 中国皇权文化 [M]. 上海 : 上海三联书店 , 2014: 80.

新、独立的属性，表现出一种能够符合自身发展和社会进步所需要的结构性的获得或者是再造性的结构，而“自然生成”或“自然演进”则具有较强的连续性，同时也体现出保守性的一面，“五经”“七经”“九经”“十三经”等体系的形成就具有“自然生成”与“自然演进”的特征。“四书”的形成具有“自觉构建”的特征，“四书”虽然也是将前人留下的文献材料结合在一起，但其体系结构是在儒家心性之学基础上的重新构建，形成了一套完整而成熟的理论体系，在凸显人的理性价值中发挥了重要作用。《孟子》正是这一重构过程中的重要一环。

宋初，经学教育仍然沿袭汉唐以来的训诂辞章之学，不过随着社会经济政治的发展，知识传播途径越加广泛，学者纷纷摒弃繁缛的“五经”之学，转而关注义理之学，兴起了新的经学教育思潮。在这一过程中，《孟子》的思想价值得到了彰显，它为宋代理学家重新振兴儒学提供了最有力的思想资源，比如《孟子》中的“辟异端”“以意逆志”“尽信书不如无书”等，为儒学在宋代转型提供了方法论的支撑。[①]可以说宋初的士人群体中弥漫着自由诠释儒家经典的风气，并直接促成汉学向宋学的转型。用心性义理之学来诠释儒家经典，成为宋代士人注经、解经的主要做法。《孟子》本身包含的性善论、心性论的思想则成为关注的焦点，范仲淹、欧阳修等人都曾关注到《孟子》中心性之学的重要。[②]而宋代理学家将《孟子》与《论语》《大学》《中庸》四本书组合在一起，并赋予新的思想价值。朱熹的“四书”用理学的思维方式丰富儒家典籍的义理，并构建了新的价值体系。在这一体系中，《孟子》的价值不再单独呈现，而是在孔、曾、思、孟的道统传承中发挥作用。受

① 周淑萍. 宋代孟子升格运动与宋代儒学转型 [J]. 史学月刊, 2007(08): 89-95.

② 束景南, 王晓华. 四书升格运动与宋代四书学的兴起——汉学向宋学转型的经典诠释历程 [J]. 历史研究, 2007(05): 76-94+190-191.

到佛教“心性之学”的启发，儒学又确立了具有强大生命力的理论形态，这和宋代儒学的复兴与政治变革的相互作用有着密切的联系。

由此可见，“四书”课程的“自觉构建”是在“五经”课程基础上的发挥与构造，“四书”中的《大学》《中庸》原本就是“五经”课程的组成部分，宋儒将其筛选出来与《论语》《孟子》结合，是对原有课程体系优势的发扬与劣势的克服，即“五经”课程是在过去条件下形成的经典课程，具有广泛的社会基础，但儒、释、道思想的相互碰撞，使得作为儒家教育主体的“五经”课程表现出固守旧说、保守的一面，因此宋儒在“疑古惑经”精神的指引下，对经典进行新的诠释，使其得到更新与发展，从而构建出新的经学课程体系。

《孟子》在“四书”这一“自觉构建”的课程体系当中发挥了独特的作用。传统课程体系主要按照课程的逻辑顺序进行架构，比如“五经”“十三经”等，就是按照历史发展的逻辑顺序排列的，学习的顺序也是从古到今、由易到难。而“四书”是按照思想的内在逻辑组织编排的，关于“四书”的结构关系，金克木作过如下解释：

> 《论语》——“孔”的言行录，一些思想和行为的原理。第一资料库。《孟子》——“孟”言行录，一个政治思想体系。第二资料库。《大学》——引“诗云”的专论，政治哲学纲领。《中庸》——引“子曰”的“孔”的言行录加专论，人生观和宇宙观。再加简化，照朱熹的排列次序：一、《大学》——政治纲领。二、《中庸》——哲学核心。三、《论语》——基本原理。四、《孟子》——思想体系。①

① 金克木. 主题学的试用——读《大学》[M]// 张岱年，等. 国学今论. 沈阳：辽宁教育出版社，1991: 33.

从上述解释来看,《孟子》为“四书”构架提供了一种思想体系,这种思想体系偏向道德政治,而其他三本书与《孟子》也存在紧密的联系。“四书”体现出的内在逻辑主要有两个方面。一是传承的逻辑,《论语》《大学》《中庸》《孟子》的作者分别是孔子、曾子、子思子、孟子,四人是交相传递的师承关系,基于此也形成了儒家正宗的“道统”关系。二是思想的逻辑。《论语》言“性相近”,《大学》言“心”,《中庸》言“性”,《孟子》言“心性”与“性善”,四本书又体现出思想上的渊源。“四书”体系的重点是心性义理道德之学,把伦理道德放在首位,并强调“进德修业”的标准与治学的方法。由此看来,在“四书”中,《孟子》将其他三本书有机结合在一起,并发挥着思想体系的指导与支撑作用。

宋代学者推崇“四书”,改变了汉唐以来“五经”独尊的局面。从“五经”到“四书”,再到“十三经”,儒家典籍的框架结构基本定型,同时也是儒家教育“从重视‘学知’(‘以史为教’)向重视‘心性’(‘以子为教’)领域的拓展”[①]。《孟子》入“四书”,其价值在宋儒自觉构建的课程体系中凸显出来,对儒学教育的影响则是“以子为经,以子为教,促成了儒学教育更加个性化,更加伦理化”[②]。这种“个性化”与“伦理化”,体现在将“四书”置于“五经”之上的传统教育转型中,这一转型最直接的原因是“四书”比“五经”的文字易懂,条理清晰,便于义理的阐发,也便于推向民间,在社会生活的各个领域产生普遍影响。《孟子》因“四书”的身份而完成了“超子入经”的升格,实现了从辅经到专经的转型,同时成为学校教育中的核心课程与教材,以及科举考试中的必考科目,深刻影响着中国古代教育的发展

---

① 舒大刚. 儒学文献通论(上)[M]. 福州:福建人民出版社, 2012: 237.

② 同上: 235.

以及士人的精神生活。

三、《孟子》在“陈编新解”中实现自我更新

在中国古代学校教材的发展过程中，教材内容根植于传递自身价值的“自我保存”属性十分明显，即“五经”“四书”“十三经”教材本身的内容不会改变，改变的是对文本的解读与诠释，这是在教材内容更新因素影响下发生的变化，是一种“自我更新”。这种更新是教材对社会反作用的表现，也是教材在更新与发展过程中适应社会需求的必要条件。《孟子》课程地位的变迁，最直接的结果是促使《孟子》教材形式与内容发生变化，这种变化同样表现为《孟子》教材的“自我更新”。

从教材形式来看，《孟子》教材的类型主要有《孟子》原文教材、《孟子》注本教材、《孟子》注本的注本教材等。其中《孟子》原文教材又包括白文教材、石经教材等，《孟子》注本教材又可分为注音释义教材、义理诠释教材等。这些教材是按照不同时代的课程要求对《孟子》的再组织与再创造，不同的《孟子》类教材各有其特殊价值，其发展趋势与儒学的兴衰、封建社会正统思想的兴衰是同步的，不同类型教材的出现也促进了儒学和封建社会意识形态的自我更新。《孟子》教材的发展彰显出中国学术思想变迁之大势，其时代特色也比较鲜明，体现出以下几个特点。

第一，《孟子》类教材的发展既有连续性、继承性，又克服前人弊端，不断改革、发展。就《孟子》注本教材而言，一代又一代学者在继承前人成果的基础上进行新的阐释与创造。通过对《孟子》的解读、阐释来表达新思想、新观念，成为中国古代思想学术研究的一种传统模式。“诠释者都是系统的构建者，他们透过他们自己的思想系统赋古典

以新义，出新解于陈编，他们的思想系统本身也是特定时空条件下的产物。”① “陈编新解”是古代学校教材的主要更新方式。比如赵岐对《孟子》的解读而形成的《孟子章句》，是对汉代训诂、章句之学的总结和提升；孙奭的《孟子注疏》，虽然学术成就不高，但同样满足了当时学校教育对《孟子》教材的需求；朱熹的《孟子集注》，将理学思想融入《孟子》的解释中，是“出新解于陈编”的典范；焦循的《孟子正义》则是汇集历代《孟子》研究的集大成之作，表现出对前人研究的继承与超越。

第二，各类教材多由当时著名的专家学者撰写完成。这些人在当时具有广泛的影响力，这就使得他们编写的教材会成为士人学习的范本。而且这些教材在教育目的、教学理念、教学方法等方面是高度统一的，具有“一本多功能”的特点。比如赵岐的《孟子章句》，体现了汉代训诂、考据的教学方法；宋代理学的集大成者朱熹，是当世名儒，所编写的《孟子集注》，体现了用理学思想进行《孟子》教学；胡广等人编纂的《孟子集注大全》，体现了满足科举考试的要求等。不同的教育目的、理念渗透在《孟子》教材当中，这与社会文化的发展有着必然的联系。“如果只有经书而无经解，那么随着时世迁移和语言变化，经书就越来越读不懂，当然经学最终就会失去其存在的理由。”②《孟子》的不同注本教材，蕴含着编著者明显的入世观念，这就使得对《孟子》的解读具有重视现实人生、政治伦理教化和适应社会发展需要的倾向。

第三，《孟子》类教材采用了“照原意”与“复建”的教材编纂方

---

① 黄俊杰. 孟学诠释史中的一般方法论问题 [M]// 董洪利，方麟. 孟子二十讲. 北京：华夏出版社，2008: 330.

② 刘家和. 古代中国与世界 [M]. 武汉：武汉出版社，1995: 221.

式。“照原意”和“复建”是西方古典诠释学中的概念。“照原意”是依据原有文本来理解经典的意义，是一种如实的理解与诠释；“复建”是在经典文本基础上的主观及客观上的重构。[①] 从《孟子》教材的发展变化来看，“照原意”与“复建”正好构成了《孟子》教材编纂的两种方式。汉学依据的考据、训诂等经典诠释方式，是寻求对经典本身意义的理解，赵岐的《孟子章句》、孙奭的《孟子注疏》、焦循的《孟子正义》等教材就是帮助学生理解《孟子》的本来意义。宋学强调义理的阐释，是在经典已有内涵的基础上进行再发挥与再创造，朱熹的《孟子集注》、戴震的《孟子字义疏证》就是其中的代表。当然，朱熹的《孟子集注》是对《孟子》的“复建”，但当朱学成为官方正统之学后，教材编纂又体现出对朱学教材的“照原意”，《孟子集注考证》与《孟子集注大全》就体现出这种特点。“照原意”与“复建”的教材编纂方式，将《孟子》的自身价值与现实价值联系在一起，使得《孟子》作为一本教材的适用性更加明显。

第四，经典教材具有持久性与恒常性。《孟子》教材的发展主要有两条路径：一为汉学路径，一为宋学路径。它们总是交织在一起。汉学的诠释方法以文本为中心，注重对经典的文字诠解和梳理，解字释词和训诂考证是其特点。宋学则从以文本为中心走向以义理为中心，大大扩展了阐释的空间。两者结合在一起，使得《孟子》的诠释思想愈加丰满，并形成了两本经典的《孟子》教材：《孟子章句》与《孟子注疏》。赵岐的《孟子章句》在历史发展过程中，始终是作为《孟子》的范本教材来使用的。孙奭的《孟子注疏》是对赵岐《孟子章句》的疏解，后来赵岐注、孙奭疏的《孟子》成为“十三经”教材选本。朱熹的《孟子

① 张鼎国.“较好地”还是“不同地”理解：从诠释学论争看经典注疏中的诠释定位与取向问题[M]// 黄俊杰.中国经典诠释传统（一）通论篇.上海：华东师范大学出版社，2008: 12-14.

集注》因统治阶层的认可与科举制度的推动，成为元明清三代士人学习《孟子》的核心教材。《孟子章句》《孟子注疏》《孟子集注》同为学习《孟子》的经典教材，因出现的时代不同而赋予《孟子》不同的诠释特点，这说明《孟子》等儒家经典在发展的过程中始终保持一种开放的状态，容许新的经典诠释出现。①

在现代教育观念中，教材的生成主要受政治因素、经济因素、文化因素共同的作用。②教材内容的变化与更新同样受到上述因素的影响，更新的原则是删减“次要的、陈旧的、用处不大的过时信息，摒弃那些作用不明确的或可由其它学科知识替代的，可能产生负作用的知识点。适当充实学生能够接受的适应现代生产和生活所需要的即时信息”③。可见，“删减”“摒弃”“充实”等是现代教材更新的主题词。简言之，在现代教材观念中，教材更新是对教材内容“要”与“不要”以及“选”与“不选”的思考。与现代教材更新观念不同，《孟子》等古代学校教育中经典教材的更新，是在原有内容基础上作重新解读，即“赋古典以新义，出新解于陈编”。④这样一来，经典教材内容的更新就不是“要”与“不要”或“选”与“不选”的问题，而是“变”与“不变”的问题。“不变”的是经典教材本身的内容，“变”的是对经典教材的解读。不断对经典进行注释性的解读，是经典获得权威性与神圣性的重要方式。因此，《孟子》等经典教材可以保持持久与恒常的价值，对教育的发展起到稳定的影响，但也会表现出不利于知识的创新等保守的一面。

---

① 李淑珍. 当代美国学界关于中国注疏传统的研究 [M]// 黄俊杰. 中国经典诠释传统 (一) 通论篇. 上海 : 华东师范大学出版社 , 2008: 199.

② 曾天山. 教材论 [M]. 南昌 : 江西教育出版社 , 1997: 55.

③ 同上 : 332.

④ 黄俊杰. 儒学与现代台湾 [M]. 北京 : 中国社会科学出版社 , 2011: 162.

四、《孟子》在“知识本位”中完成角色转换

中国古代教育以儒家典籍为主要的施教内容，从“五经”到“四书”，再到“十三经”，儒家典籍始终占据中国古代教育内容的核心位置。儒家强调人伦道德的培养，教育目的以伦理为本位。[①]孔子编订的“六经”既成为日后学校教育中的基本课程与教材，也奠定了中国古代教育以伦理为本位的价值取向的基础。“五经”“四书”“十三经”遵循同样的轨迹，在以伦理为本位的教育中发挥着重要作用，同时，政治力量对伦理本位的教育也产生重要影响。政治力量的介入，不仅是对知识内容的推广与强化，而且要树立教育内容的“权威性”，在知识传授的过程中完成道德的培养与教化，以达到“柔远能迩”的目的。从这一点来看，中国古代教育的培养目标体现出人才培养与道德养成的“二重性”：“一是培养‘修己治人’的治术人才，二是通过社会‘教化’造就大批的俯首听命的‘顺民’。”[②]因此，伦理本位的教育目的也就成为中国古代教育的基本特点。伦理本位的教育，注重从群体的需要出发，通过制定限制个体的种种行为规范以达到施教的目的，《孟子》等儒家典籍则是这一教育目的的实施载体，在中国古代教育中占据主体地位。

《孟子》等儒家典籍与中国传统社会政治的陈陈相因，是其不断走向神圣地位的重要原因。当传统社会政治因受到外力冲击而发生变化时，《孟子》等儒家典籍的神圣地位也随之受到影响，伦理本位的价值取向开始发生变化。在近代中国社会，西学思潮的涌入、价值观念

① 石中英. 教育学的文化性格 [M]. 太原 : 山西教育出版社 , 1998: 288.

② 王炳照. 二重性 · 两点论 · 双重任务——略论中国传统教育与现代化 [M]// 王炳照. 寻找把教育学托上天空的彩云. 北京 : 人民教育出版社 , 2010: 411.

的冲击，使得中国传统教育在面对以知识创新、学术探求以及科学研究为基础的西学教育时，显示出实用性与创新性的不足，传统教育格局受到冲击。实际上，在西学进入之前，“四书五经”的传统教育格局已经在悄然发生变化。清代中后期，经世致用的学风盛行于士人阶层，增强了人们对现实的关怀，人们对经典的学习也开始突破唯经是尊的局限，注重发掘经典内容的现实性与实用性。比如，颜元批判宋明理学的空疏学风，倡导经世致用，从社会现实的角度出发推崇《孟子》中的仁政学说；龚自珍认同《孟子》中的道德自律思想，并且认为这是官吏养成的一种主要方式，体现出近代民主色彩；魏源则认为《孟子》的思想简明实用，是推动社会变革的重要理论依据。到了晚清，对西学的重视使得士人希望借传统思想以发掘类似于西学的学说，譬如康有为将《孟子》的思想与西方民主制度对比结合，探索社会进步与变革的基本理论。“调和”成为晚清儒家思想与西学思想互动的主旋律，在“调和”的过程中，儒家思想得到了重新阐释，但同时，人们对教育内容要有实用性的要求愈加强烈，这使得儒家典籍在学校教育中的核心地位逐渐动摇。

晚清开办的一系列新式学校中，经学教育所占的比例逐渐降低，西文、西艺所占比重较大，这也反映出西学的教育理念已经渗透到传统学校教育当中，打破了传统教育重视伦理说教而脱离社会实际的发展窘境，也为新教育的发展开辟了道路。到了民国时期，读经科的废除同时也宣告经学教育使命的终结。在大学教育阶段，《孟子》等儒家典籍被列入哲学、文学等科目体系，并形成相应的学科教材。在中小学阶段，《孟子》被有选择地传授，成为语文、历史等学科教材知识的组成部分，绝大部分古代《孟子》教材则成了学术研究的对象。作为教材的《孟子》，在从传统到近代的转型中，经历了由原有的“唯一”（即以《孟子》原文为教材）、“多元”（注本教材种类丰富），到“之一”（学科教学内容之一）的变化过程。成为“之一”，既表明《孟子》不再是神圣的经学教育的核心内容，也表明它成为普通知识的一部分。同时,《孟子》在近代学科教材（尤其是中小学教材）中不再以《孟子》全书的形式出现，而是有所筛选、择取，以适应近代教育发展对人才的培养要求。这样一来，原本以“伦理本位”为教育目的的《孟子》教材，逐渐转向以“知识本位”为教育目的。“知识本位”是一种知识的选择方式，它是西方近代以来理性主义精神的体现。“知识本位”的教育观认为知识是教育的核心，强调知识的价值，重视学科内在的逻辑结构。《孟子》的篇章内容被选编入民国时期的国语、国文教材，正是将《孟子》作为一种“知识”构建于学科体系的表现，从而形成一种以满足知识或文化发展为根本价值取向的“知识本位”教育观。在“知识本位”教育观的影响下,《孟子》从传统教育中的伦理道德核心，转变成为外在于个体的“客观纯粹知识”，要求学习者以掌握知识的认识活动为基础，聚焦人的理性世界与理性能力。当然，“知识本位”的教育观并非轻视或忽略伦理道德的培养，而是以知识为载体，通过不同知识的传授来达到道德培养的目的，这虽然与传统教育中“以伦理为本位的知识传授”特点有相通之处，但古代教育中“伦理”和“知识”的内涵及其地位，与近代教育相比，已有本质上的不同。

《孟子》从伦理本位到知识本位的教育角色转换，适应了中国古代教育在近代化过程中出现的一系列变化。西学的不断冲击将包括《孟子》在内的原本神圣的儒家典籍赶下了教育的“神坛”，在这一历程中，逐渐脱离政治化的《孟子》等儒家典籍回归为普通书籍，与原本的史、子、集等书拥有同样的地位，这种“回归”带有鲜明的政治民主化与文化平民化的色彩，也是近代教育体制基于人和社会发展的需求对教育方式和教育内容提出的新要求。中国社会在从传统到近代的转型过程中，与“西学”“西艺”相比,《孟子》等儒家典籍无法满足近代社会发展对教育内容实用性的需求，虽然“中体西用”的指导思想试图调和“中学”与“西学”的关系，发掘“中学”里与“西学”相近的思想或学说，以弥补“中学”在社会实用性上的不足，但在“西学”价值坐标中，“中学”始终无法在核心区域找到合适的位置，因而在被纳入近代文化教育的大潮流时，只能成为其中的组成部分。从这一点来看，《孟子》似乎又回归到了被司马迁称之为“迂阔”的位置，不过这只是相对“西学”而言，《孟子》在中华传统文化与思想传承中仍然发挥着重要作用，尤其是在伦理道德、人生哲理、审美情感、人与自然和谐相处等方面的教育与传承，《孟子》发挥的作用是十分明显的。《孟子》作为教学内容的思想性、时代性、典范性、知识性、适用性，在近代教育发展过程中也得到了充分的体现。

总之，《孟子》历久弥新，不论时代如何发展，教育目的如何变化，《孟子》的教育价值始终存在。经典本身所包含的内容虽然是对过去事实的陈述，但其表达的含义仍具有现实价值。熊十力说：“夫常道者，包天地，通古今，无时而不然也，无地而可易也。以其恒常，不可变改，故曰常道。”① 熊十力认为，儒家经典包含宇宙人生的常道以及亘古不变的真理。既适应时代变化又超越时代变化，正是《孟子》作为经典的价值所在。梁启超将《论语》《孟子》结合在一起，认为“《论语》为二千年来国人思想之总源泉，《孟子》自宋以后势力亦与相埒，此二书可谓国人内的外的生活之支配者”②。可见，《孟子》与《论语》一并成为中华传统文化主体价值与基本精神的载体，为中国传统社会中的权力阶层、知识分子、大众百姓所认同，成为人们的生活准则，是人们思

---

① 熊十力. 读经示要 (节选)[M]// 高瑞泉，编选. 返本开新：熊十力文选. 上海：上海远东出版社，1997: 197.

② 梁启超. 国学入门书要目及其读法 [M]// 梁启超. 梁启超全集 (第七册). 北京：北京出版社，1999: 4232.

想、话语、习俗的重要来源，引导并塑造了中华民族的历史与生活世界。在现代社会，《孟子》已成为习得中华优秀传统文化的重要典籍之一。阅读与学习《孟子》，能够增强对民族历史文化精神的记忆，把握中华传统文化的特质，对于人文理想、人生意义的教育以及道德观念的形成等方面都能够起到积极的促进作用。因此，《孟子》的教育意义与价值也将继续得到传承与弘扬。

主要参考文献

一、古籍

〔汉〕班固. 汉书 [M].〔唐〕颜师古，注. 中华书局编辑部，点校. 北京：中华书局，1962.

〔宋〕晁公武. 郡斋读书志 [M]. 孙猛，点校. 上海：上海古籍出版社，1990.

〔宋〕陈振孙. 直斋书录解题 [M]. 徐小蛮，顾美华，点校. 上海：上海古籍出版社，2015.

〔元〕程端礼. 程氏家塾读书分年日程 [M]. 北京：中华书局，1985.

〔宋〕程俱，麟台故事校正 [M]. 张富祥，校. 北京：中华书局，2000.

〔宋〕程颐，程颢. 二程集 [M]. 王孝鱼，点校. 北京：中华书局，2004.

〔清〕戴震. 戴震文集 [M]. 北京：中华书局，1980.

〔清〕戴震. 孟子私淑录 [M]. 上海：上海人民出版社，2016.

〔清〕戴震. 孟子字义疏证 [M]. 何文光，整理. 北京：中华书局，1982.

〔清〕董诰，等. 全唐文 [M]. 北京：中华书局，1983.

〔汉〕董仲舒. 春秋繁露 [M]. 朱方舟，整理. 朱维铮，审阅. 上海：上海书店出版社，2012.

〔南朝宋〕范晔. 后汉书 [M].〔唐〕李贤，等，注. 中华书局编辑部，点校. 北京：中华书局，1965.

〔晋〕傅玄. 傅子 [M]. 北京：中华书局，1985.

〔清〕龚自珍. 龚自珍全集 [M]. 王佩诤，点校. 北京：中华书局，1959.

〔清〕顾炎武. 日知录集释 [M].〔清〕黄汝成，集释. 栾保群，点校. 上海：上海古籍出版社，1984.

〔明〕顾炎武，日知录校释 [M]. 张京华，校释. 长沙：岳麓书社，2011.

〔唐〕韩愈. 韩愈文集汇校笺注 [M]. 刘真伦, 岳珍, 校注. 北京: 中华书局, 2010.
〔清〕黄宗羲. 黄宗羲全集 [M]. 沈善洪, 吴光, 编校. 杭州: 浙江古籍出版社, 2005.
〔清〕黄宗羲. 宋元学案 [M].〔清〕全祖望, 补修. 陈金生, 梁运华, 点校. 北京: 中华书局, 1986.
〔清〕纪昀. 四库全书总目提要 [M]. 石家庄: 河北人民出版社, 2000.
〔清〕简朝亮. 孝经集注述疏 [M]. 周春健, 校注. 上海: 华东师范大学出版社, 2011.
〔清〕江藩. 国朝汉学师承记 [M]. 钟哲, 整理. 北京: 中华书局, 1983.
〔清〕江藩. 经解入门 [M]. 周春健, 校注. 上海: 华东师范大学出版社, 2010.
〔清〕江钟秀. 孔孟图歌 [M]. 北京: 文物出版社, 2022.
〔清〕焦循. 孟子正义 [M]. 沈文倬, 点校. 北京: 中华书局, 1987.
〔清〕康有为. 孟子微 [M]. 楼宇烈, 整理. 北京: 中华书局, 1987.
〔宋〕李焘. 续资治通鉴长编 [M]. 上海师范大学古籍整理研究所, 华东师范大学古籍整理研究所, 点校. 北京: 中华书局, 2004.
〔唐〕刘肃. 大唐新语 [M]. 许德楠, 李鼎霞, 点校. 北京: 中华书局, 1984.
〔后晋〕刘昫, 等. 旧唐书 [M]. 中华书局编辑部, 点校. 北京: 中华书局, 1975.
〔元〕马端临. 文献通考 [M]. 上海师范大学古籍研究所, 华东师范大学古籍研究所, 点校. 北京: 中华书局, 2011.
《孟子文献集成》编纂委员会. 孟子文献集成 [M]. 济南: 山东人民出版社, 2019-2020.
〔宋〕欧阳修, 宋祁. 新唐书 [M]. 中华书局编辑部, 点校. 北京: 中华书局, 1975.
〔清〕潘柽章. 国史考异 [M]. 上海: 上海古籍出版社, 1996.
〔清〕彭定求, 等. 全唐诗 [M]. 北京: 中华书局, 2008.
〔唐〕皮日休. 皮子文薮 [M]. 萧涤非, 郑庆笃, 整理. 上海: 上海古籍出版社, 1981.
〔清〕皮锡瑞. 经学历史 [M]. 周予同, 注. 北京: 中华书局, 2011.
〔清〕阮元, 校刻. 十三经注疏: 清嘉庆刊本 [M]. 北京: 中华书局, 2009.
〔清〕沈钦韩, 等, 汉书疏证 (外二种)[M]. 上海: 上海古籍出版社, 2006.
〔宋〕石介. 徂徕石先生集 [M]. 陈植锷, 点校. 北京: 中华书局, 1984.
〔汉〕司马迁. 史记 [M]. 中华书局编辑部, 点校. 北京: 中华书局, 1982.
〔明〕宋濂, 等. 元史 [M]. 中华书局编辑部, 点校. 北京: 中华书局, 1976.
〔宋〕孙奭. 孟子音义 [M]. 北京: 中华书局, 1991.
〔元〕脱脱, 等. 金史 [M]. 中华书局编辑部, 点校. 北京: 中华书局, 1975.
〔元〕脱脱, 等. 辽史 [M]. 中华书局编辑部, 点校. 北京: 中华书局, 1974.
〔元〕脱脱, 等. 宋史 [M]. 中华书局编辑部, 点校. 北京: 中华书局, 1985.
〔宋〕王溥. 唐会要 [M]. 北京: 中华书局, 1960.
〔明〕王阳明. 王阳明全集 [M]. 吴光, 钱明, 董平, 等, 编校. 杭州: 浙江古籍出版社, 2010.
〔清〕魏源. 魏源全集 [M]. 长沙: 岳麓书社, 2011.

〔唐〕魏徵，等. 隋书 [M]. 中华书局编辑部，点校. 北京：中华书局，1997.
〔梁〕萧统. 文选 [M].〔唐〕李善，注. 上海：上海古籍出版社，2011.
〔唐〕徐坚，等. 初学记 [M]. 北京：中华书局，1962.
〔清〕徐松. 宋会要辑稿 [M]. 刘琳，刁忠民，舒大刚，等，点校. 上海：上海古籍出版社，2014.
〔清〕颜元. 颜元集 [M]. 王星贤，张芥尘，郭征，点校. 北京：中华书局，1987.
〔清〕叶德辉. 书林清话 [M]. 张晶萍，点校. 长沙：岳麓书社，2010.
〔清〕张廷玉，等. 明史 [M]. 中华书局编辑部，点校. 北京：中华书局，1974.
〔宋〕张载. 张载集 [M]. 章锡琛，点校. 北京：中华书局，1978.
〔清〕张之洞. 书目答问二种 [M]. 上海：中西书局，2012.
〔清〕赵尔巽，等. 清史稿 [M]. 中华书局编辑部，点校. 北京：中华书局，1977.
〔汉〕赵岐. 景宋蜀刻本孟子赵注 [M]. 蒋鹏翔，沈楠，编. 桂林：广西师范大学出版社，2018.
〔清〕郑珍，莫友芝. 遵义府志 [M]. 遵义市志编纂委员会办公室，整理点校. 成都：巴蜀书社，1986.
〔明〕周弘祖. 古今书刻 [M]. 上海：上海古籍出版社，2005.
〔宋〕朱熹. 四书章句集注 [M]. 北京：中华书局，2012.
〔宋〕朱熹. 朱子全书 [M]. 朱杰人，严佐之，刘永翔，主编. 上海 / 合肥：上海辞书出版社 / 安徽教育出版社，2002.
〔宋〕朱熹. 朱子语类 [M].〔宋〕黎清德，编. 王星贤，点校. 北京：中华书局，1986.
〔清〕朱彝尊. 经义考 [M]. 北京：中华书局，1998.
曾枣庄，刘琳，主编. 全宋文 [M]. 上海 / 合肥：上海辞书出版社 / 安徽教育出版社，2006.
陈文新. 四书大全校注 [M]. 武汉：武汉大学出版社，2009.
鲁小俊，江俊伟，校注. 贡举志五种 [M]. 武汉：武汉大学出版社，2009.
中国第一历史档案馆. 纂修四库全书档案 [M]. 上海：上海古籍出版社，1997.
中国科学院图书馆. 续修四库全书总目提要・经部 [M]. 北京：中华书局，1993.
中华书局编辑部. 汉魏古注十三经 [M]. 北京：中华书局，1998.

二、著作

鲍永玲. 世界、诠释与教化 [M]. 上海：上海社会科学院出版社，2020.
北京大学中国古文献研究中心. 北京大学中国古文献研究中心集刊・第 11 辑・中国典籍与文化国际学术研讨会专辑. 北京：北京大学出版社，2011.
陈宝良. 悄悄散去的幕纱——明代文化历程新说 [M]. 西安：陕西人民教育出版社，1988.

陈桂生.“教育学视界”辨析 [M]. 上海 : 华东师范大学出版社 , 1997.
陈桂生. 常用教育概念辨析 [M]. 上海 : 华东师范大学出版社 , 2009.
陈桂生. 孔子授业研究 [M]. 北京 : 教育科学出版社 , 2012.
陈桂生. 普通教育学纲要 [M]. 上海 : 华东师范大学出版社 , 2012.
〔美〕陈汉生. 中国思想的道家之论 : 一种哲学解释 [M]. 周景松 , 谢示逊 , 等 , 译. 南京 : 江苏人民出版社 , 2020.
陈来. 孔子・孟子・荀子——先秦儒学讲稿 [M]. 北京 : 生活・读书・新知三联书店 , 2017.
陈来. 宋明理学 [M]. 北京 : 生活・读书・新知三联书店 , 2011.
陈来. 哲学与时代 : 朱子学国际学术研讨会论文集 [M]. 上海 : 华东师范大学出版社 , 2012.
陈来. 中华文化的现代价值 [M]. 北京 : 中国文史出版社 , 2020.
陈来. 竹帛《五行》与简帛研究 [M]. 北京 : 生活・读书・新知三联书店 , 2009.
陈来. 竹简《五行》篇讲稿 [M]. 北京 : 生活・读书・新知三联书店 , 2012.
陈雄根 , 何志华. 先秦两汉典籍引《周易》《论语》《孟子》资料汇编 [M]. 香港 : 香港中文大学出版社 , 2007.
陈赟. 中庸的思想 [M]. 北京 : 生活・读书・新知三联书店 , 2007.
陈钟凡. 两宋思想述评 [M]. 北京 : 东方出版社 , 1996.
程苏东. 从六艺到十三经——以经目演变为中心 (上、下册)[M]. 北京 : 北京大学出版社 , 2018.
褚斌杰 , 谭家健. 先秦文学史 [M]. 北京 : 人民文学出版社 , 1998.
崔之清. 从传统到现代——近代中国史节点考察 [M]. 北京 : 生活・读书・新知三联书店 , 2014.
邓菊英 , 李诚. 北京近代小学教育史料 (上)[M]. 北京 : 北京出版社 , 1995.
邓声国 , 丁功谊. 庐陵文化与古代文学研究 [M]. 南昌 : 江西人民出版社 , 2012.
丁钢. 历史与现实之间 : 中国教育传统的理论探索 [M]. 北京 : 教育科学出版社 , 2002.
董洪利 , 方麟. 孟子二十讲 [M]. 北京 : 华夏出版社 , 2008.
董洪利. 孟子研究 [M]. 南京 : 江苏古籍出版社 , 1997.
冻国栋. 唐代人口问题研究 [M]. 武汉 : 武汉大学出版社 , 1993.
〔美〕杜威 , 民主主义与教育 [M]. 王承绪 , 译. 北京 : 人民教育出版社 , 1990.
范文澜. 范文澜全集 (第一卷)[M]. 石家庄 : 河北教育出版社 , 2002.
冯浩菲. 中国古籍整理体式研究 [M]. 北京 : 北京图书馆出版社 , 1997.
冯天瑜 , 杨华 , 任放. 中国文化史 [M]. 北京 : 高等教育出版社 , 2005.
傅东华. 复兴初级中学教科书　国文 [M]. 上海 : 商务印书馆 , 1933.

傅璇琮 . 唐代科举与文学 [M]. 西安 : 陕西人民出版社 , 1986.
傅运森 . 共和国教科书 · 新历史 [M]. 上海 : 商务印书馆 , 1913.
甘生统 . 隋唐五代类书与文学理论批判之关系研究 [M]. 北京 : 九州出版社 , 2022.
高瑞泉 , 编选 . 返本开新 : 熊十力文选 [M]. 上海 : 上海远东出版社 , 1997.
高瑞泉 . 从历史中发现价值 [M]. 北京 : 中国大百科全书出版社 , 2006.
高正伟 . 唐前孟学史 [M]. 北京 : 中华书局 , 2022.
高专诚 . 大丈夫孟子 [M]. 桂林 : 漓江出版社 , 2017.
龚重谟 . 汤显祖研究与辑佚 [M]. 海口 : 海南出版社 , 2009.
顾颉刚 . 顾颉刚学术文化随笔 [M]. 北京 : 中国青年出版社 , 1998.
顾明远 . 教育大辞典 (增订合编本)[M]. 上海 : 上海教育出版社 , 1998.
郭齐勇 . 中国儒学之精神 [M]. 上海 : 复旦大学出版社 , 2009.
郭伟宏 . 孟子大略 [M]. 北京 : 北京师范大学出版社 , 2020.
郭沂 . 郭店竹简与先秦学术思想 [M]. 上海 : 上海教育出版社 , 2001.
国风 . 文脉的传承 [M]. 北京 : 东方出版社 , 2007.
何怀宏 . 选举社会及其终结——秦汉至晚清历史的一种社会学阐释 [M]. 北京 : 生活 · 读书 · 新知三联书店 , 1998.
洪成文 . 现代教育知识论 [M]. 太原 : 山西教育出版社 , 2003.
洪汉鼎 . 诠释学——它的历史和当地发展 [M]. 北京 : 人民出版社 , 2001.
黄爱平 , 黄兴涛 . 西学与清代文化 [M]. 北京 : 中华书局 , 2008.
黄俊杰 . 孟学思想史论 (卷一)[M]. 台北 : 东大图书公司 , 1991.
黄俊杰 . 孟子 [M]. 北京 : 生活 · 读书 · 新知三联书店 , 2013.
黄俊杰 . 中国经典诠释传统 (一) 通论篇 [M]. 上海 : 华东师范大学出版社 , 2008.
黄俊杰 . 中国孟学诠释史论 [M]. 北京 : 社会科学文献出版社 , 2004.
黄朴民 . 中国兵学通史 · 秦汉卷 [M]. 长沙 : 岳麓书社 , 2022.
蒋伯潜 . 十三经概论 [M]. 上海 : 上海古籍出版社 , 1983.
金德建 . 古籍丛考 [M]. 上海 / 北京 : 上海书店出版社 / 中华书局 , 1986.
金哲华 , 俞爱宗 . 教育科学研究方法 [M]. 北京 : 科学出版社 , 2011.
鞠曦 . 恒道 (第二辑)[M]. 长春 : 吉林文史出版社 , 2003.
孔德立 . 子思与早期儒学 [M]. 北京 : 中国社会出版社 , 2012.
来新夏 . 书之传承——时间里的图书史 [M]. 天津 : 天津教育出版社 , 2013.
兰翠 . 唐代孟子学研究 [M]. 北京 : 北京大学出版社 , 2014.
郎擎霄 . 孟子学案 [M]. 济南 : 山东文艺出版社 , 2018.
李畅然 . 清代《孟子》学史大纲 [M]. 北京 : 北京大学出版社 , 2011.
李桂林 , 戚名琇 , 钱曼倩 . 中国近代教育史资料汇编——普通教育 [M]. 上海 : 上海教育出版社 , 1995.

李国钧.清代前期教育论著选(下册)[M].北京:人民教育出版社,1990.
李华.孟子与汉代四家诗[M].北京:中华书局,2021.
李峻岫.汉唐孟子学述论[M].济南:齐鲁书社,2010.
李玲玲.《初学记》引经考[M].北京:中国社会科学出版社,2013.
李泽厚.中国古代思想史论[M].北京:生活·读书·新知三联书店,2008.
梁启超.读书指南[M].合肥:安徽人民出版社,2013.
梁启超.中国近三百年学术史[M].北京:东方出版社,1996.
梁涛.郭店竹简与思孟学派[M].北京:中国人民大学出版社,2008.
林庆彰.中国人的思想历程[M].合肥:黄山书社,2012.
刘东.国学文摘(第1辑)[M].北京:高等教育出版社,2011.
刘鄂培.孟子大传[M].北京:清华大学出版社,1998.
刘家和.古代中国与世界[M].武汉:武汉出版社,1995.
刘瑾辉.孟学研究——探《孟子》述孟学[M].北京:中国书籍出版社,2019.
刘瑾辉.清代《孟子》学研究[M].北京:社会科学文献出版社,2007.
刘静敏.实用汉语修辞[M].合肥:安徽教育出版社,2003.
刘培桂.孟子志[M].济南:山东人民出版社,2011.
刘笑敢.中国哲学与文化·第9辑·伦理、推理与经验科学[M].桂林:漓江出版社,2011.
吕思勉.先秦学术概论[M].长沙:岳麓书社,2010.
马士远.周秦《尚书》学研究[M].北京:中华书局,2008.
马宗霍.中国经学史[M].上海:上海书店,1984.
孟宪承,陈学恂,张瑞璠,等.中国古代教育史资料[M].北京:人民教育出版社,1961.
孟祥才.孟子新传[M].北京:人民出版社,2021.
孟子研究院,中国孟子学会.孟子研究(第一辑)[M].北京:中国文史出版社,2018.
孟子研究院,中国孟子学会.孟子研究(第二辑)[M].济南:齐鲁书社,2019.
孟子研究院.孟子思想与邹鲁文明国际学术研讨会论文集(上、下)[M].济南:山东人民出版社,2017.
米靖.经学与两汉教育[M].天津:天津人民出版社,2009.
南怀瑾.孟子旁通[M].上海:复旦大学出版社,2018.
潘德荣.西方诠释学史[M].北京:北京大学出版社,2013.
庞朴.庞朴文集·第2卷·古墓新知[M].刘贻群,编.济南:山东大学出版社,2005.
彭向前.西夏文《孟子》整理研究[M].上海:上海古籍出版社,2012.
漆侠.宋学的发展和演变[M].石家庄:河北人民出版社,2002.
钱存训.书于竹帛:中国古代的文字记录[M].上海:上海书店出版社,2006.
钱穆.秦汉史[M].北京:生活·读书·新知三联书店,2004.

钱穆. 中国近三百年学术史 [M]. 北京 : 商务印书馆 , 1997.
乔卫平. 中国教育制度通史 · 第 3 卷 · 宋辽金元 (公元 960—1368 年)[M]. 济南 : 山东教育出版社 , 2000.
璩鑫圭 , 唐良炎. 中国近代教育史资料汇编——学制演变 [M]. 上海 : 上海教育出版社 , 1991.
全国教育联合会新学制课程标准起草委员会. 新学制课程标准纲要 [M]. 上海 : 商务印书馆 , 1925.
容肇祖. 容肇祖集 [M]. 济南 : 齐鲁书社 , 1989.
商衍鎏. 清代科举考试述录及有关著作 [M]. 天津 : 百花文艺出版社 , 2004.
邵泽水. 孟府孟庙碑文楹联集萃 [M]. 北京 : 中国社会出版社 , 2011.
申华岑. 先秦寓言 [M]. 武汉 : 华中科技大学出版社 , 2015.
史甄陶. 家学、经学和朱子学——以元代徽州学者胡一桂、胡炳文、陈栎为中心 [M]. 上海 : 华东师范大学出版社 , 2013.
舒大刚. 儒学文献通论 [M]. 福州 : 福建人民出版社 , 2012.
宋大琦. 程朱礼法学研究 [M]. 济南 : 山东人民出版社 , 2009.
宋书功 , 萧红艳. 日讲四书解义 [M]. 北京 : 中医古籍出版社 , 2012.
孙培青. 中国历史上的育德 · 中国教育家和教育思想研究 [M]. 上海 : 上海教育出版社 , 2023.
孙钦善 , 李家浩 , 李零 , 等. 北京大学古文献研究所集刊 (1)[M]. 北京 : 北京燕山出版社 , 1999.
谭承耕.《论语》《孟子》研究 [M]. 长沙 : 湖南教育出版社 , 1990.
汤存德. 新制中华历史教授书 [M]. 北京 : 中华书局 , 1913.
唐文治. 孟子大义 [M]. 上海 : 上海人民出版社 , 2018.
田汉云. 中国近代经学史 [M]. 西安 : 三秦出版社 , 1996.
汪家熔. 中国出版史料 · 近代部分 · 补卷 (上册)[M]. 武汉 : 湖北教育出版社 , 2011.
王炳照. 中国教育史专题研究 [M]. 北京 : 北京师范大学出版社 , 2009.
王国维. 观堂集林 [M]. 北京 : 中华书局 , 1959.
王国维. 五代两宋监本考 [M]. 台北 : 商务印书馆 , 1976.
王凯旋. 明代科举制度研究 [M]. 沈阳 : 万卷出版公司 , 2012.
王茂. 戴震哲学思想研究 [M]. 合肥 : 安徽人民出版社 , 1980.
王玉德.《孝经》与孝文化研究 [M]. 武汉 : 崇文书局 , 2009.
王志跃. 先秦儒学史概论 [M]. 台北 : 文津出版社 , 1994.
魏忠强. 孟子与早期经学研究 [M]. 秦皇岛 : 燕山大学出版社 , 2020.
翁连溪. 清代内府刻书研究 (下)[M]. 北京 : 故宫出版社 , 2013.
吴洪成. 中国学校教材史 [M]. 重庆 : 西南师范大学出版社 , 1998.

吴仰湘. 皮锡瑞的经学成就与经学思想 [M]. 长沙 : 湖南大学出版社 , 2013.
〔美〕信广来. 孟子与早期中国思想 [M]. 吴宁 , 译. 上海 : 东方出版中心 , 2023.
熊承涤. 中国古代学校教材研究 [M]. 北京 : 人民教育出版社 , 1996.
熊明川 , 程碧英. 先秦元典学习思想研究 [M]. 成都 : 巴蜀书社 , 2021.
熊铁基. 汉代学术史论 [M]. 北京 : 高等教育出版社 , 2013.
徐道彬. 皖派学术与传承 [M]. 合肥 : 黄山书社 , 2012.
徐复观. 两汉思想史 [M]. 上海 : 华东师范大学出版社 , 2001.
徐复观. 儒家思想与现代社会 [M]. 北京 : 九州出版社 , 2021.
徐洪兴. 思想的转型——理学发生过程研究 [M]. 上海 : 上海人民出版社 , 1996.
徐芹庭. 易经源流 : 中国易经学史 (上)[M]. 北京 : 中国书店 , 2008.
徐雁 , 黄镇伟 , 张芳. 中国古代物质文化史・书籍 [M]. 北京 : 开明出版社 , 2018.
杨伯峻. 孟子译注 [M]. 北京 : 中华书局 , 2012.
杨国荣. 孟子的哲学思想 [M]. 上海 : 华东师范大学出版社 , 2009.
杨国荣. 善的历程 : 儒家价值体系研究 [M]. 北京 : 中国人民大学出版社 , 2012.
杨海文. 文以载道 : 孟子文化精神研究 [M]. 北京 : 中国社会科学出版社 , 2022.
杨玉厚. 中国课程变革研究 [M]. 西安 : 陕西人民教育出版社 , 1993.
杨泽波. 孟子评传 [M], 南京 : 南京大学出版社 , 2011.
杨泽波. 孟子与中国文化 (修订版)[M]. 上海 : 上海人民出版社 , 2017.
杨泽波. 中国文化之根——先秦七子对中国文化的奠基 [M]. 北京 : 生活・读书・新知三联书店 , 2022.
尹德新. 历代教育笔记资料・第 3 册・明代部分 [M]. 北京 : 中国劳动出版社 , 1992.
余嘉锡. 目录学发微　古书通例 [M]. 北京 : 商务印书馆 , 2011.
虞万里. 七朝石经研究新论 [M]. 上海 : 上海书店出版社 , 2019.
喻守真. 孟子童话 [M]. 上海 : 中华书局 , 1934.
袁行霈 , 陈进玉. 中国地域文化通览・江西卷 [M]. 北京 : 中华书局 , 2013.
臧克和 , 顾彬 , 舒忠. 孟子研究新视野 [M]. 北京 : 华龄出版社 , 2013.
曾天山. 教材论 [M]. 南昌 : 江西教育出版社 , 1997.
张岱年 , 等. 国学今论 [M]. 沈阳 : 辽宁教育出版社 , 1991.
张定浩. 孟子读法 [M]. 南京 : 译林出版社 , 2020.
张剑光. 唐代经济与社会研究 [M]. 上海 : 上海交通大学出版社 , 2013.
张涅. 中国文化的基质 : 先秦诸子的世界 [M]. 杭州 : 浙江大学出版社 , 2020.
张三夕. 中国古典文献学 [M]. 3 版. 武汉 : 华中师范大学出版社 , 2018.
张舜徽. 中国文献学 [M]. 郑州 : 中州书画社 , 1982.
张永刚. 明末清初党争视阈下的钱谦益文学研究 [M]. 南京 : 凤凰出版社 , 2012.
赵金科 , 林美卿. 王道与霸道——中西文化的历史分野与现实考量 [M]. 北京 : 中央编译出版社, 2012.
郑天挺, 谭其骧. 中国历史大辞典 (1)[M]. 上海: 上海辞书出版社, 2010.
中国历史文献研究会, 安徽省古籍整理出版办公室, 编. 明清安徽典籍研究 [M]. 合肥: 黄山书社, 2005.
钟启泉. 现代课程论 [M]. 3 版. 上海: 上海教育出版社, 2015.
周春健. 元代四书学研究 (修订本)[M]. 北京: 商务印书馆, 2022.
周大璞. 古代汉语教学辞典 [M]. 长沙: 岳麓书社, 1991.
周淑萍. 先秦汉唐孟学研究 [M]. 北京: 中华书局, 2020.
周淑萍. 元明孟学研究 [M]. 北京: 商务印书馆, 2024.
周予同, 朱维铮, 等. 论语二十讲 [M]. 北京: 华夏出版社, 2009.
周予同. 中国经学史讲义 (外二种)[M]. 上海: 上海人民出版社, 2012.
朱自清. 朱自清说诗 [M]. 上海: 上海古籍出版社, 1998.

三、论文

北京中国大学入学试题 [J]. 全国专门以上学校投考指南, 1925(03): 56−58.
毕苑. 经学教育的淡出与近代知识体系的转移: 以修身和国语教科书为中心的分析 [J]. 人文杂志, 2007(02): 141−149.
蔡百熙. 孟子许行章讲义 [J]. 桃坞, 1922(02): 15−23.
陈桂生. 孟门师—弟子问对艺术 [J]. 杭州师范学院学报 (人文社会科学版), 2001(05): 94−98.
程苏东.《孟子》升经考——并论两宋正经与兼经制度 [J]. 中华文史论丛, 2010(03): 137−167+39.
初级中学国文暂行课程标准 [J]. 湖南教育, 1929(13): 69−101.
董光照. 孟子文法 [J]. 新学海, 1920(01): 47−69.
董洪利.《孟子注疏》与孙奭《孟子》学 [J]. 北京大学学报 (哲学社会科学版), 2006(06): 57−62.
杜成宪, 蒋丽萍. 从"六艺"到"六经": 古典分科课程向古代文献课程的转型 [J]. 全球教育展望, 2023, 52(02): 3−13.
杜成宪, 阴崔雪, 孙鹏鹏. 童子凭什么读"四书"?——古代"《小学》终, 至'四书'"的课程设计探由 [J]. 全球教育展望, 2018(10): 77−89.
杜成宪. 为"六经"配"四书"——宋代新经学课程体系的构建 [J]. 全球教育展望, 2018(01): 35−45+92.
杜成宪. 以"学"为核心的教育话语体系——从语言文字的视角谈中国传统教育思想的重"学"现象 [J]. 华东师范大学学报 (教育科学版), 2010(31): 75−80.
杜成宪. 中国传统课程特点刍议 [J]. 河北师范大学学报 (教育科学版), 2015(01):

20-27.
高登昆. 孟子谓生于忧患死于安乐其说然否 [J]. 震旦大学院杂志 , 1919(18): 36-38.
高海波. “诗可以兴”: 孟子诗教的人性教育方法及其现代意义 [J]. 国际儒学 (中英文), 2021, 1(02): 119-136+167.
高级中学普通科国文暂行课程标准 [J]. 湖南教育 , 1930(15): 60-63.
高正伟.《孟子赵注》版本源流考述 [J]. 图书馆杂志 , 2012(02): 75-81+74.
高正伟. 先秦两汉孟子学研究 [D]. 上海 : 华东师范大学 , 2012.
郜积意. 赵岐《孟子注》: 章句学的运用与突破 [J]. 孔子研究 , 2001(01): 96-105+124.
葛莱. 焦循《孟子正义》研究 [D]. 扬州 : 扬州大学 , 2012.
巩本栋 , 王冉. 孟子升格运动与《孟子注疏》的编纂、刊刻与流传 [J]. 孔子研究 , 2020(03): 136-146.
〔日〕沟口雄三. 孟子字義疏証の歴史的考察 [J]. 东洋文化研究所纪要 , 1969(48): 141-274.
郭丽. 唐代教育与文学 [D]. 天津 : 南开大学 , 2012.
郭畑. 唐宋孟子诠释之演进与孟子升格运动 [J]. 孔子研究 , 2016(05): 104-114.
郭伟宏. 赵岐《孟子章句》研究 [D]. 济南 : 山东大学 , 2008.
国立北京大学入学试题 [J]. 全国专门以上学校投考指南 , 1927(05): 19-22.
含寒. 新剧 : 孟子齐人章 (又名空心大老官)[J]. 余兴 , 1916(22): 89-91.
黄俊杰. 孟子运用经典的脉络及其解经方法 [J]. 台大历史学报 , 2001(28): 1-22.
黄俊杰. 儒家论述中的历史叙述与普遍理则 [J]. 台大历史学报 , 2000(25): 1-24.
黄伟. 藏书家王启淑略论 [J]. 新世纪图书馆 , 2013(06): 92-96.
江庆柏. 四库全书地方采进本的地域性问题 [J]. 图书馆杂志 , 2007(08): 63-68.
柯小刚. 孟子“苗喻”与活化古典的生命教育 [J]. 湖南师范大学教育科学学报 , 2020, 19(04): 1-6.
兰翠. 韩愈尊崇孟子探因——兼论唐人对孟子的接受 [J]. 烟台大学学报 (哲学社会科学版), 2011(02): 27-34.
李爱国.《孟子音义》校正 [J]. 湖北社会科学 , 2009(01): 130-134.
李爱国. 孙奭《孟子音义》版本考述 [J]. 古籍整理研究学刊 , 2021(04): 34-40.
林平和. 盐铁论引述孟子考 [J]. 经济学研究・台港及海外中文报刊资料专辑 , 1986(01): 19-24.
刘瑾辉. 焦循《孟子正义》的疏证特色 [J]. 徐州师范大学学报 (哲学社会科学版), 2007(03): 70-75.
刘琴勇.《孟子音义》中孙奭音注反映的宋初语音 [J]. 湛江师范学院学报 , 2007(02): 114-116.
吕绍光. 幽默文选 [J]. 论语 , 1933(16): 40.

屈博.《孟子》在“四书”中的学习次序探析 [J]. 华东师范大学学报 (教育科学版), 2015(04): 94－98.

屈博. 否定“好为人师”: 孟子师道观的一种解读路径及其启示 [J]. 教师教育研究, 2018(05): 72－78.

束景南, 王晓华. 四书升格运动与宋代四书学的兴起——汉学向宋学转型的经典诠释历程 [J]. 历史研究, 2007(05): 76－94+190－191.

宋冬梅. 儒家道统中的孟子升格与孔孟之道 [J]. 中国文化论衡, 2017(02): 53－65.

宋启范, 宋启宸. 读孟子皆有不忍人之心章书后 [J]. 钱业月报, 1927(02): 171－188.

苏新春, 杜晶晶, 关俊红, 等. 教材语言的性质、特点及研究意义 [J]. 语言文字应用, 2007(04): 86－91.

孙广.《四书大全》编纂考详——以《孟子集注大全》为核心 [J]. 经学文献研究集刊, 2020(01): 178－195.

孙开泰. 孟子与五经 (续)[J]. 管子学刊, 1999(01): 22－32+43.

孙雄. 论中小学堂修身读经二科教授之法 [J]. 广益丛报, 1906(107): 1－4.

唐明贵. 赵岐《孟子章句》的诠释特色 [J]. 国际儒学论丛, 2016(02): 136－172+257.

〔日〕樋口勘次郎. 孟子之教授法 [J]. 京师教育报, 1914(02): 1－15.

王国强. 汉代文献注释的背景和体式 [J]. 图书馆理论与实践, 2006(05): 103－105+125.

王建军, 刘瑾辉. 近三十年孟子研究 (1983—2012) 计量统计与特点分析 [J]. 江南大学学报 (人文社会科学版), 2015(05): 20－28.

王耐刚. 学术史写作的新范式——《清代〈孟子〉学史大纲》评介 [J]. 管子学刊, 2011(04): 126－128.

王蓉荪. 孔子少贱多能论 [J]. 震旦大学院杂志, 1918(15): 31－33.

魏忠强. 孟子以史论《书》研究 [J]. 中华文化论坛, 2018(07): 105－110.

吴天明. 孟子师徒表字失传的原因——兼考孟子五十五章语录的具体记录者 [J]. 长江学术, 2022(03): 15－23.

吴研因. 辟小学参用文言与初中毕读《孟子》及指斥语体文诸说 [J]. 中华教育界, 1934(02): 95－97.

武勇. 宋型文化背景下宋代道统论之发展——以孟子道统地位的确立历程为中心 [J]. 湖北社会科学, 2016(08): 91－94+185.

徐德明.《四书章句集注》版本考略 [J]. 华东师范大学学报 (哲学社会科学版), 1998(04): 71－77.

徐翔. 作为“典范”的“规矩”——理解《孟子》的一个关键隐喻 [J]. 哲学动态, 2020(11): 32－40.

杨海文.《孟子》传记博士问题的学术史考察 [J]. 中国哲学史, 2006(04): 41－47.

杨海文.《孟子》引论《诗》《书》的文献地图——兼评陈澧《东塾读书记》考释的

得失 [J]. 现代哲学 , 2011(04): 100－109.
杨海文 . 孟子与“孔孟之道”的形成 [J]. 社会科学战线 , 2022(04): 1－13+281.
杨海文 . 中国佛教史上第一篇孟子学文献——《牟子理惑论》新探 [J]. 湖南大学学报 (社会科学版), 2013(05): 12－18.
杨华 . 经世与转型 : 晚清孟子学的近代化 [J]. 澳门理工学报 (人文社会科学版), 2023(01): 94－104.
杨玉良 . 清代中央官纂图书发行浅析 [J]. 故宫博物院院刊 , 1993(04): 88－92+87.
杨泽波 .《孟子》作者新证 [J]. 中共济南市委党校济南市行政学院济南市社会主义学院学报 , 1999(04): 98－102.
于亭 . 论“音义体”及其流变 [J]. 中国典籍与文化 , 2009(03): 13－22.
余进江 . 矛盾、妥协与进取——孔子尊圣与孟子的道统建构 [J]. 现代哲学 , 2017(02): 122－127.
俞林波 .《孟子注疏》作者考论 [J]. 文学遗产 , 2011(06): 132－134.
张礼永 . 师者 , 道也——孟子师道论之探微 [J]. 孔子研究 , 2022(03): 134－144+160.
张少恩 . 从“以西释中”到“化西为中”: 近代以来孟子学研究的方法演进与范式转型 [J]. 中国哲学史 , 2022(06): 123－128.
张小稳 . 元明时期的文化与《孟子》研究 [J]. 中州学刊 , 2024(03): 132－139.
张晓明 , 庞娜 . 东亚儒学视域下《孟子》在日本的传播 : 接受、批判与再阐释 [J]. 大连理工大学学报 (社会科学版), 2020(01): 122－128.
周春健 .《孟子》在辽金时期的传播与影响 [J]. 中国哲学史 , 2013(01): 26－31.
周淑萍 . 宋代孟子升格运动与宋代儒学转型 [J]. 史学月刊 , 2007(08): 89－95.

后记

多年后再通读博士论文，稚嫩、青涩之感频频出现，论证、言说方式也不甚满意，加之对《孟子》有了新的理解与认识，所以本书在博士论文的基础上做了以下几个方面修改：

1. 明确了一个研究问题。《孟子》是一本书、一本教材、一门课程，这三重身份在相互转换中不断丰富和更新《孟子》的内涵与价值，形成《孟子》教本的基本历史特征。

2. 强化了一个研究思路。《孟子》在中国教育史上的地位是突出的，在“五经”“四书”“十三经”等教育体系中的作用是至关重要的，在以“孔孟之道”为主流的中国传统文化、传统教育中的影响是深远的。

3. 改变了一些表述方式。博士论文中的图表较多，虽然能够呈现一些事实，但毕竟不够深入和成熟。所以，本书除保留必要的图表外，其余均改用文字呈现，同时对已有内容进行“瘦身”，删减了一些表述不清、冗余的语句。

4. 补充了一些新的资料。学术界对《孟子》的研究热情持续不断，研究成果不断涌现，本书吸收了《孟子》研究若干新成果，对遗留和思考不全的问题进行了补充和更新。

一本书的成型是多人努力的结果。感谢我的老师杜成宪教授的指导、帮助以及为本书出版所做的不懈努力；感谢编辑董洪、李彦慧在出版方面的辛苦付出；感谢孙丽丽老师在书稿撰写、完善过程中提供的支持和帮助；感谢研究生吕晓倩、苏悦、韩思艺，她们在资料的收集与整理、书稿的校对等方面贡献良多。

《孟子》是一部需要用很长时间来研读与理解的大书，对《孟子》的研究不会止步于此。本书只代表一个阶段性研究成果，它会随着时间的推移，不断得到补充和完善。由于学识粗浅，书中定有疏漏之处，还请读者朋友批评指正。

屈　博

2025 年新春于江南大学田家炳楼

图书在版编目（CIP）数据

传圣之学 ：《孟子》教本研究 / 屈博著. -- 上海 ：上海教育出版社，2025. 8. -- (中国传统经典教本研究丛书 / 杜成宪主编). -- ISBN 978-7-5720-3599-9

Ⅰ. B222.55

中国国家版本馆CIP数据核字第2025KF7574号

责任编辑　董　洪
助理编辑　李彦慧
书籍设计　陆　弦

中国传统经典教本研究丛书
杜成宪　主编
CHUAN SHENG ZHI XUE：MENGZI JIAOBEN YANJIU
传圣之学：《孟子》教本研究
屈　博　著

出版发行　上海教育出版社有限公司
官　　网　www.seph.com.cn
地　　址　上海市闵行区号景路159弄C座
邮　　编　201101
印　　刷　上海展强印刷有限公司
开　　本　700×1000　1/16　印张 16.75　插页 1
字　　数　216 千字
版　　次　2025年8月第1版
印　　次　2025年8月第1次印刷
书　　号　ISBN 978-7-5720-3599-9/G·3217
定　　价　69.00 元

如发现质量问题，读者可向本社调换　电话：021-64373213